河南省艺术名家推介工程丛书

杨丽萍 主编

孟祥礼——祥音礼传

汪淏 编

中原出版传媒集团
大地传媒
大象出版社
·郑州·

图书在版编目(CIP)数据

孟祥礼——祥音礼传/杨丽萍主编. — 郑州：大象出版社，2015.11
(河南省艺术名家推介工程丛书)
ISBN 978-7-5347-8546-7

Ⅰ.①孟… Ⅱ.①杨… Ⅲ.①孟祥礼—传记 Ⅳ.①K825.78

中国版本图书馆 CIP 数据核字(2015)第 203730 号

河南省艺术名家推介工程丛书

孟祥礼——祥音礼传

杨丽萍　主编

汪　淏　编

出 版 人	王刘纯
责任编辑	石更新
责任校对	裴红燕　马　宁
装帧设计	魏　珂　王　伟　韩　雪

出版发行　大象出版社（郑州市开元路16号　邮政编码450044）
　　　　　发行科　0371-63863551　总编室　0371-63863572
网　　址　www.daxiang.cn
印　　刷　郑州瑞光印务有限公司
经　　销　各地新华书店经销
开　　本　787×1092　1/16
印　　张　17
字　　数　272千字
版　　次　2015年11月第1版　2015年11月第1次印刷
定　　价　48.00元

若发现印、装质量问题，影响阅读，请与承印厂联系调换。
印厂地址　郑州市二环支路35号
邮政编码　450012　　　　　电话　0371-63956290

编委会

主 编

杨丽萍

副主编

董文建

编 委

闫敬彩　赵红都　赵小勇　汪　淏
张曦霖　魏　珂　李红艳　赵　军
姬豪亮　袁朋林　庞月兰　卢　梅

孟祥礼，1971年在宁陵县文工团参加工作。1981年毕业于河南省戏曲学校，1983年调至河南省豫剧一团工作，后又调入河南省豫剧三团、二团工作，2010年12月调任河南省曲剧团团长。国家一级演员，河南戏剧界卓有建树的优秀戏剧表演艺术家，系中国戏剧家协会会员，中国戏曲表演学会理事，河南省戏剧家协会理事，河南省第九届、第十届、第十一届政协常委。

从艺40多年来，演出了近百出戏，塑造了众多以青年、中年角色为主角的现代戏人物形象和以小生、须生为主角的古装戏人物形象，凭借其出色的表演和独特的声腔韵味，赢得了大批观众的喜爱，跨越了豫剧男生在现代与古装、青年与中年之间的界限，为豫剧男生扩大表演和演唱范畴，发挥多方面特长进行了大胆的尝试，取得了可喜的成效，形成了既被专家认可又受观众欢迎，既有戏曲程式又有时代感和生活气息的独特表演风格。

1990年参加河南省第三届戏剧大赛，在《黑娃还妻》中饰演黑娃，夺得表演一等奖，受到专家的重视和观众的好评，成为我省优秀青年演员的尖子人才。2000年参加中国第六届艺术节，在《香魂女》中饰演男主角任实忠，该剧获艺术节大奖，受到省委、省政府通报嘉奖，并记大功一次。此外，还曾获全国豫剧演唱大赛金奖、全国戏歌大赛银奖。2003年1月成功举办了"豫剧骄子个人专场演唱会"。2005年荣获河南省文化厅"文化先锋"荣誉称号。2006年被省委宣传部评为省宣传文化系统首批"四个一批"人才。2007年"七一"前夕，成功举办个人演唱会，受到省领导、专家、观众的一致好评。2008年主演的《谢延信》引起强烈反响，并获河南省戏剧大赛表演一等奖。2010年主演的豫剧《香魂女》以其高度统一的思想性、艺术性和观赏性，被评为2008—2009年度国家舞台艺术精品工程十大精品剧目。2013年1月，被省慈善总会授予"2012年度河南十大慈善人物"。2014年1月被评为文化部"优秀专家"。2014年8月，省文化厅主办"河南艺术名家推介工程"之孟祥礼个人专场演出和研讨会。2014年10月，被人事部、文化部评为全国文化系统先进工作者。调入河南省曲剧团（2012年划转为河南省曲剧艺术保护传承中心）任团长（主任）以来，接连举办了多场影响大、效果好的大型演出活动，极大地提高了河南曲剧的知名度和影响力。

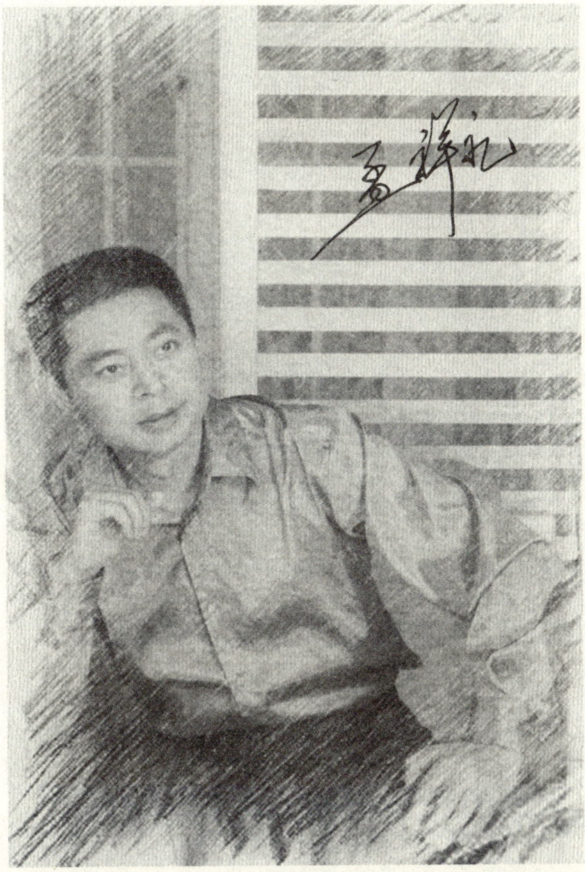

总序

造就名家大师
促进文化繁荣

　　营造有利于高素质人才大量涌现、健康成长的良好环境，造就一批名师大家和民族文化代表人物，引领文化事业繁荣发展，是推动文化建设的重要基础和条件。

　　"河南省艺术名家推介工程"自2011年启动，旨在通过推介河南各艺术门类的领军人物，总结传播他们的艺术成就，激励文化艺术工作者百尺竿头再上层楼，引领河南文化艺术人才队伍健康成长，"河南省艺术名家推介工程丛书"的出版，就是对河南省艺术界各领域领军人物艺术成就的一次系统总结和展示。

　　一个时代的文明高度，往往是那个时代的领军人物所代表的。在文艺领域，可以说一个时代的文化名家的成就，代表着这个时代这个领域的最高水准。因此，总结艺术名家的艺术经验，推广艺术名家的艺术成就，彰显艺术名家的职业精神，是非常必要的。当然，在艺术领域里，这些艺术名家尚有更远的路要走，也希冀更多的人超越他们。而这些，正是我们所盼望的。

　　是为序。

2013年6月27日

序

张程锋

我和孟祥礼是朋友。

我交朋友是审慎的。因为我直到知天命,才知道"试玉要烧三日满,辨材须待七年期";才懂得交友不慎,可能上当,相识未必相知,知人未必知心。这是警察生涯、正反教益告诫我的。

在这种理性的交友自觉指导下,我认定孟祥礼可交,我们成了好朋友。

我认定孟祥礼可交,是我们在20年相识相知的过程中,日渐感到我们的心是相通的,做人做事的准则是一致的,而且这种认识历久弥深。

我同许多河南人一样,喜欢看戏,尤其是豫剧。我就是在看戏时认识孟祥礼的。最初的印象,是他戏演得好。他多演正面人物,扮相英俊帅气,唱腔高亢嘹亮,表演形象逼真。听他唱戏,是一种享受。像他这样身材、相貌、嗓子诸禀赋俱佳,唱、念、做、打诸功底深厚,豫剧、曲剧、京剧、越调、歌剧诸剧种多栖兼能的演员十分难得,所以人称"戏剧全才""豫剧骄子"。

随着交往的增多,我对孟祥礼的认识也在不断加深,知道他不仅唱戏唱得好,而且做人做得更好,是个德艺双馨的艺术家。

他为人真诚、善良、亲和、豪爽，而我最欣赏他的，是他富有一颗火热的爱心。

他心系百姓，情系百姓，经常深入基层为人民群众演唱，去年一年就带领剧团下乡演出300多场，田间地头、工厂车间都是他们的舞台。他说，做一名老百姓喜爱的演员，是我终生不变的追求和信念！

他同情弱者，惜老怜贫，热心慈善事业，时常策划、组织公益演出活动，募集大笔资金用于救助贫困家庭的大病儿童和残疾人，被省慈善总会授予"河南慈善爱心大使"称号。

他富有孝心，弘扬孝道，把孝敬老人作为首善之举，"老吾老以及人之老"，不仅对自己的父母十分孝顺，而且对恩师王善朴和师娘杨华瑞视同父母，多少年如一日悉心关照。同道相惜。南召县爱心大姐李伟筹资创办了一所夕阳红老年公寓，赡养了60多位孤寡老人，其中有不少还是抗美援朝老战士，但有一段时间难以维持。孟祥礼下乡演出得知后，十分同情，当时就把自己刚买的价值20万元的汽车捐赠该公寓，还协调各方给予捐助，帮助其渡过了难关，如今该老年公寓越办越好。正因为孟祥礼在实际生活中就是这样真真切切地践行着敬老、孝老的孝道文化，所以在剧中才能用真情实感成功饰演"全国孝老爱亲模范"谢延信。

他顾全大局，不计私利，一切服从组织安排，从自己发展前景会更好的豫剧主业大舞台上调到省曲剧团任职，二话不讲，欣然接受，表现出了一个非党人士的"党性"原则。而且他当兵不散架子，当官不拿架子，用平常心做官，用爱心带队伍，关爱部下，团结同志，积极排演新剧，培养新秀，把曲剧团的工作搞得红红火火，表现出了很强的组织领导能力。

总之，他心眼儿好，为人好，重情重义，助人为乐，所以人缘好，朋友多，事业成功。

孟祥礼这些特点和作为，我十分赞赏，所以也全力支持他。他搞义演，我欣然捧场；他到南召老年公寓搞捐赠，我主动陪同前往；他找我帮别人办事，我也尽己所能。

　　我过去在职时曾讲过"识人难"。我们用干部讲德才兼备,但识才容易识德难。这些年一些干部出问题,多是出在缺"德"上。那么怎么才能透过现象看本质,甚至透过假象看本质,去看清一个人的品质良莠呢?我曾推介一种简易办法,就是立足于平时,从四个方面观察、考察其德行和口碑:一是看他对一般群众特别是弱势群体的态度,是否有同情心,是否怜悯弱者;二是对离退休老干部的态度,是否退前退后一样好;三是对父母亲老人的态度,是否孝敬;四是为人是否实在、真诚,不弄虚作假说谎话。当然这未涉及政治标准,只是从人性的角度,从日常表现中看他是不是好人——只有首先是个好人,才能做个好官。我就是按照这个标准,在20年的交往中,认定孟祥礼是可交可信可靠的好人、好团长、好朋友。

　　我这么既评论又议论,多说了几句,意在与善良的人们共勉,要慎交友,交挚友,谨防伪君子;也愿组织上在选任干部中,看本质,辨忠奸,多用好干部;更愿我们交更多的好朋友,共同弘扬真善美,鞭挞假恶丑,光大社会正能量!

2014 年 11 月 22 日

(作者系河南省十一届人大常委会副主任、中华豫剧文化促进会名誉副会长)

目 录

001 口述 / 孟祥礼　　我的艺术生涯四十年
　　执笔 / 原长松

084　东　风　　豫剧舞台上的一颗巨星

091　郭志华　　戏曲舞台追梦人——孟祥礼

098　陈安福　　豫剧骄子孟祥礼

104　郑红旗　　老孟其人

109　赵红梅　　我心目中的孟祥礼

115　郭铁生　　祥礼之义

122　王洪应　　带头人孟祥礼

127　张　芳　　黑色的启明

130　张莹莹　　豫剧骄子 "三好"团长
　　　　　　　——豫剧名家孟祥礼表演艺术研讨会侧记

138 口述 / 王善朴　　是金子放到哪里都发光
　　执笔 / 杨华瑞　　——聊一聊我的忘年交孟祥礼

143　李树建　　厚道

145　马　瑞　　黑娃？白娃？孩娃

152	马紫晨	评论家们，请关注孟祥礼！
159	罗 云	戏贵质朴情贵真
		——谈著名豫剧表演艺术家孟祥礼的表演风格
165	赵国安	好嗓子好样子好心肠的孟祥礼
170	方可杰	河南曲剧的梦想里……
174	刘景亮	孟祥礼：一位极具艺术实力的演员
178	谭静波	粗犷与细腻的完美结合
		——简评孟祥礼的舞台艺术
183	孟祥礼	放下架子，俯下身来，为广大老百姓演出
186	孟祥礼	戏曲表演中对第一自我与第二自我的思考与实践
		——我演《香魂女》中的任实忠
189	孟祥礼	赴美国学习的感受
193	郑红旗	用感恩的心为人民而演唱
		——"泽华之夜"孟祥礼专场演出暨表演艺术研讨会成功举办
196	程林远	蕴含深邃　思逸神超
		——从《女婿》中的谢延信看孟祥礼舞台艺术新创造
202	姚金成	孟祥礼印象
206	朱超伦	朴实大方，热情洋溢
		———浅谈孟祥礼的演唱艺术
210	吴心平	我和祥礼的忘年交
214	齐 飞	祥礼，难得的梨园"一把伞"
217		豫剧名家孟祥礼表演艺术研讨会纪要
244	郑红旗	孟祥礼艺术年谱

我的艺术生涯四十年

口述 / 孟祥礼　执笔 / 原长松

一、我的父亲母亲

宁陵县地处豫东平原，有着悠久的历史文化，夏、商、周时为葛伯国，春秋时称宁邑，战国时名信陵，秦朝时置为宁陵城，沿用至今。宁陵是中国葛天文化之乡、中国长寿之乡、中国酥梨之乡，是葛姓祖籍之地。战国时"四公子"之一的信陵君的封地就在这里。

1960年11月26日，我出生在商丘宁陵县。

孟群英，这是我6岁前的名字，和当时大多数人名中带有"红""卫""兵""军"一样，鲜明地烙上了那个时代的特色。

据父亲说，这名字是有出处的，取自一位伟人说过的一句话：人民群众是历史的创造者，是真正的英雄。我想这名字一定是父亲帮我起的，他是高中毕业，而母亲小学都没上完。父亲一肚子的墨水在那个年代少有用武之地，也只有在给儿子起名时方能稍展才华了。

但这名字母亲不喜欢，她认为，女孩儿的名字才带"英"字的。

父亲高中毕业，为人本分，是县农业局的一名干部，级别是股级。母亲是县麻袋厂妇联主任，19岁入党，能说能干，年纪轻轻就是厂里的积极分子了。

那个年代的社会地位是按出身和成分来划定的。祖上一穷二白，那叫根正苗红；祖上是地主富农，那生就低人一等，是要被斗争的对象。这样说，母亲的成分是极好的，祖上三代都是农民，穷得不能再穷。小时候，家里为能养活大舅，母亲还没满月就被过继给了邻村的一户人家。舅舅稍大，知道有个妹妹在外边，哭死哭活求爹娘把妹妹要了回来，一家子总算是求得团圆了。

父亲的富农成分是万万配不上母亲的，因为父亲的父亲，也就是我的爷爷被国民党抓了壮丁，偷跑回来后就被定为了富农。但不知为啥，母亲要死要活地嫁给了父亲，也可能是父亲的才华打动了母亲吧。父亲的字写得极好，且会写信，擅写信，经常写信，尤其认识母亲后，更是一天到晚地舞文弄墨。父亲充分挖掘了自身的潜力，发挥了自己的文化优势和锲而不舍的精神，接二连三地给母亲去信，估计这就是今天的"求爱信"了。有情人天不负！到后来竟然让母亲顶着全家的激烈反对，不顾同事的背后议论，也辜负了领导的殷切希望，跨越了巨大的阶级鸿沟，一个贫农家庭的清白女儿，硬是下嫁给了一个人人嫌弃的富农子弟。这个选择在当时是需要极大勇气的，现在看来，这个婚姻也不亚于戏台上富家小姐下嫁穷书生的故事。

成分在那个年代是生而具有的身份标签，父亲的成分就成了他弃之不去的噩梦。在我年幼的记忆中，家里衣柜顶上常放有一顶纸帽子，父亲很小心地保存着，母亲从来不动，也不让我动。曾有一次我拿下来戴头上玩，不小心把帽子弄烂了，从不吵我的父亲因此对我大发雷霆，一向爱我的母亲也不再袒护我，手忙脚乱地找了糨糊，把纸帽子粘好，小心翼翼地放回柜顶原处，不时地望大门一眼，好像下一刻就会有一群人破门而入似的。

每隔一段时间，就会有一场"运动"，每到那时，街上就会有长长的游行队伍，就会整齐地喊着一声声口号来到我家门前，有人在门外一声大喝，父亲就会慌慌张张拿起帽子匆匆出门。每当这时，我总想跟着父亲去，想看看父亲戴上那个高高的纸帽子去做什么好玩的游戏，那一定很有趣。但母亲总是会拦着我，把我留在家

● 孟祥礼的父母

里,在街上传来的一阵阵口号声中,抱着我掉着眼泪,等待父亲的归来。而每次父亲回来,总是很疲惫,散乱的衣衫上有时会有几个大脚印。他进门第一件事,就是笑呵呵地把我紧紧抱在怀里,逗弄着我,并对一旁忧心忡忡的母亲若无其事地笑笑说:没事,没事!

父亲一辈子最得意的一件事,就是娶了母亲,这是他有一次喝多酒当着我和母亲的面说的醉话。而母亲也经常很自豪地说,她和父亲是自由恋爱。

母亲也因此受到了父亲的牵累。我4岁时,母亲响应党中央"上山下乡"的号召,带着我和比我大两岁的姐姐,离开了县城,下放到了石桥集公社。那是1964年。

姥姥家就在石桥集。

二、没有留下照片的姐姐

到了石桥集公社,我和姐姐、母亲自然要住在姥姥家。

对于我们的到来,姥姥是极高兴的,特别是父亲没有跟来,让姥姥更有一种眼不见为净的舒畅。姥姥是不喜欢父亲的,她固执地认为,如果不是受父亲的连累,母亲的生活应该比现在过得更好。姥姥麻利地给母亲收拾出了一间屋子,给我和姐姐铺好了小床。我们在石桥集的生活就这样开始了。

母亲是极聪明的,以她小学没毕业的功底,竟然没几天就学会了打算盘、记工分。她打算盘村里没人能比得上,又快又准,记的工分从来都是清楚明白,丝毫不差,生产队里从满脸麻子的老队长到普通的老百姓都服她了。母亲本来就是农村出来的孩子,现在回到了农村,恰似鱼儿回到了小溪,鸟儿回到了山林,家里家外,挥洒自如,没过几天,人们都喜欢上了她。街坊邻居,生产队里,上上下下,都离不开她了。每到分粮的时候,母亲就是会计兼出纳,管称粮,管记账。4岁的我总是跟着母亲去玩,母亲一边和乡亲们有说有笑的,一边还不误手头的工作。村里人都喜欢我,我的头发、鼻子、耳朵,总是被数不清的粗糙的大手揪来拧去的。

母亲在生产队里能挣到一个男劳力的工分。

大人们总有忙不完的事情,我和小伙伴们也有着忙不完的乐事。到石桥集没几天,我就认识了好多的小伙伴。那时候农村没电,一到晚上,家家都是煤油灯,有时也点棉油灯。吃了晚饭,姐姐总喜欢带着我,和小伙伴们一起玩,在星光下,在月光下,玩到深夜,直到大人们的呼喊声、喝骂声响起时,才恋恋不舍地各回各家。

最常玩的游戏是"老鹰抓小鸡"。找一块平整的地方,"老鹰"被一块布蒙上眼睛,跌跌撞撞,东抓西摸。"小鸡"们躲在大树上、麦垛里、草丛中,有时也会嚣张地大呼小叫,逗弄"老鹰"。我还小,和姐姐总被算成一个人,我人小鬼大,总想学着大孩子们去显摆,却总是被"老鹰"一把抓住!姐姐代我受过,也总是笑嘻嘻地甘当"老鹰",从没埋怨过我。

父亲不在,母亲要上工,我童年的大部分时间是在姐姐的陪伴下长大的。

村里有四口井,东南西北各一口,为了减轻母亲的辛劳,我和姐姐经常帮母亲去打水。因为年幼,两个人只能抬水。井上的辘轳我是转不动的,只能让姐姐汲水,我在一旁帮忙。抬水回家的路上,姐姐总是把水桶放在靠她的一端。一个早晨,我和姐姐能把缸抬满,因此我没少得到母亲的夸赞,夸我小小年纪就能干家务,是个小男子汉。姐姐总是在一旁笑嘻嘻的,什么也不说。

姐姐干的活比我多,却很少得到母亲的夸奖。

那时候，照相是极为稀罕的事情，一年中照相的师傅顶多就来一两次。三脚架支着一个大木箱子一样的东西，黑布蒙得严严实实，充满了神秘感，喊一声"一、二、三"，照相师不知怎么摆弄一下，"砰"的一声，就算是完成了一次拍照。姐姐看过别人的照片，很想自己拍一张，她向来很少跟母亲要什么，仅有的一次要求，还是遭到了母亲的断然拒绝。那一次，姐姐哭了，哭得是那样的伤心。

姐姐小时患过脑膜炎，因那时医疗条件差，被误诊为感冒，留下了癫痫的后遗症，俗称"羊角风"。父母很内疚，为了给姐姐看好病，父亲带着姐姐去过郑州的大医院。姐姐的医疗费让父亲欠下了巨额债务，亲戚朋友家借来的钱不算，光是单位的公款就欠了700多元。这一笔债务，父亲十几年都没还完，直到改革开放后，父亲的问题落实了政策，工资待遇有了提高，才算是还清。

但姐姐的病，还是没有得到根治。

我对姐姐的印象，永远是她6岁前的样子：梳了两个小辫，大大的眼睛，漂漂亮亮的。相关记忆到此定格，戛然而止。

和无数个早晨一样，那天我和姐姐起了床，天已经亮了，太阳还没有升起，空气清冷清冷的，街上有了人声，家家户户升起了炊烟。姥姥和妈妈在厨房里准备早饭，我和姐姐在院里洗脸。缸里的水，被早起的母亲挑得满满的，姐姐从缸里舀了水帮我先洗了脸，才轮到她自己。母亲从不让我去缸里舀水，怕小孩子有危险，都是姐姐帮我洗。洗罢脸，我就坐在厨房的门槛上听着肚子里"咕咕"的饥饿声，闻着米粥将熟时散发的清香，等着吃早饭。忽然听到院里"咣当"一声，那是搪瓷脸盆掉地上的声音，母亲喊了一声，没人应，就从厨房里出来了。我跟了过去，就看见脸盆"哐哐啷啷"地在院子里滚动着，水洒了一地，姐姐已经倒在了院子里，口吐白沫，不省人事。母亲跑过去，喊叫着姐姐的名字，但姐姐一直昏迷不醒。母亲和外婆不停地喊叫着，院里的人渐渐多起来，慌乱中出了各种主意，有人跑去找医生，有人推了小车来，有人抬了门板来，商量着要送公社的卫生站，也有人去了县城找父亲回家。但这一切都是徒劳的，姐姐再也没有醒来，在没来得及采取任何措施之前，就断了气。匆匆赶来的医生诊了脉，确诊了姐姐的死亡，示意母亲可以为姐姐准备后事了。

匆匆赶回的父亲如雷轰顶，茫然无措，母亲悲痛欲绝，哭得死去活来。

我不知道死亡是什么,刚开始只当是姐姐睡着了。但看着大人们惊慌的举动,以及他们脸上悲伤惋惜的神情,听着父母的号啕大哭,我忽然明白了什么,一种再也见不到姐姐的恐惧袭上心头,伴随着一阵揪心的疼痛,我哭喊着姐姐,不断地摇晃着姐姐,可姐姐再也不会和我说话了。

母亲给姐姐把两条辫子梳得整整齐齐的,把姐姐的手和脸也洗得干干净净的,最后给姐姐换上了新衣,那是姐姐只有在过年时才被允许穿身上的唯一新衣。

按老规矩,女孩子死了是不能入祖坟的。于是,父亲找人给姐姐做了一具小棺木,乡亲们帮忙把姐姐抬到村南头,挖了一个浅浅的坑埋了,连个坟头都没有。

在以后的日子里,我陪着父母,曾经多次寻找过姐姐的尸骨,因种种原因,终未寻获。这也成了父母心中永远的痛……

但每年的七月十五,家里总会为姐姐设祭。

我心中所有关于姐姐的记忆,都是6岁前的:

漫天的星光下,一个梳着冲天小辫的女孩,在夏夜里追逐着、嬉闹着,姐姐总是把我护在身后……

晨光中,石桥集的街上,姐弟俩吃力地抬着水,走在回家的路上,我走在前面,姐姐在后面……

村外的田野上,一大一小两垛捆好的柴火,大的是姐姐的,小的是我的……

姐姐总是说:你真笨! 于是所有的重活、累活,自然就搁在了姐姐的肩上。

多少次站在石桥集镇的南头,看春回大地,荒草萋萋,麦苗青青,原野上一片郁郁葱葱,姐姐那欢快的笑声似在田地里回响,我多想再叫几声"姐姐,姐姐"呀!可这一切只能是在梦里,在梦里……

母亲时不时地总会对我说:你姐姐长得很漂亮! 就是没留下来一张照片。

三、大年三十的骨头棒子

年幼不知丧亲痛,忙扎纸鸢逐东风。

日子总是要过下去的,井上的辘轳每天早上依旧"嘎吱嘎吱"地响着,像一首岁月的歌。家家户户的炊烟每到饭点照常袅袅升起,飘散在石桥集宁静的日子里。

姐姐走了,我的事忽然多了起来。喂猪,放羊,捡柴火,拾粪,帮母亲烧火做饭。繁重的家务占去了我的大部分时间,而钻心钻肺的饥饿更是浸满了童年的记忆。

饥饿的滋味整日整夜,入骨入髓,肠胃从来就没有一次得到满足的时候。因为吃的饭没什么油水,饿得就快,总是盼不到下一顿。掰着指头盼过年,过年了才有新衣穿,有白面馍吃。

最幸福的事情莫过于大年二十七啃骨头了。春节的时候,父亲照例是要回来过年的,从县城买了年货带回家。除了割上二三斤的肉,父亲总是用很便宜的价格买回来几根大骨头。到了大年二十七的那天晚上,就可以煮肉了。骨头和肉是一起煮的,父亲总是把骨头上面的肉剔得很干净了,才让母亲下锅煮。为此,母亲总是埋怨父亲,让父亲在骨头上多留些肉给我吃。经过父亲的手之后,其实那骨头上的肉少得可怜,但我还是情愿半夜不眠不休地等着。搬个小板凳坐在院子里,诱人的肉香从厨房里弥漫出来,钻进我的鼻孔,勾动了我肠胃里的馋虫,那真是一种美妙的煎熬,一种幸福的等待!一锅骨头等不到煮熟,我会跑厨房三五趟,被母亲一次次打出来。好不容易等到灭火出锅肉煮好了,还要给神灵和祖先上完供,然后终于可以吃到嘴里了。啃、撕、拽、吮,手嘴并用,所有的骨头经我嘴后都是光溜溜的,母亲笑说比狗啃过的还干净。

纯肉不是随便就能吃到的,要留着待客,客来时,才能吃上一顿条子肉,其实一碗也就两三片,那是童年最奢侈的饭食了。

白面馍也是过节了才会蒸上一锅,蒸好了的馍放进馍篮里,用一根绳子吊到梁上,家家户户如此,不光是防老鼠,还得防小孩子偷嘴。那一篮子馍,是要吃好长时间的。

知道我饿,母亲总是变着方法填我的嘴,最常做的就是红薯糖了。把红薯熬成糖稀,放干了能长期存放,那就算是我童年的零嘴了。

家里做饭烧得最多的是麦秆、树枝、白草,六七岁的我每天都要割几十斤草。没有柴火的冬天,就烧马粪。为了能拾到马粪,我能跟着一辆马车跑30多里,一口气跟到那时候的柳河火车站。赶车的老大爷好心可怜我,经常叫我坐到马车上,把粪篮挂到车辕上,干活坐车两不耽误,还能到柳河站去看火车,拾马粪就成了一件美差。

赶车的老大爷喜欢唱戏,路上赶着马车,嘴里不停地唱着。一来二去,他就认得我了。有一次坐他的马车时,他忽然问我:你知道李斯忠吗?我摇头,就问他李斯忠是哪个村的。他说李斯忠也是咱宁陵人!外号"黑脸王",又叫"八里嗡"。我问:啥叫"八里嗡"?他说李斯忠唱戏,在八里外你都能听到他的声音。其他的,他就懒得再和我说,一声"嘚儿喔",就唱了起来:

一保官王恩师延龄丞相,
二保官南清宫八圣贤王。
三保官扫殿侯呼延上将,
四保官杨招讨于国忠良。
五保官曹太师皇亲国丈,
六保官寇天官理政有方。
七保官范尚书人人敬仰,
八保官吕蒙正执掌朝纲。
九保官吕夷简左班丞相,
十保官文彦博辨理阴阳。
……

四、我的新名字及"黑板"老师

6岁时,该上小学了。

石桥集小学离家不远,就在村南,1里多地。老师姓蔡,很是严厉,不苟言笑,对着我们一群娃娃,总是黑着个脸,板着个面孔,跟讲台上的黑板没有两样,所以我们私下里叫他"黑板老师"。

所有的孩子都戴上了鲜艳的红领巾,蔡老师让我们报名,轮到我时,老师叫停,说"群英"这个名字不好,改一改吧。怎么不好,老师不说,改成啥名,老师也不讲。我什么也不敢问。就这样,老名字不许叫,新名字不知道,我暂时就没了名字。开学整整两天,我的作业本上的"姓名"一栏都是空白。后来蔡老师到我家一趟,为我新名字的事征求了母亲的意见,然后又背着手在石桥集的街上转了一圈,在学校的讲台上讲了一讲,于是,所有的人都知道我有了新名字:孟祥礼!

从此,我的名字就是孟祥礼了。

母亲还专门带着我掂了礼物去感谢蔡老师。母亲说,"赐名"是大恩大德,我们要感谢老师。

上了学就再也没法睡懒觉了,一大早就得起床到学校早读,凌晨5点多的时候,高音喇叭就响了,在"东方红,太阳升"的歌声中起床上学。早饭后是上午课,上课前先做广播体操,然后唱班歌,《大海航行靠舵手》是唱得最多的。

鱼儿离不开水呀,
瓜儿离不开秧,
革命群众离不开共产党,
毛泽东思想是不落的太阳……

开学的几天,领唱的人选不断调整,今天是你,明天是他,后天是我。然后,就一直是我了。蔡老师指定由我领唱。我的嗓子全班没人能压得过,而且我学得快,不管什么歌,两三遍下来我就会唱了。耳朵又灵,谁唱得不对,我的耳朵马上就听出来了。后来,蔡老师干脆把教唱的任务交给了我。我成了班上类似于"文艺委员"的角色。

我是全班公认的"金嗓子"!

班歌唱完,然后才上课。

蔡老师上课喜欢给我们讲故事,他总是轻描淡写地说一些话,然后出其不意的一句话把我们逗得哈哈大笑,而他自己却还是那副一本正经的严肃样子。他还能把我们说得掉泪,他自己却若无其事的。课堂上讲得最多的,就是董存瑞和黄继光的故事,董存瑞舍身炸碉堡,黄继光冒死堵枪眼,我们每个孩子都耳熟能详。

最受感动的一个故事是《十粒米一条命》,后来才知道这个故事来自朝鲜的一个电影。讲一个长工的孩子,饥饿难耐,在地主家的锅里偷抓了一把米,结果被地主老财发现,这个孩子被活活打死。悲伤的母亲掰开孩子的小手,手里是孩子拿地主家的米,数一数,就十粒,孩子就这样被打死了。蔡老师在讲台上讲得声情并茂,我们在讲台下听得怒火满胸,对地主老财充满了阶级仇恨。

阶级教育是随时随地都要记在心里的,什么"三家村""四家店",我和小伙伴们吵架时会互相指责,你是"×××",他是"×××",具体是什么内容根本就不了解,总之,知道是"不好"的东西。那时候每个公社都建有"阶级教育纪念馆",纪念馆里有英雄的雕塑,董存瑞、黄继光、刘胡兰等,都是战争时期的英雄。也有地主老财的造型,最常见的是黄世仁和周扒皮。还配有专门的讲解员。英雄主义和为国奉献的教育在每一个孩子幼小的心灵里生了根,发了芽。

放学后,就专门去做好人好事,满村地找着去做。要是一天没有做成一件好人好事,那是最丢人的,到了课堂上还得写检查在全班大会上念。为了能做成好人好事,我们会在一个上坡路的旁边蹲等,就为了帮老人推车或拉车上坡,得到一句夸奖,能美上半天。也会在星期天组织起来,为军烈属挑水,挑不动就抬,把人家的水缸挑得满满当当,不溢出缸沿不休息。到了课堂上每个同学都要作汇报,向全班同学讲自己做的好人好事。都是一年级的小学生,哪懂什么汇报呀,大家就经常引用这一句话:突然,毛主席的教导在我耳边响起……这也是我们在班上作汇报时被引用最多的一句话了。

做完了好人好事,剩下的就是一天中最快乐的时间了。最喜欢的就是下水游泳。从家到学校的路上有一个池塘,也就是个浅水坑,我和小伙伴们脱个精光,在池塘里打水仗,追逐打闹,胡乱扑腾,常常玩得忘了回家,忘了上学。这样的疯玩是要付出惨重代价的,代价就是蔡老师的板子,挨打带罚站!撒谎抵赖是没有用的,蔡老师让你伸出胳膊,在你的皮肤上"噌"地用指甲一划,那一道白印子就是无可抵赖的铁证!

游泳虽然好玩,但老师和大人们总是盯得紧,再说那只是夏天的事情。其他的游戏也一样充满了乐趣。"星星过月月""开火车""摸爬叉""打滴溜""推铁环",还有唱歌,总之,是闲不住的。

初夏的时候,听到第一声知了的叫声,所有的小伙伴就开始坐不住了。摸爬叉总是在晚上,如果有月光,那就最好了。没月亮的夜晚,那就得提上煤油灯。晚饭后我们一起来到河堤边的林中,猫着腰,低着头,在地上搜寻着,当发现一个小洞的时候,那里边十有八九就有一只爬叉。小伙伴们一齐动手,把小洞变大,拣两根树枝当筷子,就会夹出来一只爬叉,小心翼翼地装进瓶子里,一个晚上我们总能把瓶子装得满满的。再晚些的季节,你拿灯往树干上一照,就能发现正在往树上爬的笨爬叉,直接捏下来装瓶就可以了。接下来就可以进行烧烤了,烧爬叉是我童年难得的美味。

游戏虽然好玩,但最吸引人的还是电影和唱戏。

7岁多的时候,我人生第一次看电影,是《地道战》。我看完后就彻底入迷,跟着放映队挨着村撵着看,场场不落,最多的一晚上能跟三四个村。其实看过来看过去,还是那所谓的"八戏三战",可永远看不够,每一遍都看得津津有味。看完了就召集小朋友在一起模仿演出,我的嗓子是最棒的,自然就成了孩子王,也就有了分配角色的权力。你演铁梅,你演李奶奶,他今天表现不好,兜里有红薯糖不分给大家,吃独食!活该演鸠山!我们的演出是非常认真的,一招一式,有板有眼,跟着电影模仿表演,一直到深夜才会解散。看的电影多了,演的角色也多了。我喜欢演电影上的英雄和正面人物,杨子荣、李玉和、郭建光,我都演了个遍。《铁道游击队》《智取威虎山》《沙家浜》看了一遍又一遍,钢琴伴唱的《红灯记》,一段一段唱得滚瓜烂熟。

9岁多的时候,县文工团排演了样板戏,到乡下演出,我也是场场必看,母亲说我都"魔怔"了。那时候农村还没有送电,演出照明用的是汽灯,戏唱着唱着灯不亮了,全场休息。村里的老百姓和文工团的演职员们一起"呼哧呼哧"地给汽灯打气,一会儿灯亮了,演员接着上台,观众接着看戏。我总是要戏终人散才回家,不管等多长时间也要看到底!农村的露天演出不像剧场,是不会有座位的,先到站前,后来靠后。为了占一个好位置,我总是早早来到,连晚饭都顾不上吃,就为了能抢一个靠前的好位置。这样做当然有利有弊:好处是看演出舒服,看得真,听得清;但也有一样不好,演出一开始,周围全是人,围得水泄不通,小便急了难出去,更担心出去一趟后,好位置让人家给占了。往往就地挖个坑,偷偷一蹲了事。我看戏很少尿急,因为总是看得很投入,和剧中人同悲同喜,跟着剧情如痴如醉,直到戏完才让尿胀得直蹦。

● 孟祥礼9岁时拍的第一张照片

当没有电影和唱戏的时候,看连环画就成了课余时间的唯一消遣。7岁时,父亲给我买了第一本连环画《小兵张嘎》,后来陆续有了《董存瑞》《黄继光》《白毛女》。那时候真的没什么可看,几本连环画都翻烂了,可再看一遍时依然乐在其中,趣味无穷。

当时学生的学习成绩普遍都不太好。全国上下,提倡学工学农,帮工帮农,到工厂去,到生产队去。在这样的大环境下,真没学到什么知识,但养成了一种生活习惯:穿衣干净暖和就行,吃饭填饱肚子即可。但凡看到别人遇到难处,一定尽力帮忙,决不袖手旁观。在学校,在家里,老师教,母亲说,都是同样的话:吃穿俭朴,助人为乐!童年时这些话时刻响在耳边,沉淀进了血液中,铭刻在了骨子里,成为我一生遵守不渝的品格。

五、"公子"落榜,"书童"上场

人生就是一条充满了岔口的道路,向左还是向右?未来不可预知,生命只有一次,因为不可重复,所以无法类比,也很难评判你的选择是对是错,只能后果自负。

苦与甘,我心知,走下去,不回头。

11岁,我毫无准备地来到了人生的第一个路口。

1971年7月,宁陵县文工团招收学员的消息传到了村里。那是晚饭后,表哥来到我家。表哥名叫银平,我习惯喊他银平哥。他告诉我这个消息,是因为他想报考司鼓,这是他家传手艺,他想让我陪他去县城考试,因为在宁陵县城他没我熟悉。第二天正好是周日,我也好长时间没去见父亲了,当即约好明日同行。

第二天临上路时才知道,还有我一个叫刘静安的同学一块儿去报考演员,三人结伴一路往宁陵赶去。银平哥把他们二人所有的东西都搁我肩上,说他们是上京赶考的"公子",我自然就是他们的"书童"了。

到宁陵,找文工团,报名考试。一个空荡荡的大屋里,摆了一排桌子,桌后是几名文工团的老师,问旁边的人才知道主考老师姓张。按报名顺序,喊名下场测试,一个一个过。银平哥和刘静安紧张得要命,说话都是哆嗦的。我是来帮忙的,自然也没有考试的压力,最是轻松不过,背着手在旁边闲转。一轮考下来,不用等考官宣布,我就知道他们二人不会有好结果。因我没事,就在旁边专看主考老师的表情,见那主考的张老师考一个摇一次头,眉头拧得越来越紧,拧成了一个大疙瘩,很不满意的样子,我就猜到这事悬了!结果不出所料,银平哥和刘静安两人考得都不理想。好在两人也没有必须考过的压力,考上了当然高兴,考不上回去继续上学。知道了结果,他们反而没有了紧张情绪,心态很好的样子,一副笑嘻嘻的嘴脸,刘静安已经嚷嚷着要去逛街了。我正要拉上银平哥一块儿走,就在这时,银平哥多了一句嘴,这是他一贯的老毛病了。

他忽然喊了一声张老师。我和刘静安都不知道他要干啥,就愣在一旁,这可是宁陵县文工团招生的考场,表哥他又不认识张老师,他要干什么?他真是太大胆了!那张老师很不满地看看他,一脸严肃的表情。我很紧张,不敢吱声。表哥依然一副大大咧咧的样子,对张老师说话了,他指着我对人家说,这是我们村有名的"金嗓子",能不能下场试试?这是我万万没有料想到的,一下子出了一身白毛汗,一颗小心脏不争气地"咚咚"跳着,恨不得上前撕烂表哥那张大嘴巴,他可真是个惹祸精!

奇怪的是,在心情紧张的同时,竟然还有一副跃跃欲试的心思,两种情绪同时在我心里纠结绞缠着,又是紧张,又是兴奋。是的,我想下场!我想唱!一轮测试下来,我在旁边看得仔细,心里有了底。我觉得那些考生没有我唱得好!我有这个自信,在村里的小伙伴中,我的嗓子是最亮的,谁也压不住我的声音!连大人们都夸我唱得好,但光有他们的夸奖,我觉得不够,我不满足!今天,在这文工团的考场,有专业的老师们看着,有同为考生的小伙伴们看着,我很想露一手,我想露一嗓子,我想大声地唱一段!在这一刹那,歌唱的渴望战胜了怯懦和恐惧,我竟然有点迫不及待地想下场了。

但我没有报名,是没有考试资格的。

全场都看着张老师,也看着我们这三个乡下来的小傻帽。

更为奇怪的事情发生了。张老师考虑了一下,竟然点头了。或许是今天的考生成绩普遍不理想,他还想再找一找试一试碰运气?

他指着我说:你来!

太感谢张老师了。这一辈子,每当我想起这件事,我都会深深地感谢他。他给了我一个机会,他给了一个农村孩子实现梦想的舞台,他给了我一个展翅飞翔的起点!

征得张老师同意,我点了一首歌,手风琴伴奏《大海航行靠舵手》,这是动了一点小心思的。我从6岁起就唱熟了这首歌曲,这首歌有一个难点,就在最后一句"……不落的太阳",高音难唱!结果我轻轻松松顶上去了。一唱完,全场的老师都呆住了,考生们静悄悄的,没人说话。我在场上忐忑不安地等待着老师们的宣判,但也能看出来,老师们是高兴的。

张老师的眉头没有了那个疙瘩,和蔼地问我:"你叫什么名字?"

我回答:"我叫孟祥礼!"

"吉祥的祥,礼貌的礼?"

我点头:"是!"

张老师赞许地点点头,是赞我名字起得好吗?我心里暗暗地又一次感谢了张老师。

张老师在纸上写下了我的名字。

"会唱戏吗?"

我说:"会唱豫剧。"

"会啥?"

我认真地想了想,拣最拿手的说:"《沙家浜》,郭建光!"

"哪一段?"张老师问。

"'为的是早早回前方'!"

张老师认真地看了我一眼,我知道他的意思,这段唱是有难度的,我心里想:没难度我还不唱呢!

"初生牛犊不怕虎!"当时,我的心里已没有了怯惧,只想着表现自己。一个老师拉开了架势,咿咿呀呀悠悠扬扬的板胡声响起,我马上就进入了情绪,一搭腔,我的声音比板胡的音高,有点冒调。张老师没有一点不耐烦,耐心地让拉琴的师傅换了高音板胡,示意我接着唱。一大段唱下来,顺顺当当,完完整整。老师们一个个都围了上来,一个老师(后来才知道是教武功的赵老师)拉住我,用手拃了拃我的胳膊,又使劲地摁了摁我的背和腿,最后让我脱了鞋袜,检查我是不是平板脚(在戏曲中,不合格的身体是练不出来戏功的)。我有点不知所措,但能看出来老师们是高兴的。

余光中,我看到张老师在我的名字上画了个红圈。

谁也没有想到,就是张老师的这个红圈圈,改变了我的一生,可能张老师也不会预料到吧。后来,我才知道张老师全名叫张本先。

我是考过了吗?

六、一个人和全家的战斗

我考过了?

是的,我考过了!

我考上宁陵县文工团了!

我想大声地呐喊,我想告诉我遇到的每一个人。

巨大的幸福像潮水一样在我的胸膛里激荡着、翻滚着,我迫切地想要与所有的亲人分享这一巨大的喜讯。我首先想到了父亲,父亲就在县城,离我最近。我匆匆告别了银平哥和刘静安,没有理会他们要我请客吃水煎包的要求,脚下像装了风火轮一样,我跑到县农业局,去找我的父亲。可单位的人说,父亲出差了。失望只是一刹那的事情,我马上决定回家去找母亲,一刻都没有停留。

走在回家的路上,就像在云朵里飘一样,想象着母亲知道这个消息后的样子。她会怎么夸我呢?会不会给我做一顿肉吃?过年时腌的肉还在橱柜里放着呢!吊在房梁上的馍篮里的白面馍今天晚饭可以拿下了吧?她会不会到街上大声地宣扬,让所有人都羡慕她有个我这样的好儿子?心猿意马,思绪飞扬,不知不觉就到了村口。忽然觉得这样不够沉稳,母亲老说我是胳肢窝藏不住热馍!我已经长大了,就该有成熟的样子,像大人一样,不管遇到什么,都一副云淡风轻若无其事的样子。我极力让自己冷静下来,慢慢悠悠地走进了村里。远远地,小伙伴们叫我玩,我哪有工夫搭理他们?我感觉我和他们已经不一样了。可喜悦就像纸里包着的一团火,在胸膛里熊熊燃烧着,要把我烧成幸福的灰烬!离家门口还有几十米,我就跑了起来,没进门我就兴奋地大声喊起了母亲:"妈,我回来了!"

母亲手中做着家务,问我:"怎么回来这么晚呀?路上又跑哪儿玩去了?你银平哥和静安早就回来了!"说着,母亲端上了晚饭。

我端上碗说:"妈,银平哥和你说了吗?"

母亲问:"说啥?"

我心里竟暗怪银平哥,这么大的喜事,他怎么就没给我母亲说呢?

我啃了一口黑窝窝头说:"妈,我考上县文工团了!"

母亲说:"你玩了一天,作业还没写吧?赶快吃,吃完了写作业去。"

我还想说:"妈……"

母亲:"完不成作业,看明天到学校蔡老师怎么收拾你!"

门外有人喊母亲的名字,母亲应了一声,就出了门,还不忘交代:"写完作业赶快睡,明天上学还要早起哩!"

母亲竟然就这样走了?

怎么会这样呢?这是怎么了?

没有肉,更没有白面馍,还是平常的红薯粥,我没滋没味地吃完了饭,草草地写完了作业,干什么都打不起精神来。我还是想跟母亲说一声,可到大门口去了几次,总也不见母亲回来,又怕睡得迟了母亲回来训我,在煤油灯下想着心事,想着想着,就进入了梦乡。

整整一个星期,我不知道是怎么过的,鼓起勇气给母亲提了几次,可每一次,母亲都不搭腔。我能看得出来,她是故意的,在这件事上,她和我不是一条心。我不知道该怎么办,去找父亲?那得等到星期天才可以。自己跑到文工团去?不经母亲同意,我毕竟是不敢的。我上课时想,做作业时想,就这样失魂落魄地过了几天,还是一筹莫展。

一个星期后,村里来了三个人,队长把他们领进了我家。母亲接待了他们。一个我认出来了,是在考场上见过的张本先老师,后来才知道他是文工团的导演。我很是高兴,我想他会帮到我的。还有一个说是文工团革委会的李主任,随行的是公社的文化干事。张本先老师从包里掏出来宁陵县文工团的录取通知书,递给了母亲,高兴地对母亲说:"大嫂,你家小孟考上县文工团了……"

母亲和外婆对看了一眼,两个人的脸色齐变,见忧而不见喜!

母亲勉强露出一丝笑容说:"张老师,孩子还上着学呢。"

张老师大手一挥,说:"大嫂,你放心,文工团也开了文化课!不会耽误小孟的学习!这个事情你们都不用担心。"

母亲欲言又止,吞吞吐吐地说:"张老师,这是个大事,孩子爸不在家,俺娘儿俩做不了主,这事得跟孩子他爸商量一下……"

张老师忽然有点明白了,说:"大嫂呀,小孟嗓子好,是个好苗子。我在剧团待了几十年,像他这样好的条件少见呀!不唱戏,真是可惜了这个孩子!"

母亲和外婆还是不说话。

张老师叹了口气,说:"您和孩子他爸好好商量一下,好吗?文工团的大门始终对小孟敞开着,他什么时候来,我什么时候要他!"

母亲和外婆连忙假惺惺地感谢着,而且还站了起来。

张本先老师一行几人只好也站了起来,向母亲告辞。

我再也忍不住了,摘心摘肺地难受,猛地站起来:"妈,我想唱戏,你让我去吧!"几天来的委屈一下子像决堤的洪水泄了出来,我号啕大哭。

所有人都愣住了,母亲和外婆没想到我会这样大胆,当众拆她们的台。张老师他们三人都站住了，满怀希望地看着母亲。

可母亲好像根本没听到我的哭声一样，只说要再商量商量，送张老师他们几个出了门。

我觉得天塌了！所有人都那么面目可憎！所有事都那么可恨！眼前的一切都那么可恶！我真的不想活了，生不如死！我恨上了母亲和外婆，仿佛她们撕烂了我最心爱的连环画一样！

我不知道，不知道从什么时候起，我对唱戏起了这么大的心思，以前只以为是喜欢，没有认真想过。但文工团的事情突如其来，当可以唱戏的选择摆在我面前的时候，我知道，我是真的想唱戏，这一辈子我一定要唱戏！

我真想追上张老师，跟他们去文工团，可看着母亲的脸色，终究没敢这样做。我想到了父亲，对，父亲会帮我的，一定会帮我！

母亲黑着脸看着我，想打我的样子。

我没有躲避，恨恨地看着母亲。打就打吧，有什么大不了的。

外婆劝我："干啥不行，非要当戏子？那是下九流！在过去，唱戏的死了不能入祖坟！你知道不知道？乖，好好上学，那才是出息！"

外婆的话我左耳进右耳出！

第二天，父亲回了村，可没料到，他和母亲一个意见，跟我说了好多，就一个意思：我还小，不能耽误了学习，学要继续上，剧团不能去！咱老孟家丢不起这个人！

人家都能唱戏，为啥偏偏我就不能唱？

连父亲都不支持我，这让我极度绝望，情绪低落，我对所有人都失望了！他们说的我一点都听不进去，他们想了各种办法，威逼利诱，又吵又哄。父亲是唱黑脸的，声色俱厉！母亲是唱红脸的，好话说了一箩筐，还给我做好吃的哄我。外婆是唱白脸的，没有立场地两头劝。可我就是不理他们！你有你的上天梯，我有我的倔主意！我想唱戏，你们不让我去，好，我不干了！什么都不干了！我罢工，我罢学！我罢饭！我罢话！我和谁都不再说一句话！铁了心搞起了对立，决不向他们妥协，我窝着一肚子的怒火，开始了一个人和全家的战斗！

父母毕竟是疼我爱我的，看我这样子，母亲哭了，外婆也心软了，不停地劝父亲，父亲见我是王八吃秤砣——铁了心，无奈也就应了。

1971年8月1日,父亲请了假,借了一辆自行车,带上了母亲给我准备的行李,拉我去了宁陵县文工团。

胜利属于坚持者!

在人生的第一个路口,我坚定地做出了属于我自己的选择。

七、无题

那一年,我11岁,我的命运有了重大转折,我选择了属于我自己的一条人生道路,做一个戏曲演员,上台唱戏!

在以后的从艺生涯中,我曾无数次地问自己:为什么要选择唱戏?听父母的话,坚持上学,找个工作,那或许也是一条康庄大道,大多数人都是那样做的,也许我就不会有后来那么多的坎坷。

但我选择了唱戏。

生活中充满了无数的偶然,每一个偶然都会给出选择,每一次的选择都是改变你命运的一次机会,就像我参加宁陵县文工团的考试。如果银平哥不喊我,我就不会跟去文工团,后来的事情自然不会发生;如果银平哥不多那句话,我一定不会主动参加考试的;如果张本先老师不同意我参加考试,毕竟我连报名都没有参加,是没有考试资格的,那我将会直接失去这一次考试的机会。

但是,在每一个偶然的背后,都包含了铁一般的必然!

你的梦想!你的选择!

带上梦想,做出自己的选择。

我相信,如果没有跟着银平哥一起去参加宁陵县文工团的考试,在将来的某一天,我一定还会参加别的文工团的考试;也许由于种种原因我会失去这一次机会,但将来某一天我一定会走上唱戏这一条道路。

唱戏是我的梦想,是我的生命!

所以当机会来临时,我犹如遭到当头棒喝,犹如醍醐灌顶,我迫不及待,我义无反顾,我用全身心的力量把机会牢牢地抓在手里,用自己的双手紧紧地扼住命运的咽喉!在宁陵县文工团的考场,当张老师答应我可以参加考试后,我上了考场,毅然决然!当家人不同意我唱戏时,我以死相逼,挺身对抗!

我觉得:我就是唱戏的料!天生我材必有用!老天给了我这样的嗓子,就是让我唱戏的。

我喜欢唱,从小如此。在石桥集那个童年的世界里,我唱给同学们听,唱给小伙伴们听,唱给乡亲们听。感受着他们脸上那一份由衷的喜悦,我心里就特别充实。长大了我还要唱,我要去一个更广阔的天地,去站到一个更高的舞台,去唱给所有的乡亲,看着他们脸上洋溢着的幸福,我将满足!

这就是我的梦想:站上舞台,唱给百姓听!

对于别人来说,也许"不唱也能活";对于我来说,"活着就要唱"!这一次以及后来的很多事情都证明:我就是个唱戏的命!

八、嚼得黄连功方成

我进入了宁陵县文工团,终于如愿以偿!

宁陵县文工团在1969年、1970年招了两批学生,加上1971年我们这一批,三届学员总共将近80人。一座筒子房,五间打通,近80人靠墙绕了一圈睡大通铺。每个学员的床铺都是窄窄的一溜,睡觉时铺挨铺,人挤人,翻身时得和旁边的伙伴打声招呼,不然动弹不得。到冬天时特别暖和,夏天时可就遭罪了。我的行李除了被褥、脸盆和洗漱用具外,还有一个小木箱。这木箱还是母亲陪嫁的物件,虽然她恼怒我来剧团,但毕竟还是心疼儿子的,就把最心爱的小木箱让我用了。平时小木箱就放在我枕头上,再把脸盆和洗漱用具放箱子上,到睡觉时把木箱放一边,得腾出来睡觉的地方。

七八十个人,一报年龄,数我最小,11岁。小有小的好处。我这个最小的师弟理所当然地受到了师兄师姐们的最多照顾。打饭时我可以随便插队,值班打扫卫生时,师兄师姐们纷纷帮忙。

我从小有尿床的毛病,尤其是白天累得很了,到夜里十有八九是要"水漫金山"的。平常在家没觉得是多大事情,母亲总是问也不问,直接拿去洗了。现在一过上集体生活,这就很要命!半大的孩子,知道脸面了,11岁了还尿床?这太丢人了!

● 在宁陵县文工团与同学的合影

让师兄师姐们知道了我还怎么待下去？偏偏到剧团的头几天没明没黑地练功，累得要死，晚上往床上一倒，一觉就到了天明，醒了就感觉不对！不敢掀开被子，怕让人看见湿的那一大片，躲被窝里穿好衣服，连被带褥"嗖"地一卷，完事！第二天夜里咋办？睡尿铺！

两天下来我难以忍受了。

那天早上，我早早起床，偷偷把被褥洗了晾晒，自以为神不知鬼不觉。

就从那一天起，每到半夜，总会有师兄把我喊醒："祥礼，尿不尿？"我半睡半醒起来，吱吱挣挣下床，哗哗啦啦解决，迷迷糊糊躺下，不知不觉天明。一开始，我虽然很感谢喊我的师兄，但没有太在意。后来次数多了，我就纳闷起来，而且还不是固定的一个师兄喊我，而是一天换一个人。我就问一个平常很亲近的师兄怎么回事，他告诉我他今天值日，我急了，你值日跟半夜喊我起床有什么关系？他说是教武功的赵老师这样安排的！我们宿舍是轮流值日，打扫卫生，赵老师不声不响地安排了下去，谁值日谁负责喊小孟半夜起床小解。

我当时听了后，心里酸酸的、暖暖的。在家里，喊我半夜起床小解的是父亲，是母亲，是外婆！进剧团了，喊我半夜起床的是老师们，是师兄们，他们都是我的亲人！

每天都有文化课,但认真学习的没几个,所有人想法都一样:学那有啥用?剧团是靠演戏吃饭的。和大多数师兄师姐一样,我当时也是这么想的,老师要求得并不严格,文化课就成了三天打鱼两天晒网的应付差事。

最轻松惬意的莫过于练嗓了。夏日的清晨,空气微有湿意,东方将晓,太阳未升,淡淡的晨雾缭绕在林间。乘着凉爽的晨风,在树下,在池塘边,在练功房,在教室,一声声,一嗓嗓,咿咿呀呀呼呼哈哈地从各个角落里响起。偶尔会有主攻黑头行当的师兄不知从何处"喳"的来一嗓子,顿时惊飞了林间的宿鸟,喝散了清晨的薄雾,唤醒了沉睡的大地,迎来了东方的旭日。一天之计在于晨,新的一天开始了!

进团的头两天,我们这批新学员被安排观摩,看前两批先进团的师兄师姐们练功。看他们跑圆场,迈八字,翻跟头,放旋子,看得眼里放光,心里发痒,恨不得马上开练。

一个星期后,我们新学员的训练开始了,先开始练基本功,就是跑圆场,迈八字,刚开头觉得很好玩,这样当成玩耍练了一个月。

第二个月,还是练基本功,难度增加了!走弧线,走直线,老师尽出孬点子!一边是墙,一边的地上栽了毛玻璃,中间窄窄的一溜,拿捏着功架一趟走下来浑身直冒汗!我就看见一位师姐一步没走对,摔在玻璃碴上,夏天穿得少,玻璃碴上全是血!老师在一旁一声大吼,那位师姐含泪起来,忍疼硬是走完了全场。拿大顶,倒立40分钟以上,两天下来变"熊猫"!双眼肿胀,眼皮都浸出血来,胳膊又肿又疼,端一碗稀饭手都打哆嗦。下叉,一劈两个小时,劈完了没人能自己站起来。下腰、勒腰、扳腰,有一次,我眼睁睁地看着,一个师兄一下被扳昏过去!那真是要把骨头都扳断了!每天踢腿一千个,虎跳二百个,累得跟狗一样吐舌头。把腿吊在树上练功,一吊几个小时,支撑腿站不直了,稍打一个弯,老师手里的棍子就敲在了麻骨上,还不许哭,越哭打得越狠,罚得越重,挨了打还得加练。那罪一般人真受不了!有一次去农村演出,旁边几个看我们练功的老大爷老大娘都心疼得掉着泪骂人,骂我们的武功老师不是人,心是狼心肺是狗肺,是个人咋能这样对孩子呢?

我不是不能吃苦,农村的孩子,从小担水挑粪,下地上山,是受过罪流过汗的。但我真的受不了这个罪!不光是我,好多师兄夜里躲被窝里哭。原想着唱戏就是在台上轻轻松松风风光光唱上一段转上几圈,谁想到还要遭这么大的罪!理想中的鲜花和掌声在那遥不可及的天边,眼前是铁一般冰冷无情的惨痛现实!我后悔了,我想家,想母亲,想外婆,想着外婆慈祥的笑容,想着母亲温暖的呵护。还有村里的小伙伴们,我想你们呀!我多想再回到石桥集小学,坐在讲台下,一边听着讲台上的蔡老师授课,一边偷看着心爱的连环画。我多想再看到那明亮的教室、听到里面传来的朗朗读书声。我想回家!我要马上回家!多待一天,我会死去的。当时,我真想着练功会把我练死,再也见不到母亲和外婆了!

度日如年,望眼欲穿,总也盼不到一个月那4天的假期。

九、宁陵县的"小李玉和"

有一天,我练完功,筋骨酸痛,累得要死,肚子里饥肠辘辘,可离开饭还有一个多小时。我一个人怏怏地坐在树下,想着我温暖的家,想着亲爱的母亲和外婆。她们知道我的辛酸吗?还有石桥集的小伙伴们,这时间该是放学了,银平哥和刘静安他们在干什么呢?是爬树掏鸟蛋,还是在斗蟋蟀?我是多么地想见到他们呀!

可是见到他们该说些什么呢?当初要死要活,在家里闹翻天要进团学戏,如今灰溜溜地回去?外婆是不会说什么的,她总是会原谅我所有的事情,不管对与错。母亲是会说两句的,也就是嘴上厉害几句,心里还是疼我的。可我怎么去见银平哥和刘静安他们呢?上个月放4天假回家时,小伙伴们一个个用羡慕的眼光看着我,我也在他们面前显摆得跟考上了个状元衣锦还乡似的,这才过了一个月就要当逃兵了吗?

这时,团里的革委会成员,负责学员生活、学习、排练的张秀山老师走了过来,对我说:"小孟呀,中午别去食堂了,你师娘做了肉,到家里去吃吧!"我赶紧起身,恭恭敬敬地答应了。张老师向来对我很好,生活上学习上给我很多照顾,他让我干什么我都是应该做的,更何况是吃饭的美事。可是他为什么让我到他家去吃饭呢?到了中午,我空着两手带张嘴就去了。

张秀山老师的爱人叫吴素琴,是宁陵县文工团的大主演,一个月工资90元,他们两口工资加起来一个月有一百六七十元,在当时那是高工资了,所以他们家的伙食一向很好。一到他家,就看见鸡鸭鱼肉做了一大桌子,今天这是怎么了?是专门请我吗？又觉得不是。我一个农村来的学生，实在没必要因我而这么丰盛！心里有点忐忑不安，但很快饥饿就占了上风。筷子一动，就停不下来了，在张老师和吴老师面前展现了我惊人的食欲，狼吞虎咽，风卷残云，一桌子菜有一大半都进了我的肚囊，他们两口没动几筷子。张老师和吴老师看着我吃，两个人都很欢喜的样子，还不断地给我夹菜加饭。中间几次我都有点不好意思，停下了筷子，可张老师催我，他说你吴老师最喜欢的就是客人把她做的菜吃完，吃得越干净，她就越高兴，这说明她做的饭香好吃，这是对她手艺的高度认可。吃吧吃吧！我本来就才吃个七分饱，张老师这么一说一让，那我就放开肚量饱餐一顿了！

吃罢饭吴老师负责洗筷刷碗，张秀山老师就和我说起了话。他先问了我学习的情况，我就一五一十向他作了汇报，倾诉了练功的苦和累，并老老实实说了想离开文工团回家上学的想法。张老师先给我讲了《闪闪的红星》中潘冬子的故事。潘冬子在那么艰难的环境中还依然顽强地和敌人作斗争，甚至愿意付出生命，我们现在吃点苦受点累算什么？我承认张老师说得对，这电影在石桥集放过，我看了，看的时候也是心情激动，热血沸腾，但那毕竟是电影，离我有八百里地远，于是张老师的话就没听心里去。我只是哭，不说话，不表态！张老师又换了一种劝法，给我描绘了当一个戏曲演员的美好前景：演员是艺术家，是党的口舌，是毛主席的宣传员。做演员是个很光荣很有社会地位的工作，将来也可以出人头地。你看咱老家的李斯忠老师，红遍全省，誉满中原，领导接见，群众喜欢，走到哪儿都被高看一眼。小孟啊，李斯忠老师就是咱宁陵人，他就是我们的榜样，你要认真练功。"宝剑锋从磨砺出，梅花香自苦寒来。"你天赋好，有嗓子，一定能成为一个当红的演员。

成为李斯忠老师那样的大演员，我做梦都想，可我现在连台都没上过！我的心情还是很沮丧。张老师苦劝无效，一时无语。

吴老师洗完碗筷走了过来，向我透露了一个内部消息。她说小孟啊，团里决定要排《红灯记》和《沙家浜》，很快就要上马。如果让你演李玉和，你有信心拿下来吗？

让我演李玉和？我一下高兴得蹦了起来！二话不说，硬邦邦地表了态："请张老师和吴老师放心，请团领导放心，我一定能演好李玉和！"

张老师和吴老师都笑了。

人有了信念,就有了力量,"李玉和"在向我招手,梦想中的舞台就在前方。心气足了干什么都有劲儿!从前深恶痛绝的练功,现在是拼了命咬着牙地练。人家练两小时,我练三小时。大茶缸子里装满了盐水,一天至少喝三大缸子!一身汗一身泥,衣服一天下来洗一遍,晾起来第二天干了接着穿。一个月高难度的基本功训练很快就过去了。

演出旺季,大团下乡演出了。我们学员在家排戏,就排《红灯记》和《沙家浜》,我如愿地扮演了李玉和。这可是我排的第一个整本的大戏呀!我激动得躺床上一直数到500只绵羊才睡着。

分组排练,戏一折一折地过,先排了《红灯记》的"痛说家史",又排了《沙家浜》的"智斗",一个月的高强度训练,所有的学员都被折磨惨了,所有人都窝着火憋着气提着劲,排练场、宿舍、食堂到处都在嚎嗓子。

排练场上,学员们排戏热火朝天。

刁德一:她态度不卑又不亢,
阿庆嫂:他神情不阴又不阳。
胡传魁:刁德一搞的什么鬼花样?
阿庆嫂:他们到底是姓蒋还是姓汪?
刁德一:我待要旁敲侧击将她访,
阿庆嫂:我必须察言观色把他防。

女生宿舍里也传出来"阿庆嫂"的声音:

垒起七星灶,
铜壶煮三江。
摆开八仙桌,
招待十六方。
来的都是客,
全凭嘴一张。

相逢开口笑，

过后不思量，

人一走，茶就凉……

两个月的紧张排练后，第一场正式演出的机会来临了。恰逢县里三级干部会议在宁陵县城召开，文工团接到通知，为会议演出三场。那次演出非常成功，现场气氛热烈，掌声不断，观摩演出的干部们都高兴得连连叫好。县委书记亲自上台接见。演英雄、演正面人物就是比较受欢迎，容易沾光。领导们到了我面前，领头的书记站住了，说："这就是我们的小李玉和吗？"

我手心里都是汗，不知道该咋说，团领导赶忙应："是！"

书记亲切地问："你叫什么名字？"

我赶紧回答："我叫孟祥礼！"

书记继续问："家是哪儿的？"

我说："石桥集！"

书记拍了拍我的肩，夸了我几句，我已经听不清书记说的啥了，光是呵呵地傻笑着。

第二天，"小李玉和"的名字不胫而走，在县城传开了，走到哪儿，都有人指着我说：这就是小李玉和！

我心里无比自豪！只要上街，印有"宁陵县文工团"的练功服必定要穿在身上，唯恐人家不知道我是县文工团的演员。

十、拉上板车下乡去

半年后，我们可以跟大团下乡演出了。消息传来，所有学员宿舍都沸腾了，这标志着我们距离成为正式演员又近了一步。每个人都精神振奋，铆足了劲，拿出所有的精气神，哪怕是演个兵也能高兴半天。

魂牵梦萦的舞台呀，我来了！

1972年，全省文艺院团掀起了学习鄢陵县豫剧团"板车精神"的活动。那时一般的剧团都没有汽车,也没有其他的机动交通工具,上山下乡演出,乡村集镇都是泥土路,高低不平,服装道具咋办？人家鄢陵县剧团想了一个办法:用板车拉。一个剧团七八辆板车,上路可以拉东西,停下可以装舞台,晚上可以当床铺,一举多得。到农村演出,三五个人一辆板车,唱到哪里拉到哪里,不需要专门找车拉那些服装道具布景了。田间村头随便找个空场,只花半个小时的时间,就能用板车搭起一座高一丈五尺、宽二丈二尺、纵深一丈三尺的简易舞台,很像现在的活动舞台,配上灯光布景,也能达到理想的演出效果。

我们学员拉着车,团里的老师们驾着辕,车上装着团里的服装道具和布景,还不误在路上练功！我在田间的小路上一溜十多个跟头,轻轻松松的。就这样我们唱着练着,不知不觉到了演出地点。

到当地演出,因为人多,舞台上睡不下,条件允许的话,就住当地农户家,只有老师们才有这个资格。吃饭时由当地大队派饭,东家三人,西家两人,每户负责招待几个人,但这些都要交生活费的,那时讲究不拿群众一针一线。大多时候我们学员住学校,村里的小学,宽敞的教室,课桌一拼,睡几十人没有问题。春秋天睡教室是比较舒服的,不冷不热。一到夏天,蚊子多,叮得满身红疙瘩,实在困得不行,薄被一裹,大褂蒙头,就呼呼大睡。冬天就遭罪了,农村的学校条件差,门窗封闭不严,寒风一阵阵地从门缝窗隙钻进来,跟睡个冰窟窿一样。

锣鼓一响,人山人海。先来的观众占了前面,坐着看戏,后来的观众站着看。家里近的,搬个小凳；家里远的,找个方正些的石头,也能坐了。有经验的观众早早吃了饭赶来,占到一个好的位置,舒舒服服看一夜。

演出开始了,剧情到紧要关口时,前面的观众不知不觉站了起来,后面的观众被挡得看不见了就急,喊了没用就带上了骂,比台上还热闹！喊的骂的不管用,那就往前挤！一挤一堆,一倒一片,危险得很。听老师们说,发生过挤死人的现象。后来,不管哪个村演出,专门有民兵负责维持秩序。十几个人高马大的汉子,穿了绿军装,戴了红袖章,拿了白蜡杆,很有威势,哪儿乱了,一声吆喝,观众就安静了。

那时农村还没有电灯,演出照明用汽灯,露天演出的时候,汽灯有时比电灯还好用,下点小雨,三四级的小风,汽灯照样管用。就一个坏处,用灯时间稍微一长,气压不够,油供不上来,演着演着灯灭了,给汽灯打足了气,灯一亮接着演。

我的艺术生涯四十年 027

戏演完了,热情的观众久久不散,要求加清唱。有时听清唱比看整台戏过瘾,都是名角!所谓"不听清唱,白看一场"!老百姓热爱看戏、渴望看戏的热情深深地感染着我们。在那样的年代,农村没有电视,缺少电影,看戏就是农民们最大的娱乐。我们下农村演出,一个戏下来三四个小时很正常,往往一演就演到深更半夜。

晚上演大戏,白天也不闲着。除了给我们学员排戏外,文工团还要送戏上门,田间地头、军烈属家、五保户,都是我们慰问的地方和对象。这样的演出是没有一分钱的,也没有一个人提意见,没人斤斤计较个人得失,很自然地就觉得这是应该做的。

"为人民服务"在那个年代不是一句口号,而是发自内心的。

十一、唱一出戏给母亲

现在想起来,在那个计划经济的年代,人真能吃苦。我们学员一个月拿20元,我除了买各种生活用品、伙食费等正常花销外,每个月能节余5元钱,我把这5元钱补贴家用。那钱是一分一分算着花的,买一个冰棍都要想半天。我们这一届关系好的12个学员,商量着组织了一个"互助会",每人每月省下来5元钱,加一起那就是60元,谁家有个急,这60元就先给谁用,60元在那时能挡个急了。这算是紧急情况。在平常,我们这60元是轮流受益,轮流着往家拿,谁运气好能轮到春节把这60元拿回家,那就能过个"肥年"了。

夏天穿得最多的就是"尿素袋"裤子。听着不好听,但那时很流行的。记得有一句顺口溜:"干部干部,五毛钱做条裤,前边是日本,后面是尿素。"可见,那时候连干部都穿尿素裤的。母亲不知从哪里弄了一条尿素袋子,也找人给我做了一条,还专门跑到柳河火车站,去拉了红石头回来,把裤子砸染成了紫色。这裤子柔软性好,轻薄利汗,穿上很舒服。还有个最大的好处,头天晚上洗,第二天就晾干可以穿了。这条"尿素袋"裤子我一直穿了好几年。

冬天就一条大棉裤,俗称"涮桶裤",因裤腿肥大似桶而得名。这棉裤是贴身穿的,外边不罩,里边不套,那时谁还穿什么内衣内裤呀!穿起来晃晃荡荡,大冬天的冷风"飕飕"地直往裤腿里钻。过冬棉裤就一条,轻易不敢弄脏了,洗起来死沉死沉的不说，洗了还不易干，就是天气好，要晾干也得三两天，那就得挨冻了！

我那时最大的心愿，就是让母亲看上一场我演的戏。我想让母亲喜欢我的戏，并慢慢地认可儿子从事的工作。她养了我十几年，到头来儿子却不听话，造了她的反，那样气她。她虽然嘴上不说，但心里是悲凉的。

不巧的是，我们文工团一次没去过石桥集。

有一次，终于我们团要在县城演出，我早早地就通知了母亲来，并给母亲选了个好座位，让她舒舒服服地看儿子在台上演出。那一天我在台上格外卖力，真打真摔真拼命！跟我对打的师兄被我的刀把砸得"嘶嘶"地吸冷气，疼得龇牙咧嘴。所有的老师学员都用诧异的眼神看我，不知道我是疯了还是有病，抑或哪根筋搭错了。教武功的赵老师关心地问我这是怎么了，叫我悠着点。

我知道母亲就在台下看着我。我在心里默默地对母亲说：妈妈，对不起！从4岁起，您一个人孤苦伶仃把我带这么大！一颗心扑在了儿子的身上。可儿子却非要唱戏，那样去伤您的心！对不起，儿子不孝！可儿子想告诉您，唱戏是可以有出息的。

我只是想给母亲认真地唱好一出戏，这是我对母亲的一次汇报演出，也是做儿子的对母亲养育之恩的感激和回报！我想告诉母亲，儿子爱唱戏，可我更爱您呀，母亲！

台下观者三千，我心中的观众就一人，那就是我的母亲！

那天晚上演的是《红灯记》，我把李玉和的唱腔演绎得声情并茂：

> 临行喝妈一碗酒，
> 浑身是胆雄赳赳。
> 鸠山设宴和我交朋友，
> 千杯万盏会应酬。
> 时令不好风雪来得骤，
> 妈要把冷暖时刻记心头……

因为太入戏，我唱着母子的分别，想着母亲从小到大十几年对我的含辛茹苦，可现在我却不能在家守着她,照顾她,把她一个人孤零零地扔在家里,不觉泪流满面。那一段唱完,台下观众如痴如醉,鸦雀无声,良久,才爆发出一阵雷鸣般的掌声。

演出结束后,我叫了母亲到团里的食堂吃饭。每次夜里演出结束后,食堂有两毛钱的夜餐——一碗肉丸子汤。一个大戏演下来,演员消耗大得很,不吃夜饭,时间长了会亏身子的。我说我不饿,把肉丸子汤给母亲吃了,自己在食堂切了一点姜丝、葱末,让师傅给沏了一大碗酸辣汤,"咕咚咕咚"喝了两大口,趁抹嘴儿的空隙,我透过灯光,看见母亲端着碗,泪水顺着两颊流到了碗里,很小心地、舍不得吃似的,慢慢地将一碗丸子汤吃了个干干净净,久久地捧着碗,脸上露出了很满足的笑容……我也赶快将剩下的半碗汤喝了下去,肚子胀胀的,虚饱,但非常非常开心!

一人在外,平常我的衣服都是自己洗的,那天回到宿舍,母亲非要让我把脏衣服拿出来,她要帮我洗。

夜里我让母亲跟师姐们住在了一起。

第二天,母亲领我到街上,找了一个小饭馆,一碗胡辣汤,五毛钱的水煎包,让我吃。我让母亲一起吃,母亲说不饿。一毛钱五个水煎包,五五二十五,那会儿的水煎包个头大大的,一个顶现在的俩!母亲硬是看着我吃得一干二净,才露出了笑容,和我分手回了石桥集。

我知道母亲的辛苦。父亲在县城上班,只是农忙时回家几天,匆匆来匆匆去,帮不了许多,所以,只要有时间,我就尽量帮她多做一点杂活,那样母亲就会少点累。每逢放假回家,我碰到活儿就干,看见活儿抢着做,收麦、打麦、锄地、收红薯,干庄稼活的手艺我样样都拿得出手,一个人能顶两个壮劳力!在农村每家每户都有一个粪坑,临离家前,我总会把粪出完,拉地里去,还要把水缸挑得满满当当,院子打扫得干干净净,家里收拾得妥妥帖帖,然后才放心地回文工团去。

十二、欲积跬步致千里

在宁陵县,有时也能看到其他剧团的演出。但凡有演出,特别是戏曲,我总是千方百计要去看的。

县城剧院的演出是对外售票的,有时一毛钱一张,有名角了还会涨价到一毛五。一毛钱也是钱呀!所以我很少掏钱买票看演出。一是托人找关系要票,正常情况下还是能淘到戏票的,但也有例外。名角来演出时,往往一票难求。那就得用第二种方法:逃票。

公共场所大都是有厕所的,宁陵县剧院的厕所不在剧场内部,是盖在剧院后边的宿舍院里,简陋得很。但要翻过宿舍院那堵一丈多高的围墙,也不是容易的事情。恰好墙外是一棵大树,齐墙高的样子,爬上树,沿树枝扒到墙上,跳进剧院的后院,这就算成功了一半。厕所和剧院之间的门把得很松,常常是没人把门,偶尔有人站岗,你只需做出系腰带提裤子上厕所回来的样子,就可以大摇大摆进去了。这方法刚开始管用,时间长了,一传十,十传百,翻墙的人就多了起来。终于,厕所和剧院之间的门也开始检票了,于是此路不通!

第三个办法就是一个字:"混"。剧院检票进场时,会在门口摆一张桌子,负责检票的人站在桌子一头,检票入场。那时我十来岁,个头小身子灵活,再加上平日里的功也不是白练的!瞅准了进剧场时人群拥挤,从桌子底下"嗖"的一下,就大功告成。

当然了,也有三个方法都不灵光的时候,那就咬牙掏银子吧!

不管咋说,戏是一定要看的。

除了看戏,还有电影可以看,但总是样板戏!弄来弄去还是"八戏三战",鲜能看到国外的电影,有也是朝鲜和越南的居多。有一次,听张秀山老师的爱人吴素琴老师说,商丘演朝鲜片《卖花姑娘》,推荐我有机会一定要看一看。宁陵到商丘有60多公里,不能走着去,我找了一位师兄帮忙,从他家里借了一辆安阳钢厂出的加重"飞鹰"牌自行车。没想到车高人矮,骑到座上脚够不着脚蹬!骑不到座上,那咱就骑梁上。我骑上横梁踩上车就奔了商丘。上午11点出发,下午5点才到了商丘,一下车,腿都叉不开了,大冬天棉袄全湿透!掏钱买票,进了剧场。

那是我第一次通过银幕看到国外的表演。我本来就是一个很感性的人,容易动情,再加上《卖花姑娘》曲折的剧情和主人公悲惨的命运,片中主人公顺姬一家那坎坷的人生,配上电影中那优美的歌声,看着看着,眼泪就止不住流了下来,从头到尾没停,一晚上把头十几年的泪都流完了,大棉袄上的袖套全被湿透。

我清楚地记得《卖花姑娘》的剧情:花妮父亲早亡,母亲在地主家推碾磨米,妹妹顺姬被地主婆烫瞎了双眼,哥哥哲勇因烧地主家柴房被关进监狱。瞎眼的顺姬为减轻姐姐花妮的负担,偷偷上街卖唱,花妮知道后非常难过,而当她用自己卖花得来的钱买来药送到母亲跟前,母亲已经去世多时了。万念俱灰的花妮外出找哥哥,千里寻兄换来的是哥哥已死的噩耗。孤苦伶仃的顺姬每日在村口哭喊妈妈和姐姐,被狠心的地主婆以阴魂附体为由扔在山沟里。花妮为寻找妹妹回家却被地主囚禁在草棚里。出狱之后参加了革命军的哥哥哲勇返乡复仇,他在猎户的茅屋里看到了瞎眼的、奄奄一息的顺姬……

那优美的歌词、凄婉动人的旋律,即使过了30多年,依然回响在我的耳边:"卖花哟,卖花哟,买束可爱的大红花哟!花儿香啊花儿鲜,美丽的花儿红艳艳。卖了花儿来呦来呦,治好生病的好妈妈……买去这朵朵鲜花,明媚春光一定能够洒满痛苦的胸怀……"

电影演完快10点了,还得赶回宁陵,商丘是住不起的。骑上借来的"二八"车连夜赶回了宁陵,直到早上5点多才回到了文工团。一路上,我没有感觉到累,《卖花姑娘》的剧情充满了我的脑海,我心里满满的都是对主人公的同情和悲伤!我想,难道这就是好的艺术作品吗?原来好的作品是如此的动人心魄!如此的荡气回肠!这就是表演的魅力吗?不需要长篇大论,不需要华美的辞藻,不需要矫揉造作的表演,不需要声泪俱下的煽情,简简单单一句话,如刀剜心,催人泪下!我也是演员,我也要做这样的演员!我也要去这样表演!我也要用我的戏、我的唱去感动人!我什么时候能把观众给演哭了、唱哭了?那才叫真正的演员!我鄙视我自己从前的表演,我是在用嗓子唱,用身体去演,而不是用心演绎。演员要将心比心、将心换心才能感人。

能感动观众,就是好戏!不能感动观众,名气再大,叫得再欢,还是赖戏!

从此,我练功更刻苦了,演戏更用心了。人家叫咱一声"小李玉和",就在一个小县城沾沾自喜?坐井观天!人家朝鲜人一部《卖花姑娘》能把咱中国人演哭,咱能不能也弄个啥戏到朝鲜去把他们唱哭?

人的心气儿足了,干什么都爱争先。那时候没比赛没评奖,各县的兄弟院团到了一起就搞"大比武",比什么?比真本事!你来一段,叫来两个"好",我非得唱一段叫来三个"好",少一个算我输!翻跟头你能翻十个?我就是腰断了也要翻十二个,非得赢你不中!就这样敢唱敢拼,慢慢地,好多人都知道了,宁陵县文工团有个叫孟祥礼的学员,是个尖子!

十三、"洼洼地里好庄稼"来了

那天上午,上文化课,我刚走到教室门口,张秀山老师叫住我,让我去他办公室。他和蔼地对我说:"小孟呀,团里今年决定要排《李双双》,为了锻炼青年学员,团里决定,部分角色会让学员来演。小孟,有信心吗?"

要排演《李双双》?我强压着心头的激动,向张老师表态:"老师,我有信心!"

张老师就看着我笑,我小心翼翼地问:"张老师,让我演谁呀?有唱没有?"在此之前,我都是站个兵什么的,有一两句白就很高兴了,总盼着能唱上两句。

张老师笑而不语,从桌上拿了一个油印的本子,封面上大大的"李双双"三个字映入眼帘。张老师掀开封面,在第二页的角色表"二春"的名字上用红笔画了一个圈,把本子给了我。

我恭恭敬敬地双手接过。

张老师又说:"小孟呀,这个角色竞争的人很多,你这几个月好好读几遍剧本,先把角色吃透了。你去准备吧!"

告别了张秀山老师,我出门就把剧本揣进了大棉袄里边,回了宿舍。宿舍里静悄悄的,同学们都去上文化课了。我关上宿舍的门,把《李双双》剧本掏了出来。这可是上一年在全国大红大紫的戏呀!听说还获了国家大奖!前几天老师刚教会我们其中的几个唱段,二春这个角色在戏中可是有唱的!我躺到床上,认真地读起了剧本,一上午没去上文化课。

好多演员上角色时图省事,只把和自己有关的戏和对手戏记熟,其他剧情一概不管。我不这样想。所有的戏都有背景,不通读剧本你怎么知道故事是发生在哪个年代?为什么会发生这样的事情?这件事情又是怎么发生的?戏中的人物都有着千丝万缕的关系,没理清戏中的人物关系,你怎么能把握表演上的分寸感,怎么能在表演上做到恰如其分、不温不火？那样做是门缝里看人——把人看扁了！演出来的人物就是"扁"的。我不是仅仅看二春的戏，而是把全剧通读一遍、两遍、三遍……直到全部剧情烂熟于心。

剧中二春的戏并不复杂，就是一个单纯的农村青年的爱情故事。他喜欢桂英，可桂英的父母却有些势利，看不起二春，要把桂英说给城里人。在这种情景下二春的伤心、悲愤、不屈、抗争，我相信我能演出来。但我不仅仅关心二春，也关心了男一号喜旺。当演员谁不想演一号呀？！

正当我积极地准备参加《李双双》的排练时，发生了一件意想不到的事情。

那一天早上起床后，忽然觉得咽喉肿痛，声音也异常嘶哑，往常明亮高亢的嗓音也变得浑浊低沉。开始没在意，以为上火了，就大量地喝水，可几天过去还不见好，我惊慌起来。那天晚上，我去找了张秀山老师，把情况一说，张老师笑了。他说这是我的变声期到了，是正常的生理发育，注意保护好嗓子，合理地使用嗓子，不要大声地用力说话，也不要把嗓子用得太久，唱十几分钟就歇一会儿。平常吃饭也要注意一下，别吃辣椒、葱、姜、蒜、醋也要少吃。女孩子的变声期四五个月就过了，男孩子会长一些，也就是五六个月……

张老师还在说着，我的眼泪一下子就下来了，这一来，还怎么演"二春"？

张老师叹了一口气，说："《李双双》的排练就要开始了，你恐怕是赶不上了，'二春'的角色这一次就放弃吧！以后有别的戏了再上。"

"不！"我擦干了眼泪，"老师，我还想争取一下，我不想就这么放弃！"

张老师说："那好，咱们走着瞧着吧。"说着站起来，打开柜子，拿出一包东西给我，"这是胖大海，你一天泡两三个喝水，对嗓子有好处。"

我不信命，可母亲是相信的。记得小时候母亲给我算过卦，算卦的老先生说我一生有贵人相助。我不迷信，算卦的话听过就算，但我觉得那个老先生说的话有一定道理。何谓"贵人"？不是你的亲人，可能是你的师长，也可能是你的亲友，在你身处困境的时候，无偿地向你伸出援助之手，不需要任何的理由，不计较任何的报酬，这些人都是你生命中的"贵人"！

我想起了小学时的蔡老师，我这个"孟祥礼"的名字就是蔡老师给我起的。我听老一辈的人说，"赐名"是很重的恩德！蔡老师教学上的严格，在我们十里八乡是出了名的，对我尤其严厉。当时年幼懵懂，现在想起，那一句句的苛责求全之语，分明都是一份份的谆谆劝上之心！蔡老师，你是孟祥礼生命中的第一个"贵人"。

再有就是宁陵县文工团的导演张本先老师，是他于众人中慧眼识珠，于临时考试中破格录取，把一个没有任何背景和关系的农村孩子带到县文工团，在学习和生活中鼓励我，提携我，关心我，帮助我，无私而坦荡，激切而真诚！张本先老师，你是我孟祥礼生命中的第二个"贵人"。

还有待我如父如母的张秀山和吴素琴夫妇，是他们在我顶不住困苦将要退却之时拉了我一把，在生活和思想上给予我非常大的帮助，才使我渡过难关，走向新生……

孟祥礼何其有幸，生命中遇到了你们！

我是幸运的。我的变声期不到四个月就过去了，正好赶上排《李双双》。当我嗓音恢复时，连张秀山老师都啧啧称奇！我说是"胖大海"的神效，张老师乐得哈哈大笑。

我如愿出演了《李双双》中的二春，一个月的紧张排练后，宁陵县文工团的《李双双》在县剧院首次公演。我演的二春就一小段唱，但张口就是满堂好！

半年后，因为演孙喜旺的演员突患重病，演出在即，时间紧，任务重，团里经过慎重研究，决定这副重担让我挑起来，担纲《李双双》中的男一号孙喜旺。我用三天时间熟悉了唱腔，第四天上台对戏，一星期后对外演出。演出非常成功，一场下来，所有的观众认可了我这个"孙喜旺"。这个结果让所有人大吃一惊！张秀山老师在后台呵呵笑着说：这个角色就适合你演！

张老师不知道，所有的老师和学员们不知道，从接到剧本我就开始了准备。多少次我默默站在大幕的后面，看着别的"喜旺"们在台上表演，一个个地比较，一句句地去琢磨唱腔，时刻注意观察哪个地方观众笑了，哪个地方演员在台上嘶破了喉咙观众在台下也无动于衷。多少次我一个人站在高压电线杆下，听高音喇叭里"洼洼地里好庄稼"的唱段，体会着每一个音符和每一声腔调。一段段地模仿，一天天地学习，一点点地校正。多少个黑夜里，当宿舍里所有人都进入梦乡后，我在黑暗中大睁着两眼，《李双双》电影中的喜旺一遍遍在我脑海中重播。点点滴滴，日积月累，可以说，生动鲜活的喜旺活在了我的心中。

付出就有收获!

付出总有回报!

机会总是留给有准备的人!

我终于演上了梦寐以求的角色,"洼洼地里好庄稼"这一唱段,让我唱遍了商丘地区八县一市。不管演到哪儿,大戏演出完毕,清唱必有孟祥礼,点戏必唱《李双双》。不管走到哪儿,人们看见我都会说:"洼洼地里好庄稼"来了!

>我这走哇过了啊
>走过了一洼又一洼,
>洼洼地里好庄稼。
>俺公社要把电线架,
>架了高压架低压。
>低压电杆两丈二,
>高压电杆两丈八。
>安上一个小马达,
>嘚嘚喔喔把套拉。
>叫它拉犁又拉耙,
>叫它摇耧把种撒。
>拉起磨来赛牛马,
>拉起水车哗啦啦。
>咱农民有了它,
>可是真得法呀……

十四、陋室铭

河南豫剧,带着中原大地的粗犷与质朴,有一种独属于中原大地的自然乡土的美,而《朝阳沟》更是豫剧作品中乡土精神与时代要求完美结合的经典范例,剧情生动曲折,唱词质朴典雅,人物形象丰满,风格清新愉悦,是表现农村题材和农民生活的里程碑式的豫剧作品。《朝阳沟》非常符合当时城市学生"上山下乡"和"到农村去"的时代需求，通过展现银环从毕业到务农之间几段波折的心境，以及她周围的各个人物对她产生的不同影响，表明了当时多数城里青年的想法，非常真实地表现了每个人物细腻的情感，在中原大地可谓家喻户晓。

"文革"中，"八戏三战"占据了全中国的文化市场，无数的作品都被戴上了各种名号的"帽子"，统统被禁演。作为最具影响力的豫剧代表性作品，《朝阳沟》在"文革"中也难逃厄运。听说江青亲下指示，原版《朝阳沟》被判死刑。从1969年开始到1976年间，为创作新《朝阳沟》，组成了数百人的创作组，先后拿出十一稿之多，在舞台上试演7个版本，无一成功。那些从全国请来的剧作家和作曲家把自己的《朝阳沟》和原版一比，直接把自己的作品"判了死刑"！直到粉碎"四人帮"，对《朝阳沟》的修改才告截止。

1976年10月粉碎"四人帮"后，政治上拨乱反正，正本清源，戏剧工作也迅速开始复苏。

1977年，宁陵县文工团决定恢复《朝阳沟》，宣布由我饰演剧中的拴保。

在每一个河南戏剧演员的心中，申凤梅老师的《收姜维》，杨兰春老师的《朝阳沟》，刘忠河老师的《打金枝》，都是神话！可以说每一个从那个时代过来的人，都是喝着小米红薯稀饭，听着喇叭里的这些戏长大的。可想而知我得到这一消息后心情之激动！有压力，有动力，有志忑，有振奋。对团领导的信任的感谢、朝圣般的心情，最后都化为汗水洒落在排练场上。

经过一个半月的紧张排练，宁陵县文工团的《朝阳沟》在县剧院隆重上演，一天演两场，连演3个月，场场爆满！这可是售票演出，与后来的包场演出大不相同，大部分的观众都是自己掏钱买票看戏的。就这样还是一票难求，下午、晚上的演出，县剧院的售票窗口一大早就排起了长龙，有的观众甚至连看5场还不满足。

《朝阳沟》在县城演出的消息传回了石桥集，一听说是我演拴保，那些小时在一起玩耍的朋友都想来看看我的戏。母亲带着银平哥，还有石桥集的乡亲们一起找我要票来了。这事儿义不容辞，更何况母亲想看我的戏，那是我多年来求之不得的事情。我找了张秀山老师，找了团领导，人情欠了一大堆，好不容易才凑来7张票，把母亲和老家的亲友送进了剧院，表足了孝心和乡情。

《朝阳沟》的复排,拉开了20世纪80年代河南豫剧振兴的序幕。

1978年党的十一届三中全会召开,文艺战线提出了"坚持为人民服务,坚持为社会主义服务"的口号。十一届三中全会结束后,戏曲古装戏也解禁了。随着《逼上梁山》在北京的公演,古装戏的创作和排演在全国各大文艺院团开始盛行。宁陵县文工团在"文革"后恢复排演的第一部古装戏就是《逼上梁山》。

《逼上梁山》取材于古典小说《水浒传》,以林冲的遭际为线索,突出表现了人民群众不堪忍受封建统治者的残酷压迫,纷纷起来抗争造反的故事。该剧不仅描写了具有正义感的禁军教头林冲走上反抗道路的曲折历程,而且成功地塑造了李铁、李小二、鲁智深、曹正、王月华等一系列反封建起义造反者的英雄群像。《逼上梁山》在延安时期公演后曾受到毛泽东的高度评价。

> 大雪飘,扑人面,
> 朔风阵阵透骨寒。
> 彤云低锁山河暗,
> 疏林冷落尽凋残。
> 别妻千里音书断,
> 关山阻隔两心悬。
> 何日重挥三尺剑,
> 诛尽奸贼庙堂宽!

朝堂的不公,落难的英雄,对奸贼当道把持朝堂的痛恨,对远隔千里的亲人的思念,山神庙的风雪,悲愤的唱词,道尽了多少"文革"中被迫害者的心声!当时,"文革"刚过,"余震"未消,人们的心灵创伤犹未抚平,值此改演传统戏之际,推出这部在延安时期就受到毛主席首肯的古装戏最为合适不过。

那一天,张秀山老师通知我,由我主演《逼上梁山》中的林冲。

多少年不演古装戏了?"文革"中,全国就八个样板戏,所有的文艺院团都学样板戏,古装戏的蟒袍有多少年没穿了?厚底靴我从来没有练过!穿上这一套行头后,上了台我是一步也走不成!

没办法,我发了狠!东打听西询问,终于听说有一个退休的刘老师,擅演武生、老生。白天问清了刘老师家的住址,晚上,掂了两瓶香油,又听说刘老师爱抽烟,揣了两包"大前门"香烟,以我那时候的工资,真算是"大出血"了。当夜,摸到了刘老师家。

刘老师就一个人过,屋里点了一个很老式的煤油灯,孤灯独影,很是凄清。我把礼物放在了桌上,说明了我的来意。

刘老师说:"礼物你拿走吧,我教不成你了。"

我一下子急了:"刘老师……"

刘老师摆摆手,没让我说下去。他卷起裤腿,拍了拍膝盖,淡淡地说:"腿残了,我没法教你!"

我这才想起,刘老师是拄着拐杖给我开的门。我不知该说什么好,可又不甘心这样走,就默默地干坐着不说话。

刘老师问:"团里排什么戏呀?"

我说:"《逼上梁山》,我演林冲。刘老师,我想演好林冲,我一定会把厚底靴练好,您就教我吧!"

刘老师闭上了眼,靠在椅子上。没赶我走,没让我留,我不敢说话。按说我该走了,可这样回去怎么办呢?

屋里静静的,油灯的火苗呼呼地燃烧着。

突然,一句唱腔从刘老师嘴里哼了出来,那是林冲的唱腔:

满怀激恨问苍天!
问苍天,万里关山何日返?
问苍天,缺月儿何时再圆?
问苍天,何日再挽三尺剑?
除尽奸贼庙堂宽!
壮怀得舒展,
贼头祭龙泉!
却为何天颜遍堆愁和怨,

天哪天！

莫非你也怕权奸？有口难言！

我不敢说话，我看见有亮晶晶的泪水从刘老师脸上滚落下来。

我轻轻地喊了一声："刘老师——"

刘老师似还沉浸在戏中，久久才一声叹息，说："那是一出好戏呀！"

他艰难地站起来，老旧的竹椅发出嘎嘎吱吱的响声。我看他艰难的样子，几次想帮他，都被他拒绝了。

刘老师走到屋里唯一的一张桌旁，从抽屉里拿出一把钥匙，又挪步到床前，从床下拉出一口满是灰尘的箱子。

打开箱子，箱子里最上层盖了一张塑料纸，掀开，下面是一卷白粗布，打开，是一双高靴，四寸的高靴！靴帮、靴勒儿为黑色，靴底四周白色，大方庄重，黑白分明。

在那一刹那，我看到刘老师那浑浊的眼里有一道闪亮，似一道闪电划开了夜幕，那瘦弱伛偻的身躯忽然被注入了力量。他久久地看着，浑身在战栗……

刘老师盯着我，眼睛是那么亮，那双浑浊的老眼有了逼人的风采。

他问："你要学？"

我激动地说："刘老师，我愿意学。不论多难，不论多苦，我愿意学。刘老师，您教我吧！"

刘老师说："烟放下，香油拿走，明天早上5点，我在广场等你！"

送出的礼，似乎不应拿走，可我又不敢反驳，就这样离开了刘老师家。走出好远，还隐隐听到从老师家传来的林冲的唱腔，那么沧桑悲凉！

"步动身相随，身稳步要匀。慢步身不晃，圆场疾如风。蹭步成八字，碎步快又轻……"这是步法要领。一双厚底靴，根据不同情景不同人物，被戏曲前辈们规范了好多技巧：慢、快、圆场、滑、蹭、跪、载、奔、拔、绊、矮、老、分、别、醉、蹉、云、跨、趋……

好在我几年前的基本功还算扎实，入门很快，半个月时间，已经可以上台了。

舞台上好多年都没见到古装戏了，突然有《逼上梁山》的演出，宁陵县城为之震动，甚至商丘附近的观众都跑来宁陵看《逼上梁山》。整个舞台呈现令观众耳目

● 在宁陵县文工团与同学的合影

一新,演出获得巨大成功,这个戏后来成为宁陵县文工团的保留剧目。

　　古装戏在全国红火起来,各地剧团争相排演古装戏,不管城市还是农村,老百姓都愿意看。如果一个剧团没有几台看家的老戏,那是没人来看你的戏的,观众也是不会买账的。乘此良机,宁陵县文工团又排演了《穆桂英挂帅》,剧团里的一位老师演宋王,他是A角,我演B角。最让我印象深刻的一次是在县剧院演出这个戏,从上午9点开演,一直演到第二天凌晨2点,连演5场。像农村摆宴开了流水席一样,又仿佛电影院放电影,人是走了一拨又来一拨,场场爆满。演宋王的老师是快60岁的老人了,刚开始还顶得住,他演四场,我演一场,半个月下来他就累趴了,再到后来就成了他三我二,再后来就是他二我三了。

　　尝到了古装戏的甜头,宁陵县文工团又排演了《秦香莲》,在剧中我演韩琪。"杀庙"一折,又是"髯口",又是"倒僵尸",排练场上我被折腾得骨头都快散了架,浑身蜕了一层皮。《秦香莲》演出后非常受欢迎,一演又是几个月。

那一段日子,是所有文艺院团的黄金时期,只要你排了新戏,最好是历史剧,艺术质量能有保证,观众就买你的账!十年"文革"对历史剧的禁演,让人们对古装戏的渴望犹如久旱盼甘霖一般,永远也看不够。观众看戏的热情史无前例地高涨,上门来写戏的人络绎不绝,踏破了剧团的门槛!合同一直签到半年以后。剧团不停地排戏,不停地演出,大剧团城市来城市去,风风光光;小剧团走乡串寨,马不停蹄,也赚得盆满钵满。每天晚上演出,白天排戏,除了睡觉赶路就是演戏!

那是一段最繁忙、最疲累、最充实、最幸福、最快乐的日子!

演员有戏演,那是天大的幸事,除此何求?

就这样,一直到我18岁。

十五、破釜沉舟上考场

1978年,我18岁。

有一天,一个重大消息传到了我们文工团:河南省戏曲学校面向全省招生!省戏校的招生组不日将抵宁陵!

其实,这是河南省戏校的招生组第二次来宁陵了。第一次是在1973年,当时好多学员都动了报考省戏校的心思。

那一年,来宁陵县负责招生的是省戏校的袁文娜和谢帮选两位老师。我也报考了,初试成绩两位老师都非常满意。初试通过,还要到郑州参加复试和文化课考试,两位老师都鼓励我到省戏校去参加接下来的考试。当时的政治审查非常严格,因为父亲的关系,我的成分自然算不上好,虽然两位老师也说了会帮忙,但我还是非常担心。就算复试和文化课顺利过关,政审不过,还是上不成省戏校,到那时怎么办?在文工团好歹是合同工,一个月20多元钱的工资,还可以补贴家用,母亲是极看重这一点的。万一那头抹了这头岔了,可真是哭天无泪。父母是不赞成我去省戏校的,当时毕竟才13岁,没自己的主意,就听了父母的话,打消了去省戏校的念头。

这是一个让我追悔莫及的决定。在宁陵县文工团虽然也没断了学习和练功,但毕竟没法与省戏校相比。从考上省戏校的师兄师姐们那里听说，省戏校有全省顶尖的专业老师，有配套齐全的软硬件设施，有整套的系统训练，而且常香玉就是省戏校的校长！这些都是宁陵县文工团没有的。教我演林冲的刘老师就不止一次地说我是犯傻！在之后几年的排戏中，因为没有经过系统规范的学习，我吃尽了苦头。

这一次，我是铁了心要考省戏校了。我那时在文工团已算是"顶梁柱"了，团里不想放我走。领导明确表态：你要是考戏校，就不要再回团了！父母因此顾虑重重，父亲专门请了假，带了母亲来团里找我商量，劝我别再折腾了。可我有自己的考虑。在团里这几年的演出和排练中，我深深地感到了自己的不足。光凭着一副好嗓子，在宁陵县，在商丘，再怎么扑腾也翻不出多大的浪花来。要想取得更大的进步，成为一个具有更高水平的好演员，必须走出去。

下了决心，我不顾父母的反对，辞去了宁陵县文工团的工作，为报考省戏校做最后的冲刺！

上次负责来宁陵县招生的谢帮选老师又来了。袁文娜老师虽然没来，但听谢老师说，在来之前，袁老师还专门提过我的事。1973年的那次考试，两位老师对我的印象非常深刻。

报名参加初试，顺利过关。然后到省城郑州参加面试，考文化课和专业课，我表现得自认为都不错。回家等消息，半个月后，省戏校的录取通知书寄到了家。心里一块石头落地，继之而来的是兴奋和激动！

我考上了省戏校！

我考上了河南省最高的戏曲学府！

我考上省戏校的消息，迅速传遍了石桥集和宁陵县文工团。父母高兴，亲戚朋友纷纷登门祝贺！

我花了两天时间，拿了通知书，掂了礼物，先到石桥集小学看了蔡老师。第二天到县城，看了县文工团的张秀山等几位老师。最后去看刘老师，感谢他们这些年来对我的培育之恩。

去看刘老师的时候，他很是替我高兴，还写了一封信，说让我捎给省剧团的一位老师。我很惊讶，相处这几年，从来没听刘老师说起在省里还有朋友。看刘老师写信时有些伤感,不想多说,当学生的没敢多问。直到后来去郑州把信交给他的好友时,才知道,原来刘老师也曾是省剧团的演员,他们是同事。听老师的好友说,刘老师的家很有钱,父辈是大资本家,家里做了好大的生意。刘老师算是"不务正业",因痴于戏而学戏唱戏,又在"文革"中因成分问题遭了批斗,腿被打坏,落下残疾上不得舞台,就此回了宁陵老家。

拜谢罢几位老师,就待在家,好好地陪了父母两个多月。

1978年9月1日,我带上了户口迁移证,坐上了开往省城郑州的列车,到河南省戏校报到。

十六、背水一战《三哭殿》

78班是由表演和音乐合成的一个大班,共78人。宿舍都是上下铺,每个房间住24名学生。学校设有练功房,练功房里还有地毯,每个房间有煤炉,有镜子。这里的各种配套设施比宁陵县文工团齐全多了,果然不愧是全省最高的戏曲学府。

同学们之间极为友好,入校还没三天,大家差不多都互相认识了。

因为并非统一招生,来自各院团的学员们文化程度参差不齐,根据这一批学员的特殊情况,学校的文化课分设了一个大班、一个中班,有高中文化程度的学员上大班,初中文化程度的上中班。

我被分到中班,并被提名任班委。

一个星期后,学校开课。本来按正常教学规划应该是基本功训练,但我们这一届都是从各地市院团招来的尖子生,都经过严格的基本功训练。老师们经过摸底排查,报校领导批准后,直接从高起点、高难度开始。所以,我们一开始就练的是扫荡、旋子等高难度动作。

后来才知道,我们这一次招生,省戏校的领导有着更深层面的考虑。"文革"期间,全国只剩下了八个样板戏,对文化的摧残空前绝后!"文革"之后的戏曲,真是满目疮痍,一片惨淡。如何最快、最好地拿出一批优秀的艺术作品,满足群众的精神文化需求,是当前工作的重中之重!我们这一批学员,从各地市院团的尖子中选拔而来,是要争取在最短的时间内,培养一批优秀戏曲人才,产生一批优秀戏曲作

● 在省戏校时,在《三哭殿》中扮演唐王

品,可谓重任在肩!

仅仅经过三个月的形体训练,我们就投入了排戏。

我被分到了《三哭殿》剧组,演男一号唐王李世民。那几年,正是唐派《三哭殿》风靡全省之时,而众所周知,唐派演唱用的是二本嗓,我是一句也唱不成!我着急呀,屡试屡败,没几天,满嘴的泡都出来了。唱惯了大本嗓,再唱二本嗓,实在是拿捏不成!练功我不怕,但是改唱法,这真是要命的事情。我急,老师们更急,音乐系的班主任左清义老师在屡试无果后采取了断然措施,加班加点,两天时间,硬是为我专门设计了一套用大本嗓演唱的唱腔。大本嗓唱法的《三哭殿》彩排了一场,观众不接受!纷纷起哄,这是什么呀?这还是《三哭殿》吗?

怎么办?演出的消息已经宣传出去,海报都已经贴出好几天了。开弓没有回头箭!就在这种情况下,硬着头皮在铁路文化宫和东方红影剧院演出了两场。大本嗓演唱的《三哭殿》遭到了观众的强烈排斥！刚开场，第一句唱，观众席上就传来了"嗡嗡"的议论声，演了不到三分之一，我看见观众三三两两地往外走。我心里针扎似的难受！

从唱戏开始，一路走来，我还从没有过这样惨痛的亲身经历！站在上场门，我竟然连上台的勇气都失去了。左老师严厉地看着我，低喝一声：上去！我让自己镇定、镇定、再镇定，冷静、冷静、再冷静！一咬牙，走上了舞台。我平心静气把戏完完整整地演完了。因为我知道，观众不待见你的戏已经是失败，但比失败更严重的是戏没演完就砸了！无论是学校还是我自己，都决不允许出现这样的恶果！

舞台下观众已经寥寥无几，成排成排、成片成片的座位空空荡荡的，像一张张大嘴在无声地嘲笑着我。舞台上的我不像李世民，更像一个小丑！苍白的灯光打在我的脸上，和我配戏的同学们看着我，那眼神里都是着急和同情！我在屈辱的海洋中挣扎着，我用尽了全身心的力量机械地表演着……

是的，这台戏已经演砸了，失败不可挽回！但戏校的每一个老师都告诉过我们：只要有一个观众，戏就不能停！

戏一演完，妆都没卸，我跑到台后的卫生间大哭一场！那一刻我真想脱了戏装永远离开这个剧场，远离舞台，远离这个让我备受屈辱的地方！我又有点恨那些观众，演员容易吗？你们怎么就不能体谅一下演员的心情？

左清义老师找到了我。他也不说话，看着我哭。有他在一旁看着，我哭了几声，就哭不出来了。

他问："不哭了？"

我不说话。

他又说："哭完了没有？你要是想哭，就再哭一会儿，我等你哭完！"

我说："哭完了！不哭了！"

他说："你还得再演一场！明天晚上，东方红影剧院！"

我一咬牙，恶狠狠地说："演就演！"

他拍了拍我的肩，说："这个戏，不是你一个人的事情，学校和老师的责任比你更大。这两场演出结束后，我们会总结经验教训，这个角色还是你演，老师给你想办法。"

第二天晚上,东方红影剧院,《三哭殿》照常上演,还是我,还是大本嗓,脸一抹我豁了出去！我在心里默默地说:观众们呀！我知道你们不喜欢我的表演,但我会把舞台上最好的我展现给你们！

其实第二场的演出效果还算可以,观众总算是安安静静地坐下来听完了戏,没有让我下不来台。

痛定思痛,这场惨痛的失败让我彻底明白了一个真理:不能违背观众的意愿！观众认准了的口味,或者说是观众已经形成的欣赏习惯是难以改变的,除非你真有逆天的本事,否则还是不要轻易去尝试改变它。就像《三哭殿》,在观众心里,那永远是唐派的二本嗓演唱的《三哭殿》,你用大本嗓,观众就不认你！你大本嗓的条件再好,去唱别的戏,中！唱《三哭殿》,就不中！你敢跟观众找别扭,观众就敢让你下不来台。

听说因为此事学校光开会就不下5次,不知道老师们进行了怎样的争论,但讨论的结果和我的想法是一致的。于是,我下了决心:把二本嗓练出来！

每天凌晨4点起床,在排练厅一字一句地练,琢磨二本嗓的唱法技巧和唱腔运腔。我从生活费里抠出来18元,买了一台收音机,从广播电台听唐派的唱段。只要是省豫剧二团在郑州或是附近的地方演出,我一场都不会放过。也许是日有所思夜有所梦吧,练二本嗓期间,有一天夜里我做了一个梦,梦里边我站在台上用二本嗓唱《三哭殿》,效果好极了,掌声热烈极了。我扬眉吐气,喜气洋洋。最让我激动的是,唐喜成老师跑到台上夸我唱得好！还给我说了几个地方该怎么唱。我从来没做过那么清楚的梦,醒来后记得清清楚楚,梦里的每一句话每一个表情都还记在心里。

精诚所至,金石为开！

就这样练了3个月,我觉得我找到了用二本嗓演唱的方法,就主动向左老师提出,用二本嗓唱一段《三哭殿》试试。

李世民登龙位万民称颂,
勤朝政安天下五谷丰登。
实可恨摩利萨犯我边境,

秦驸马守边关卫国干城。
将士们御敌寇疆场效命,
但愿得靖边患狼烟扫平。
金钟响打坐在龙位以里,
是何人殿角下大放悲声?

左清义老师夸奖了我,说我路子是对的,又耐心地指出了几处地方,让我改正,我一一虚心接受,勤练不辍。

终于等来了一次机会,《三哭殿》在河南人民剧院演出,我演李世民,上台用二本嗓演唱第一句就赢得了观众满堂喝彩!我激动不已,心里在呐喊:我成功了!我成功了!功夫不负有心人!

台上一分钟,台下十年功!这是戏台上千真万确的真理!

在后台,我掉泪了!

这泪,和3个月前的泪有天地之别。

那是伤心的泪,这是开心的泪!

我相信,这正是我想要的戏曲人生!

我正大踏步地走在这梦想的里程!

这条路上,有风风雨雨。经过风雨,见七色彩虹!

这条路上,有坎坷泥泞。迈越坎坷,有美景天成!

在省戏校的第一学期,我以优异成绩被学校评为"三好学生"。

天地可鉴,那一张奖状是我血汗所得,是我涅槃重生!

十七、把奖状献给老师的在天之灵

春节放寒假,拿着"三好学生"奖状给父母报喜,父母很高兴。在父母看来,今年家里的头等喜事,就是我考上了省戏校,成了城市户口,将来能吃商品粮。再加上过年我拿回来的这张"三好学生"的奖状,也算一喜,凑个双喜临门!母亲高兴之余,挥刀斩鸡,下厨做汤,庆贺这喜庆的一年。

快过年了,我捎了礼品,先去看了蔡老师,把在省戏校的学习情况向蔡老师一一作了汇报。蔡老师极为快慰,抚须而笑,直夸我的名字好!他说,是"孟祥礼"这三个字给我带来了幸运和福气!又细细解释我这名字的出处和来历,以及怎么好和好在哪儿。我顺着老师的意思,再次感谢了蔡老师当初为我"赐名"之德。我不是假意奉承老师,只要能让老师高兴,能让老人心顺,就是晚辈的最大孝顺。

第二天去了县城,先去看刘老师,兴冲冲来到门口,却发现院门紧锁。敲了半天,没人答应,倒是旁边邻居闻声出门来,问我找谁,我说找刘老师,她吃惊地问我:"你不知道?"

我一愣,问:"咋了?"

她说:"死了!都3个月了!你是他亲戚?人死了来看还有啥用?人死在床上不知道多少天了,上门收水费的闻着味儿不对,才发现人死了!还有这种忤逆的人!老天爷咋不打雷哩?!"

邻居"啪"的一声关了大门。

我呆了,就在刘老师门前站着,也不知道待了多长时间,直到有人推车过来,要我让路,我才惊醒。

"三好学生"的奖状和两包"大前门"烟就在兜里揣着,可给谁呢?想着那孤僻的老头儿,想着他凄凉的晚景,想着他一身的本事,却在眼前这个十几平方米的小院里窝屈了半辈子,想着在省里偶尔听到的关于他的那些意气飞扬的旧事,想着在清晨的广场上,他拐着一条腿,教我走厚底靴,我只觉得一股怒气怨气在胸中激荡着,人都快要爆炸了,却又不知道该怪谁怨谁!

我抬头看天,觉得此时的阳光是那么刺眼。

不知道谁家的收音机里传来了林冲那苍凉寂寥的唱腔:

问苍天,万里关山何日返?
问苍天,缺月儿何时再圆?
问苍天,何日再挽三尺剑?
除尽奸贼庙堂宽……

我把"三好学生"的奖状和两包"大前门"烟从门槛下给刘老师放了进去,然后就怏怏不乐地回了家。

年前,我哪儿也没有去。

十八、梆子声声乡情浓

情绪低落地过了新年,想着县文工团的张老师那里毕竟要去的,父母已经催了好几回。父母的观念和许多农村人一样,谁对咱有恩,那咱一辈子也不能忘了人家。

我准备好了礼物,从郑州带回来的一大包糖,本来让爹娘尝个鲜的,也硬是让我掂了去。到县城看了张秀山老师和吴老师,再去给诸位师兄师姐们拜了个晚年,一大包糖撒出去,一群人就兴高采烈大呼小叫起来。

正好当天晚上有演出,我就跟他们一起去了剧场,在后台跟他们聊天。演出结束,我听见观众席上的鼓噪声,这是催清唱了。观众总是如此,一台大戏还不够过瘾,好像只有再讨几段清唱,才能值回票价,不枉此行。几个老师轮流着上台唱了几段,我认为唱得都不错,但观众还是不满意的样子,在台下拍手跺脚地大喊着不走,算是合不上幕了。团领导和张秀山老师找到了我,想让我加个清唱。我口上谦虚,心中却跃跃欲试,想展示一下这半年来在省戏校的学习成果。我还在扭捏着,张老师一巴掌拍我脑门上,大喝一声:上去!

我哈哈一笑,稍整仪容,走上了台。第一段是唐派的《三哭殿》,头一句唱完,剧场里像炸了锅一样,掌声如潮!再来一段《辕门斩子》,台上台下的掌声犹如山呼海啸,连老师和师兄师姐们都为我鼓掌叫好了。随后的景象就像现在卡拉OK里的麦霸一样,我一个人独占了舞台,唱了十来段。不是我不走,是观众不让下去。直到很晚才谢幕。

然后我就回不成家了。张秀山老师给报幕员出的主意,说明晚孟祥礼还会为宁陵的广大父老乡亲登台献艺!

省戏校的寒假放到正月十五,我跟着宁陵县剧团一直演到正月初十!每一次我上台,张老师都会让报幕员介绍,孟某某是我省著名青年演员、河南省戏曲学校优秀高才生等等,让我又是惭愧又是窃喜。张秀山老师爱屋及乌,替我捧场,说得有点大了,把芝麻吹成了西瓜,我实在是配不上他的夸奖的,但还是很自得,心里更有一种浓浓的自豪感。

剧团除了管吃管住以外,我一分钱也没要!我这人,只要有戏唱就高兴!是宁陵县文工团培养了我,是团里的各位老师7年来没日没夜一招一式教会我唱戏,领着我走上了戏曲舞台,是宁陵县的父老乡亲,是宁陵的土地养育了我,现在,我为他们唱几句戏不值什么。

正月十六返校,开始了在戏校的第二学期的课程。

十九、永远的常香玉

回到学校,就听到了一个令人振奋的好消息:河南省戏校的名誉校长、著名豫剧表演艺术家常香玉老师要亲自给我们排戏!这是我们的校长在全校大会上亲自宣布的。

这消息一宣布,会算是开不成了。台上在讲,台下也在说,台上讲的什么话,台下没人听了,我们心里满满的就一个名字:常香玉!

戏曲的泰斗!豫剧表演的大师!人民的艺术家!《花木兰》《拷红》《断桥》《大祭桩》《破洪州》《五世请缨》《人欢马叫》《红灯记》,她演过的所有戏都成了经典!"谁说女子不如男""拷红""断桥""工地上敲罢了下工钟""提起来今日事叫人生气"这些唱段,我闭上眼睛如数家珍,每一段都家喻户晓,传遍了中原大地!

常香玉!

她要来给我们排戏?!

听到这个消息,我一夜没睡好。会排什么戏呢?我会演什么角色呢?我能演好吗?我要是演砸了,天爷爷地奶奶,那真是没法活了。作为一个豫剧演员,把脸丢到常老师跟前,那真叫丢人丢到家了。我恨不得常老师早点来,又怕在她面前表现不好,忐忑不安,种种念头,纷至沓来,她人没到场,我先怯场了。

终于老师宣布了消息,常老师给我们排《红灯记》,我的角色是李玉和。李玉和?我演过,我小时候就演过,在宁陵县还得了个"小李玉和"的绰号呢!我心中窃喜,好像上考场前先偷了考题一样!

那一天早上，《红灯记》剧组全部人员早早地等在了排练场。8点45分，常老师带着她的两个学生孙玉菊和虎美玲来了。她们一进排练场，我们全体起立，所有同学向常老师深深鞠躬，表示欢迎和感谢，然后席地而坐，开始听常老师给我们讲戏说戏。

一见常老师的面，我的心就静下来了。她是一个很普通的和蔼的老人。说啥讲啥都带着笑，看你看我都带着笑。随后排戏过程中，有几个真是笨到家的同学，怎么都演不成！也可能是见了常老师紧张吧？我们在一旁都替他们着急，可常老师说着讲着，笑容不减，不躁不烦，一遍不成两遍，两遍不成三遍，一点不耐烦的意思都没有。

第一堂课，常老师一个一个地询问了我们的名字，扮演什么角色，认真地记在一个小本子上，她两个学生孙老师和虎老师想帮她，都被她拒绝了。

头一天排戏，先排了"痛说革命家史"一折，她和两个弟子亲自下场，不带乐队演了一遍，我们班主任在一旁念着锣鼓经。她们演戏过程中，我们每一个学员都在认真地看着、听着，排练场上除了戏声，没有一丝杂音，连咳嗽声都听不到一声。是啊，以前只有在广播里和电影银幕上才能看到她们的人，听到她们的声音，现在，她们面对面地教戏，这么珍贵的机会，我们每一个学生都倍加珍惜。老师的每一个动作、每一句行腔、每一个眼神、每一句道白，我们都仔细地体会着，认真地揣摩着。看了她们的表演，我才知道，原来戏可以这样去演，原来表演可以做到这么细微、精妙、准确、到位，原来我的表演和最好的演员还有着如此大的差距！内心对三位老师的敬佩之情油然而生。

每一个人都有儿时的梦想。我从小就爱唱，我想唱戏，我想做一个戏曲演员！但我不知道该怎么去做，我不知道该怎么去实现我的理想，我只是凭着我的爱好和天赋一步步茫然前行，我的理想只是一个虚无缥缈的影子。直到眼前这一刻，我确定了我的人生目标，我清晰了我的人生规划，我认准了前进的方向！是的，我要攀登的山巅，我梦想的顶点，就在眼前！这就是大师级的演员！我想要做的就是像她那样，用生命去唱！我心里清楚，我一辈子也不可能比肩眼前这位令人肃然起敬的老人，想都没敢想过，但我要向她学习，向她学唱戏，向她学做人。我愿为此九死而不悔！

眼前这一幕,终生难忘怀!

我上场的第一个动作是"敲门",就这一个动作,常老师给我排了7遍!

老人家说:要带戏上场。

老人家说:每一句话都要找到潜台词。

老人家说:唱的时候要以情带声,用情唱出来的声音才能动情、动听、动人……

言传身教,朝朝暮暮;呕心沥血,经冬历夏。

第二学期的期中考试,我们《红灯记》剧组在排练厅给全校师生作了汇报演出,演出时掌声不断,得到了全校师生的高度认可和一致好评。

常老师只给我排了一出戏,但她的一言一行影响了我的一生!

好多年后,我偶然在网上浏览,看到一个访谈,那是中央电视台一个访谈节目的文字版。访谈的对象就是常老师,节目的最后,主持人问常老师,在她的一生中有没有遗憾? 常老师说有!主持人很惊讶,问常老师能不能给广大观众分享。常老师说她一生有两个遗憾,其中一个就是:我当过一个戏校的校长,那个学校有一个很好的班,我想成立一个青年团,亲自带他们! 这件事没办成,我很遗憾!

我看到这个节目时,大师鹤归久矣!

常老师说的是我们班吗? 那个班上出了一批人才,至今活跃在舞台上,有王惠,有汪荃珍,有牛志红(后来的歌手李娜),老师说的是我们吗?

我愿意相信:是!

那将是我们那个班每个学员的无上荣幸! 也是我们一生为戏而奋斗的动力源泉!

二十、梨园春色已盎然

在戏校的3年里,为了能多学到东西,每到星期天,我和同学们都要到老师家里去,搬煤球,洗衣服,打扫卫生,抢着去干家务。一是给老师的心里留个好印象;再就是给老师腾出来时间,利用星期天和课余时间多给我们排戏、抠戏。

我们那个班可是真吃了苦,受了累,因为我们都是从各地市剧团考上来的,算

● 在省戏校学习时的生活照

是已经有了一些社会阅历,所以就少了些玩乐享受的心思,一门心思学习,一门心思练功,格外珍惜这来之不易的机会,珍惜分分秒秒的光阴。练功衣不下身,练功鞋不下脚,我除了吃饭睡觉,在心里时时刻刻想的就是学戏练功。每一天我们都在进步,每一个戏我们都有提高。在省戏校的3年,每一个学期,我都被评为"三好学生",最后一年,我还当了班长。

3年的勤奋不辍,也换来了丰硕的成果。

最后一个学期是实习,就是排大戏,演大戏。最先排的一个戏是《金銮禧》,是从南方戏移植过来的一个历史剧。还有一个戏是《跑汴京》。

以下,是我上学时的两篇日记。

1979年3月12日　晴

今天我拿到了《金銮禧》的剧本,我在剧中演男一号李世民。我心里非常激动,我一定不辜负老师和同学们的信任,把戏演好,把人物演好。

《金銮禧》的剧情:唐王李世民出游,相中了民女郑春霄,却不知郑女是大臣陆爽的未婚妻。大臣们为了迎合李世民,给郑女做媒并强行订婚。郑女投奔魏征。魏征力谏,唐王大怒,招致杀身大祸。陆爽平叛归来,真相大白,李世民悔恨不已。有情人终成眷属,金殿完婚。

1979年7月23日　雨

今天我花了一天时间,把《跑汴京》剧本通读了3遍。我在戏中演县令杨世英。

《跑汴京》的剧情:北宋年间,穷书生张成玉为进京赶考向未婚妻窦巧姐借了8件绣衣送去典当。正好马家被窃,盗贼是县衙的白班头独眼龙。白班头为嫁祸于人,将张成玉抓到公堂。窦巧姐上堂辩理,受羞辱自尽未死,星夜赶往开封府找包公告状。包公让她说出8件绣衣的花色及绣工针脚的特点,并让她与马府千金马秀英当堂对质,真相大白。张成玉冤案得雪,有情人终成眷属。

剧中最出彩的是窦巧姐的一段唱,写得真好!

彩缎嫁衣共八件,
件件绣的都有名:
这一件绣的是"百鸟朝凤",
这一件绣的是"金鸡打鸣"。
这一件绣的是"鸳鸯戏水",
这一件绣的是"柳浪闻莺"。
这一件绣的是"喜鹊登枝",
这一件绣的是"凤栖梧桐"。
这一件绣的是"春兰秋菊",
这一件绣的是"翠竹青松"。
八件嫁衣本是精工绣,
愿姑娘早日里鸾凤和鸣。

后来看了河南曲剧的《跑汴京》,剧中窦巧姐的唱段内容变化很大,把"八件衣"描述得更为详尽,每件衣的里子、丝线、扣鼻儿,还有"小人的双眼皮儿"等,都一一道尽,如呈眼前,更为精彩,听说比豫剧演得还火。

这两个戏在全省各地巡回演出,很受观众欢迎。还没有毕业,我们班已经在全省打响了名声,好多人都知道省戏校有个78班,78班有很多尖子生。

二十一、乳虎啸谷初试声

党的十一届三中全会的召开,标志着河南戏曲春天的到来,以《朝阳沟》为代表的一大批剧目纷纷展现在舞台,恰似春到梨园,一夜间万紫千红,百花争艳。现代戏有《朝阳沟》《刘胡兰》《李双双》《人欢马叫》等,移植演出的有《小二黑结婚》《罗汉钱》《祥林嫂》《五姑娘》《红色娘子军》等,古装戏有《花木兰》《红娘》《破洪州》《大祭桩》《五世请缨》《白蛇传》《铡美案》等,大批剧目脱颖而出。

然而好景不长,戏曲危机在上世纪80年代初期的河南也初露端倪。

大潮滚滚,泥沙俱下。改革开放政策的实行,使经济得到高速发展的同时,西方社会的一些文化观念也传入了中国。外来观念和本土文化的激烈碰撞,给社会各个层面都带来了深刻变化,传统的文化艺术尤其是传统戏曲受到了巨大的冲击。

为迅速扭转这种不利的形势,开创河南戏曲繁荣昌盛的新局面,河南省文化厅实施了一系列措施以振兴河南戏曲。1981年,省文化厅决定以河南省戏校75班和78班为班底,两班合一,成立河南省戏曲学校实验剧团。在此非常时期,成立这样一个剧团,可以看出,省文化厅对我们这个团寄予了厚望。

实验剧团成立后,排的第一个大戏就是《百岁挂帅》,原名《十二寡妇征西》,也就是后来的《五世请缨》。

这个戏是群戏,行当齐全,人人有戏,角角有唱,很适合实验剧团的阵容。我在剧中演老杨洪。当时的省委、省政府非常关心我们这个戏的排练,韩劲草书记亲临排练场,指导排戏,亲口指示解决各种戏里戏外的困难。我们实验剧团也没辜负韩书记的关怀,《百岁挂帅》一经上演,轰动了全省,轰动了全国!好多人都知道河南省戏校有个实验剧团,团里人才荟萃,尖子云集,唱演俱佳。

第二个戏排了历史剧《故剑情》,由袁文娜老师导演。我和宋亚军、王惠、王岩、白慧君、李锦丽等学员上了这个戏。我在剧中演男主角丙吉丞相。袁文娜老师是河南省著名导演,要求严格,排戏认真,实践经验丰富,导演手法细腻,理论功底深

● 在省戏校时与同学的合影

厚。她给我们排戏等于是给我们上课,我们所有学员跟着袁老师都学到了很多戏曲导演方面的理论知识,对人物角色的塑造都有了长足的进步,给我们以后的舞台表演打下了深厚的理论基础。

2013年,河南电视台梨园频道还重播了《故剑情》,我又看了一遍。我依然认为,即使放之当代,《故剑情》也算是一部不错的剧目。

河南省戏曲学校实验剧团只办了一年多的时间,就成了历史。三年河南省戏校的学子生涯,一年多的实验剧团演出实践,使我在表演上得到了很大的提高。同学们共同进步,相处融洽,亲如兄弟姐妹,这种纯洁的同学友谊始终珍藏在我的心里。

二十二、锅碗瓢盆交响曲

上世纪80年代初,省直属几个院团青年人才极度匮乏,急需输入新鲜血液。1983年,省委、省政府决定,解散河南省戏曲学校实验剧团,把青年人才充实到各个省直院团。当时,我和汪荃珍、王惠、牛志红等20多名同学调入了河南省豫剧一团。

河南省豫剧一团的前身是"香玉剧社"。解放初期,为支援抗美援朝,常香玉大师率领剧社到全国各地巡回义演,捐献"香玉号"飞机,并赴朝慰问人民志愿军,省一团有着光荣的传统。常香玉、赵玉庭等豫剧名家都坐镇过一团。80年代初期的省豫剧一团,可谓阵容鼎盛,实力非凡,单就古装戏而言,省一团的阵容实力当为全省之最!谷秀荣、王素君、陈文学、修正宇、史慧君、张庆浩等多位表演艺术家都是一团的领衔主演,剧团储存了一大批的优秀保留剧目,如《花木兰》《拷红》《断桥》《大祭桩》等。

我调入河南省豫剧一团排演的第一部戏是新编历史剧《凤冠梦》,这是一部历史轻喜剧。

知县李元顺将女儿李月娥许配于御史沈家,后因沈父得罪奸相严嵩,全家入狱,李元顺逼沈家退婚。沈子少卿外逃,被渔民李伯父女所救,结识阿春,并私订终身。严嵩遭贬,沈家复起,沈少卿高中状元,皇上赐阿春凤冠霞帔。李元顺一家否认退婚之事,指控沈少卿,后真相大白,李元顺一家身败名裂,阿春与沈少卿终成眷属。

这个戏由上海戏剧学院的薛慕导演和我省著名导演葛圭璋老师共同执导。在剧中,汪荃珍演女主角阿春,我演阿春之父李伯。在省会郑州上演后,很受欢迎,连演十多场。后又到全省各地巡回演出。

除了剧目生产外,剧团一年大部分时间是在省内外进行商业演出。戏价从一场3000元、4000元,到后来的5000元、6000元不等,演出一场每人可补贴4元钱。

到乡下去演出,条件是非常艰苦的,从没有住过宾馆。一说演出,头一天,装服装、道具、布景的卡车就得出发了,因为要赶到当地连夜装好台,第二天才可以正常演出。为了节省开支,演员和乐队人员一般都是第二天赶到,往往是连休息的时间都没有,就得开始准备演出了。

衣服、被褥、吃饭用具,全是自带,所以我们每个人都是打行李的高手,所有用品只需一个行李包全打完,四四方方的"豆腐块儿",扛着上车就出发了。

吃饭是没得挑的,要么自己团里做,要么人家管饭,这是在谈戏价时事先定好的。但不管谁来做饭,都只能做出来什么就吃什么,上至团领导,下到普通演职员,饭好饭孬都是一锅,没有开小灶的说法。

晚上睡的地方可谓五花八门,剧场后台、灯光楼、小学教室、大队部,都是我们睡觉的地方。农村的屋舍大都简陋,门窗闭合不严,夏天蚊虫叮咬,听见蚊子的哼哼声,我们戏称为"敌人的轰炸机来了"!刚开始还"奋起抗敌",连拍带打,消灭"敌人",但一天劳累,睡意袭来,就顾不得了,蒙头大睡,它咬它的,我睡我的。冬天寒风刺骨,睡觉时往往都不脱衣,怕冻感冒,老话说得好:多一层衣服多一层暖!

那时候下乡演出真是备尝艰辛!

下乡演出,四季不断,演出点一个接一个,戏是一场接着一场,根本没有休息的工夫。一天3场还能顶得住,有时一天连演4场!连吃饭的工夫都紧张,啃个馒头都得一溜小跑!4场戏连轴转,10多个小时都不能卸妆。

最累的要数"转场"了,从一个演出点转到下一个演出点。因为赶时间,这个点演出一结束,全体演职员工集体卸台装车,所有的服装、道具、布景,所有的演员、乐队人员、舞美人员一起连夜赶场。到了下一个演出点,舞美人员还得连夜装好台,才可以休息。演员们抓紧时间休息一会儿就得赶紧化妆演出。假如谁有失眠、晕车、水土不服等小毛病,只要跟剧团下乡演出一个月,保证不治而愈。

因为休息不好,作息时间不规律,吃饭也是饥一顿饱一顿,常年如此,好多剧团人都得了病。最常见的就是胃病,许多人落下了胃炎的病根儿,到老都没好。

身体上的疲累是可以克服的,但作为剧团人,更有一般人难以体会的辛酸之处。春节时也正是演出高峰期,很多剧团人十几年都没能跟家人过上一个团圆年。都说:二十三,人口全!当所有人都备好年货回家团聚之时,却正是我们剧团人背上行李挥别亲人离家演出之日;当千家万户鞭炮齐鸣喜庆佳节之时,我们正坐着破旧的大巴车,在赶场的路途中颠簸着。每到一个地方,我们给广大观众带来的是节日的热闹和喜庆,留给我们自己的是独身在外远离家乡和对亲人的无限思念!有的双职工,出来演出没法照顾孩子,只能托给邻居。在外久了,一看到别人家小孩子往娘怀里钻的可爱样子,我们的眼泪就止不住地往下流。有的演员,家里老人得了重病,自己却因为有演出任务,不能回家照看,一天到晚都是揪着一颗心。团里的一位同事,因为戏中要演男一号,耽误了两天,回去时,老父亲已于日前去世!老人家想最后给儿子说上一句话,可直到闭上眼,他的儿子也没有回来!子欲养而亲不待！扶棺哭而血泪下！耿耿长恨,抱憾终身！

"绿我涓滴,会它千顷澄碧！"这是习近平总书记在1990年时有感于焦裕禄事迹而写。我们不敢自比一心为民无私奉献的焦裕禄同志,但剧团人自有一份情怀,那就是常大师所说的一句话:戏比天大！

二十三、宝剑锋从磨砺出

1985年前后,河南豫剧出现了严重的危机。具体到各个艺术表演团体来看,老一辈艺术家垂垂老矣,空有一身的技艺却无人传承。好多经典剧目,因演员流失而导致行当不全,有戏无人,随之束之高阁！而随着经济的高速发展,人们的价值观和世界观也在发生巨变。相对于剧团的清贫与艰苦,金钱和享乐对青年一代的诱惑,是如此难以抵制！清贫成了耻辱！坚守被耻笑！物欲横流,信念崩溃！下海的下海,分流的分流,青年一代戏曲人才严重流失,豫剧的人才危机已是迫在眉睫,不容坐视。

豫剧人才的青黄不接,引起了政府的高度关注,高层领导忧虑于此,慎思而决！1985年,省委、省政府决定成立河南省青年团。

河南省青年团以原河南省豫剧一团为班底,先后从洛阳戏校、开封戏校、南阳戏校、安阳戏校等全省各大戏曲基地选拔了50多名优秀青年人才,充实到了河南省青年团。省文化厅遵照省委、省政府的指示,从文化系统各单位抽调、选拔了一批富有艺术院团管理经验的干部,有夏相林、周亚伦、王爱功、杨瑛等人来管理青年团。在省文化厅的协调下,又从省直各个剧团请来了众多老艺术家,到青年团给演员们排戏,辅导演员们练功。在省委、省政府的重视下,在省文化厅的大力关怀下,省青年团的风气在很短时间内焕然一新,排戏紧张有序,练功蔚然成风。

先从排折子戏开始。从外省各大剧种引进来好多折子戏,如《挂画》《战马超》《杀宫》《挡马》《三岔口》等,全都是要功夫的折子戏。当时我和汪荃珍、辛艾分到了《杀宫》剧组,由豫剧二团的邱云志老师辅导我们排戏。

这是一个宫廷短剧,汪荃珍在剧中演刘桂莲,我在剧中演汉王刘承祐。这是一部很吃功的戏,无论唱、做都有颇大难度。刘承祐应工行当是文老生,导演为角色

● 在《杀宫》中饰演刘承祐

设置了"甩发""吊毛""抖壳子"等一系列高难度的动作。

"甩发"较为常见,相对难度较低。但"吊毛"和"抖壳子"就是在京剧中也算是高难度了。

"吊毛"也称"吊猫",是文戏中常用的跌扑动作。手不撑地而跃起,向上纵翻筋斗,由背着地,借力起身。这个动作在戏曲中是高度危险动作,一旦出错,有可能全身瘫痪。

仅仅3个动作,花去我3个多月的工夫,都说:台上一分钟,台下十年功!我深有体会,此言不虚!

我把这些动作成功地融入人物的情绪中。

刘承祐不听忠言,赴宴被困,又惊又怕,情绪大起大落,一套高难度的"甩发""吊毛""抖壳子"动作融入刘承祐的表演中去,剧情和表演、内心情绪和形体动作相得益彰。舞台上的刘承祐顿显光彩!

吃得苦中苦,方得名上名。3个多月后,各个剧组排戏完毕,进行了汇报演出。演出中,折子戏个个叫绝,观众纷纷叫好,台上精彩纷呈,台下掌声雷动。河南省青年团一炮打响,震惊了全省文艺界,全省各市县剧团和各地市戏校纷纷来青年团学戏。

几度寒暑,河南省青年团名震中原,蜚声全国。

二十四、和杨兰春老师一起排戏的日子

正所谓"酒好不怕巷子深"。连文化部也知道了河南省青年团的名字。1986年,香港要举办"第一届中国地方戏曲展",文化部通知,省委、省政府指示,省文化厅拍板决定:由河南省青年团代表河南赴港参展。这个光荣而艰巨的任务就落到了我们身上。

消息传来,群情振奋,河南省青年团所有人摩拳擦掌,跃跃欲试。省文化厅高度重视,紧急成立了重量级的导演组,由杨兰春老师挂帅,王基笑、赵继琛、左奇伟、夏相林、葛圭璋组成。经过慎重选择,从上百部豫剧经典剧目中选出两个戏作为赴港参展剧目:《七品芝麻官》和《抬花轿》。

《七品芝麻官》又名《唐知县审诰命》,1979年拍摄成戏曲电影,这是一部喜剧清官戏,由豫剧名丑牛得草老师主演,谢添老师导演,讲述县官唐成为民做主、智斗权贵的故事。其中"当官不与民做主,不如回家卖红薯"一句,更是全国上下妇孺皆知,是一部老少爱看妇孺皆喜的名剧。

《抬花轿》原名《香囊记》,还有个俗名叫《文武状元换妻》。书生张志成为避继母虐待,逃至王兵部家作佣。王女定云爱慕其才,暗赠香囊许以终身。王兵部知情后赶走志成,答女致"死",弃于荒野。王定云为花婆所救,收为义女,荐到邱府做女工,又被邱夫人收为义女。张志成被驱后为周大人收为义子,得中文状元。周女凤莲与邱府之子原有婚约,邱府之子得中了武状元,奉约成婚。成亲之日,志成为姐送亲,定云搀嫂下轿,二人相遇,顿起旧情。志成顾香囊相思成病,凤莲持香囊从中说合,文武状元互为姻亲,喜结良缘。

这是一个戏剧性和传奇性兼而有之的剧目,到后来,却因为其中的一折"周凤

莲坐轿"太受欢迎,居然连剧名也变成了《抬花轿》,原《香囊记》剧名已是少有人知了。

我作为当时河南省青年团的尖子演员,也荣幸地加入了这两个剧组。先是被分到了《七品芝麻官》剧组,上半场演男角林有安,出场就被打死;下半场一换装,就成了府台大人,算是一戏二角。接着又被分到《香囊记》剧组,在剧中演周定,两个戏都有我的任务,按杨兰春老师的话,算是能者多劳吧。

为了增加剧目的观赏性,这两个角色不仅仅是唱和表演,以杨兰春老师为首的导演组设计了许多技巧性的动作。《香囊记》"收子"一折中周定的戏,导演组要求用上"帽翅功",让周定在舞台上边唱边耍帽翅。

"帽翅功"又称"闪帽翅",帽翅上装有长短软硬适度的弹簧,帽翅的闪动完全由脖子和后脑勺的部分肌肉来控制快慢缓急,以此来表达人物内心的思考、犹豫、焦虑等情绪。

"帽翅功"本不好练,还要在"闪帽翅"的同时加上唱,那是难上加难!

虽然没进酷暑,但天已经燥热起来。戴帽子时头上要先衬网子、水纱,然后才可以戴纱帽,网子要勒得紧,帽子才能固定好。光戴帽子的过程,就是一身汗!刚开始,因为网子勒得紧、时间长,额头上生生勒出一条深印,几个月都下不去!两天下来,因为头部血脉不畅,头痛、头昏、头晕恶心,站都站不稳!我宁可去"拿大顶",去飞"旋子",也不愿意"熬"这个罪,但还是得咬牙练下去。

"帽翅功"需要长时间的磨炼,尤其需要平心静气,但长时间一个姿势站着,只有那不常用的脑后颈侧的两小块肌肉去活动,练不了十分钟就心烦气躁!用手脚指挥一个东西动起来容易,但是用脖子和后脑要把帽翅"闪"起来,那是一个巧劲!空有一身力气用不上,真是要把人难死、急死、"熬"死!

《七品芝麻官》中,前半场演林有安,这个角色要用唐派唱腔,好在戏校时练过。但是导演还给人物要求了"跪步""僵尸""吊毛"等动作。杨兰春老师平时和蔼得很,但排练场上那是一丝不苟!眼毒、懂行、爱挑剔,有他盯着,没人能"混"过去,有一点瑕疵都过不了关,一个动作一遍不成,那就两遍三遍地折腾,排练场上硬是能把演员给"难"哭了!

整整苦练8个月!我每天除了正常排练,还要加练几个小时,8个月下来,我的体重从 75 公斤减到 65 公斤,半年多掉了 10 公斤肉!为了角色,为了这次演出任务,为了到香港能给咱河南人争脸,我真是拼了命!

功到自然成!在排练计划时间内我完成了导演规定的所有任务,"帽翅功"运用自如,"跪步""僵尸""吊毛"一系列动作轻松完成。杨兰春老师看了我的表演,在全剧组面前点名表扬了我。忘了他说的什么话了,只记得他走到台上,使劲地揪了揪我的耳朵,狠狠地捏了捏我的鼻子,这是他对年轻演员表达赞许的特殊方式,揪得越狠,越是心里满意。我的耳朵和鼻子告诉我,杨老师对我这一次的排练十分满意。

彩排时,我把"帽翅功"和一系列高难度戏曲动作完整地呈现在舞台上,每到这一场,排练厅内掌声雷动!8 个月的心血汗水总算没有白费,观众的掌声是对演员付出的最大安慰。

二十五、香港流行"梆子腔"

1986 年 11 月,带着河南人民的重托,河南省青年团携《七品芝麻官》和《香囊记》两个剧目,从郑州出发,参加香港第一届中国地方戏曲展。

当年我 26 岁。

第一站先到特区深圳,第一眼的感觉就是震撼!特区果然大不同!那宽广的马路,那耸立的高楼大厦,那闪烁的霓虹灯,一切是那么新奇。我心里就想,将来郑州也会发展成这样吧?感觉自己像个乡下人,很土!但很快就在深圳见到了河南同乡会的老乡们,他们的热情劲儿,他们的亲热劲儿,马上把我心里那些许对深圳的陌生和敬畏驱散了,只剩下了老乡相见的热闹欢乐。

第二天从深圳出关,进入香港。因为香港没有收回,还属英国占领地,这也算是 26 岁的我第一次出境了。到了香港,反而没有了初见深圳的惊奇和激动,无非更繁华了一些,又想,不用几年,我们深圳也会发展成这样,我们郑州也会漂亮起来。

每一个青年团的成员,都明白这次演出的重要性,我们每一个人都是把演出当作一件政治任务来完成的,也就没有了游玩的心情,再说,演出团出发前就明确

● 在《香囊记》中饰演周定

了纪律,不允许私自行动。

　　演出安排在香港九龙北角大戏院。第一场演了《七品芝麻官》,带着忐忑上台,拿出全部精神,效果竟是出乎意料得好。香港人比内地观众更加热情!而且他们懂戏。也许他们接触更多的是京剧和粤剧吧,比起京剧的慢节奏,比起粤剧的绵柔,豫剧的粗犷、豪爽、激切、奔放一下子吸引了他们。演到精彩处,全场观众起立鼓掌,拍手叫好!观众越叫好,演员越来劲,表演更卖力,演出更精彩!演员和观众形成了一个很奇妙的"热力循环",观众的喝彩声简直要把剧院的顶棚给掀起来了!

　　《七品芝麻官》本来就是一个喜剧清官戏,并非以情见长,机智幽默、俏皮洒脱才是它的风格,这好像更符合香港观众的欣赏口味,再加上我们8个月苦练出来的绝活儿,彻底掀起了九龙北角大戏院的狂潮!演出结束后,是久久的谢幕,一次次的鞠躬,一阵阵的掌声,让我们受宠若惊。观众们不走,他们还没有过瘾,他们纷纷来到后台,和演员们合影留念。一位香港观众惊奇于我"闪帽翅"的神奇,拉住我问东问西,拿着帽子研究半天,很想戴头上耍一耍。他当然不可能把帽翅"闪"起来,可他竟然有了拜师学艺得传绝技的念头,直到我给他解释了戏曲从小学起的道理,他才遗憾地放弃了这个想法。香港的记者们更是热情高涨,从导演到演员、服装、化妆、道具,挨着个地问,一处处地拍照,直到我们的领队很礼貌地告诉他们,明天还有演出,演员们该休息了,他们才恋恋不舍地告辞而去。

第一场演出的成功,让我兴奋得久久不能入睡,对自己、对中国的戏曲充满了自信。

第二场演出《香囊记》,效果比第一场还好,掌声不绝于耳,欢呼声震天响起。

香港的两场演出,让我终生难忘。

人常说,读万卷书,行万里路,可见,知识和见识同样重要。只有开了眼界,有了比较,才会知道什么是"好"。中华五千年文明辉煌灿烂,中国戏曲源远流长。千百年来无数的艺术家千锤百炼,舞台上一言一行,水淬火炼,精益求精,一把船桨渡尽五湖四海,一条马鞭跨越万水千山,一句唱白角色性格了然,一张脸谱勾勒人物忠奸。戏曲可谓集中华文明之大成,这才是我们民族的精粹!这才是连外国人都稀罕的宝贝。何必崇洋媚外?家中自有瑰宝!

香港第一届中国地方戏曲展圆满结束,河南省青年团在香港的演出取得巨大成功。香港观众和各大媒体给予了河南豫剧最高的评价,电台、电视台更是不吝溢美之词。一时间,香港掀起了河南豫剧的热潮,东南亚刮起了一股中国地方戏曲的旋风。

在香港演出结束后,河南省青年团应深圳河南同乡会的邀请,到深圳会堂演出4场。4场演出,场场爆满,走道里,月池里,舞台侧,全是找不到座位的观众。看河南豫剧的不光是河南老乡,湖北、安徽、山东、山西、河北、陕西的老乡戏迷也争相观看。演出的那几天,河南老乡会的会长东躲西藏,不敢露面,怕得罪朋友啊!票就那么多,给谁不给谁呢?会长的心里充满了幸福的烦恼。但他还是被某一位戏迷发现了,随即便被山呼海啸般的老乡戏迷围堵而不能脱身。会长无奈,找到青年团的领导,倾诉了戏迷们的心声,诚恳地请求河南省青年团在深圳加演几场。但在省委、省政府的演出计划里,没有这样的时间安排,只好婉言谢绝。

从深圳回到郑州后,省政府专门开了庆功会,表彰了河南省青年团的这次香港演出,为河南争了光,为河南人民赢得了荣誉。

二十六、你承包他承包剧团拉倒

在词典里,"承包制"一词是这样解释的:所谓承包制,是指所有者将自己的一定财产交给承包人经营,双方达成协议,保证所有者得到固有的收益量,超额的部分则归承包方所有,或按比例在双方之间分配。

"承包制"是中国的土产。1978 年 11 月 24 日,安徽凤阳县小岗村的 18 户村民在协议上按下了手印,率先搞起了家庭联产承包责任制,将村里土地分开承包了下来。这就是所谓的"包产到户",俗称"大包干"。一年后小岗村有了惊人的变化:1979 年秋收,该村粮食总产量由 1978 年的 1.8 万公斤猛增到 6.6 万公斤,人均收入由 22 元跃升为 400 元。这一变化不仅结束了小岗村 20 多年吃"救济粮"的历史,而且还上缴国家粮食 3200 多公斤。小岗村的成功,令周边群众纷纷起而效之,"大包干"如星星之火,迅速在中国农村大地燃烧起来。

一时间,从田产承包到企业承包,从集体承包到个人承包,承包的风潮席卷中国大地。"承包制"成了包治各种体制沉疴的灵药、解决各种疑难问题的万能钥匙。

但艺术表演团体是否适合搞"承包制"呢?

这个问题即使在今天也没有答案。就像把剧团推向市场一样,是搞"一刀切"还是搞"市场主导,政府指导",抑或其他办法?没人能说得清楚,只能是"摸着石头过河"。制度建设的不完善,便不可避免地带来改革的"阵痛"。

在当时的大形势下,全国各大剧种各个文艺院团都开始了个人承包,剧团承包的政策已然势在必行。河南省豫剧一团就是在这种情形下,开始了个人承包。

1988 年,常香玉老师成为河南省豫剧一团的第一位承包人。

对于个人来说,国家干部的身份突然没有了,"铁饭碗"变成了"瓷饭碗",干得好团里就聘用你,干得不好团里辞退你;今天你还是河南省豫剧一团的演员,明天也可能卷铺盖走人回家当农民!身份的突然转换让所有人不知所措,继而惊慌失措。愤怒者有之,谩骂者有之,伤心者有之,消沉者有之。到了半夜,时常能听到有人醉后在院里发酒疯,又哭又骂,骂起来滔滔不绝,哭起来闻者掉泪:"老子从小学戏,在台上唱了一辈子戏,你不让我唱戏让我去干啥?!我会干啥?!我能干啥?!"各种谣言满天乱飞,小道消息一天三变,不良情绪四处蔓延,明显能感觉到剧团人心的浮动和管理上的混乱。一时间,改行的改行,分流的分流,下海的下海,经商的经商,牵涉个人的切身利益,每个人都在做出自己的选择,朝那未卜的前途茫然地奋力奔跑,像一只急于逃离黑暗的飞蛾,迎着那一点点的亮光,便奋不顾身地扑过去。

我该怎么办？我不知道路在何方。

有一天,老家的几个朋友来郑州,到家里来看我。都是我儿时的发小,好不容易聚到了一起,是一定要喝一场的。喝着说着,各聊各人的事,互诉衷肠。有在信用社上班的,已经提了职,成了个不大不小的领导；有在学校教学的,也成了校长；有搞养猪的,不光当了厂长,还成了村里第一个"万元户",在乡里竟然是明星企业家了。我听着,喝着,不发言。小时候在村里,我就是孩子王,就是大三四岁的孩子都得听我的。长大后,我不大不小在县里、省里也算是个小有名气的演员,一直是他们的大哥,长久以来,是他们需要仰视的"老大"。但那天晚上,酒喝了不少,话说得不多,也可能是有心事吧,一向算是海量的我,没几杯便多了。刚开始还忍着不想说那些糟心事,哥几个聚一场,不想扫兴。可喝着喝着,嘴不当家了,话匣子一开便合不上了,像个受气的媳妇回到娘家一样,把剧团的变动、心中的委屈,给几个朋友全说了。他们一听,都替我急,想了各种有用的没用的办法帮我,都是好意,我一一婉言谢绝。

和朋友们在一起,可以倾诉心中的烦恼,但自己的路还得自己走,大主意还得自己拿。

酒罢客散,一番倾诉,近来郁积在心中的烦闷散去了不少。我在黄河影剧院前的路沿上坐下,点上了一根烟。花园路上车很少,偶尔一辆经过,便会卷起大片的灰尘。

我默默地想着自己的心事,往事一幕幕像电影一样在心中放映。

小时候我就爱唱,村里的小伙伴们在一起比赛时,没一个能压住我的声音,我是村里的"金嗓子"！不光是小伙伴们,就是大人们也都喜欢听我唱……

去宁陵县考文工团,一曲《大海航行靠舵手》,惊艳全场！张老师当场拍板录取了我……

父母不让我唱戏,我以绝食反抗……

● 在《红灯记》中扮演李玉和

宁陵县文工团的7年里,张老师谆谆教导……

已逝的刘老师,瘸着一条腿,在宁陵县的广场上拐呀拐地教我走厚底靴……

当年在宁陵我初上台,一出《红灯记》,宁陵县传开了"小李玉和"……

省戏校的常香玉校长亲自给我们排戏,还有陈安福老师、袁文娜老师……

杨兰春老师在排练场上,揪揪我的耳朵,捏捏我的鼻子,在全剧组前面点名夸我……

一路走来,风风雨雨,有坎坷,有辛酸,有汗水,有泪水,可我走下来了,只为了能站在那一方小小的舞台上!可现在,我的舞台要坍塌了吗?

不!我决不甘心!

我是石桥集小伙伴们眼中的"金嗓子"!

我是宁陵县城人们眼中的"小李玉和"!

走在乡下,人们见我就说:"'洼洼地里好庄稼'来了!"

我天生就是个唱戏的料!我就是个唱戏的命!我属于那一方小小的舞台!让我干别的我也不会,也不想干别的,我就想唱我的戏!管谁当家,管谁承包,管它咋变,管它咋改,还不都得唱戏?!能唱戏,那就中!

我不走了。

常老师承包一团的时候,剧团很是红火了一段时间。我的戏路宽,场场上角儿,跟着剧团赴西安、下兰州、到新疆等地演出。就这样过了半年多的时间,可情况又有了变化。

可能是身体方面的原因,常老师不带团了,转包给了王玉笙老师。我没有一点动摇的念头,还是老主意,不管谁来,让我唱戏就中!

王老师承包了几个月,不知为什么,又转包给了海金凤老师。不管咋折腾,我该吃饭就吃饭,该练功就练功,该演出就演出。

但我真心疼!心疼那些受不了折腾走了的人,有演员,有演奏员。三番四次地折腾,谁能受得了那种轮番的打击?看着这些人才的流失,我就在心里问:剧团适合搞承包吗?

一件衣服,服装厂的车间里几个工人几道工序下来,就成了。换一批工人,经过短期的培训,还可以照常操作。

培养一批优秀的企业家,在经济迅速发展的今天,几年时间就可以了。

可戏曲这个行业是特殊的,一个成熟的演员,一个技巧娴熟的演奏员,是多少老师多少心血多少年月才能教出来的啊?

可他们都走了,走了的人,在我心里能列出来一个长长的名单……

他们走了,永远地离开了豫剧艺术的天地。

我们的政府呢?真的就这样撒手不管了吗?像扔掉包袱一样抛弃了戏曲?!像售卖一件衣服一样,标好价贴上签摆在柜台上,等着处理?!难道政府和剧团、剧团和市场、演员和观众也仅仅是"我唱戏,你掏钱"这样纯粹的商品关系?

我不相信!戏曲不是商品,如果非要说戏曲也是商品的话,它也是一件特殊的商品,是千百年的文化沉淀和无数艺人的心血结晶而成。这件商品,没有任何一个人或是一个政府能买得起,因为戏曲属于民族!戏曲属于人民!

二十七、叫一声爹娘泪如麻

不排戏,不演出,那还叫剧团吗?

彷徨苦闷，前途茫然，整整将近3年的时间，我在煎熬中度过，整夜地失眠，烟一支一支地抽了起来，竟然有了烟瘾。我怀念在宁陵县文工团的日子，每天一身泥一身汗，但心里舒坦；我怀念在戏校的日子，每天都累得瘫在床上不会动弹，但心无旁骛，一心练功排戏；我怀念刚到一团的那些日子，一年300多场的演出，演遍全省，跑遍各县，从一个演出点到另一个演出点，虽然奔波劳苦，但一颗心是滚烫的，因为充满希望！

可如今，"树倒猢狲散"！我们就是栖身于树上的一只只猴子，大树欲倒，我们吱哇乱叫，四处乱爬。连安身之处都要没有了，还如何安心地去唱戏排戏？

豫剧要往哪里去？剧团会怎么样？我该怎么办？

因为少了演出，每月发下来的钱少得可怜，那一点点微薄的工资连一家人吃饭都顾不住，更别说家里各种杂七杂八的日常开支了。日子实在是难以维持下去了，我开始借钱，找这个朋友借，找那个朋友凑。每借一笔，我都记在一个小本子上，好等到发工资了还人家的欠账。刚开始还能周转，可工资越来越少，最后竟然停发了！只出不进，手头越来越紧，慢慢地周转不开了。欠朋友的钱数目不断增加，只好拖欠，拖欠的日子也越来越长……

我不愿借钱，更不愿欠人家的钱不还。我知道这样下去不行，可我没有任何挣钱的门路。终于有一天，有一个朋友来家找我，因为多年的交情，他不好意思直说，吞吞吐吐的，但我一下子明白了，他是来要钱的！要我还钱！

不等他说出口，我告诉他，明天晚上以前，我会把欠他的20元钱送过去。朋友再三地说着道歉的话，走了。

我没有怨恨朋友，因为能看出来，他是真的要钱急用，而且人家肯借给钱就是帮了大忙，我只有感激！但我心里有悲愤！人常说：三十而立。我马上也是奔三十的人了，却养不了家！我没有尽到一个男人的责任！

20元钱，对那时的我是个不小的数目。怎么还？所有的朋友都借了一遍，还怎么好意思再张口？我该上哪儿去找够这20元明天还人家？

彻夜难眠！戏里的伍子胥一夜头发白，以前只当故事看，现在我相信那是真事！因为早上洗脸时，我发现头上有了白发。

直到第二天中午，我还是没有想出来办法，守在家里，坐困愁城，时间一分一秒地过去,我心如油煎!我不知道到天黑之前该和朋友怎么说,我想了各种理由,但没有一个理由能让我堂堂正正地站到朋友面前,理直气壮地说出来!空着手,我是实在没脸去见朋友了。

午后的时候,有人敲门,我开门一看,原来是父母来了。他们来得突然,我措手不及,什么也没准备,就倒了两杯水,然后打起精神和他们说话。

父母没说有什么事,只说来看看我。

说了一会儿闲话,母亲叫我到里间去,我跟了过去。母亲脱去上衣,把用针线缝着口的口袋拆了线,拿出一沓子钱,我看见有五元、十元的,有一元、两元的,厚厚的,不知道是多少。

母亲说这是500元钱,让我拿着。

我坚辞不要。自从到了宁陵县文工团后,只有我往家里寄钱,再没往家里伸手要过一分钱。母亲再三地让我拿着,我一再地推辞,还恼火地把母亲吵了一通。

父亲过来了,吼了我一声:"拿着!"

我愣了一下,不自觉地接下了钱,还想说些什么,可什么也说不出来。我想笑一下,可眼泪先流了下来。

母亲也掉了泪,她说:"祥礼呀,要不咱回家吧?干啥不中,非得唱戏?咱想办法做个小生意,也能过下去,干啥总比这干剧团强!"

我想了想,说:"妈,我想再等等看!"

母亲还想劝我,父亲拦住了,对我说:"你也长大了,自己能拿主意。你喜欢干这行,我们不反对,可这样下去,不行!"

我点点头。

父母当天下午就走了,我没有留他们。

父亲说得对,我得养活家。这是一个男人应该尽到的责任!都快30岁的人了,还要花父母的钱!拿着那500元钱,我恨不得钻地缝里去!

那几年开始流行"走穴",就是几个人搭帮出去演出挣钱。慢慢地,我也开始参加了,开始有了工资外的收入,生活也有了起色,但我没有一丝一毫的快乐!

有一次我在广播里恰好听到京剧《秦琼卖马》,听着听着,我泪盈满眶:

店主东带过了黄骠马,

不由得秦叔宝两泪如麻。

提起了此马来头大,

兵部堂黄大人相赠与咱。

遭不幸困至在天堂下,

为还你店饭钱,无奈何只得来卖它。

摆一摆手儿,你就牵去了吧,

但不知此马落于谁家?

二十八、《黑娃还妻》和省第三届戏剧大赛

1990年,忽然传来了取消剧团承包政策的消息。

这一年我30岁,正是一个演员最富创造力的黄金年龄!自从听到这个消息,我的一颗心就滚烫起来。不只是我急,全团人只要是没走的,都急!所有人翘首以盼。

终于等来了省文化厅下的文件,省一团取消承包制度,等待上级安排。

没过几天,省文化厅委派以卢斌老师为首的一团领导班子成员来到了团里。

那一次的全团大会,无一人迟到,无一人请假,所有人都在关心着剧团的命运。3年的动荡使我们都明白了一个道理,剧团就是我们的家,没有了剧团,也就没有了家。

省豫剧一团的整顿工作开始了。

新的领导班子很快理清了工作思路,以剧目为龙头,狠抓剧目建设,振兴豫剧一团。在卢斌团长的带领下,振兴剧团的第一个战役打响了,经过艺委会的讨论,决定排演由张芳同志为编剧创作的新编现代戏《黑娃还妻》,参加河南省第三届戏剧大赛。艺委会研究决定:由袁文娜、任之玲师徒二人任导演,由赵国安老师作曲,我和杨国民同志担纲黑娃角色,不分AB角,共同努力排练。

3年了,豫剧一团需要一个戏,需要一声炸雷,来振荡笼罩在心头的阴霾;需要一场豪雨,来洗涤3年来的颓丧气息!

3年了,我需要一个戏,让我在舞台上挥洒汗水舒展生锈的筋骨,让我在舞台

《黑娃还妻》中饰黑娃

上纵情高歌,让我大踏步继续我梦想的里程!

从接到角色的第一天起,我推掉了一切家务,排除了一切杂事,除了排戏,再无其他,一心一意扑在了《黑娃还妻》的排练上。

我宁愿累死在舞台上,再不想重复3年来那噩梦般的日子。只要让我唱戏,再大的苦,我能吞咽!再大的累,我能承受!再大的难,我能担当!我要把那失去的光阴,把那蹉跎的岁月,把那虚掷的青春,重新在舞台上找回来,从现在开始!从《黑娃还妻》开始!

《黑娃还妻》排练时,是在炎热的夏天,离大赛还有两个多月的日子,我像一个初登舞台的演员一样,怀着紧张而又激动的心情投入了排练。

在宁陵县的时候,演的也是样板戏。从1978年离开宁陵县文工团,十多年来我再没演过现代戏,《黑娃还妻》是一部描写改革开放后80年代农村的现代戏,对我来说，扮演黑娃是一个新的挑战！

在两个多月的紧张排练中，我天天泡在排练场上，一遍又一遍地排练，每一句唱白都细细琢磨，每一个动作都认真细抠。两个多月的时间里，不管多累，我从未睡过一次午觉。每天早上 5 点起床，晚上 11 点以前没有回过家。因为天热，排汗过多，累得小便都带血！我咬着牙坚持了下来，一次假也没请过。能装两三斤水的大茶缸子，放了糖、盐，补充身体养分，一天就得三四缸的水喝下去。

就这样，两个多月的时间，排出了《黑娃还妻》。

第一场演出定在了黄河影剧院。全省都知道省一团新排了现代戏，从领导到观众，争相观看，一睹为快。我演的黑娃上场的第一个亮相、第一嗓子、第一声腔，就得了个满堂好！首场演出，得到了领导和专家的肯定，群众反应非常热烈。

首演后，《黑娃还妻》又在登封、尉氏、新密等地接连演了十几场。

1990 年 10 月，《黑娃还妻》在开封会堂参加河南省第三届戏剧大赛的演出，演出共两场，一场观摩演出，一场正式参赛演出。第一场演出的前一晚上，因为太提劲，我失眠了。吃安眠药也睡不着，急得想拿头撞墙！越急越睡不着，一闭上眼，满脑子都是舞台，一直折腾到天明，还是精神抖擞！一狠心，干脆不睡了，该咋着咋着。可能是年轻吧，就那样顶下来了。

首场演出，全团上下都提着一口气。该我上场了，心里还是有点紧张。开场内唱，第一句唱腔就赢得了观众的热烈掌声。我心里一块石头落了地，一下子踏实了。上场，耍手绢，担挑子，掌声一阵接着一阵。其他角色的演员有谷秀荣、白慧君、赵君、魏俊英、刘君等，每一个人上场表演，都有上佳表现，都换来了掌声。团里安排人专门数着，一场演出下来观众拍了 70 多个好儿。演完后，观众还不过瘾，我上去唱了两段《三哭殿》中的经典唱段。开封观众特别懂戏，都说这个演员会唱大本嗓，又会二本嗓，是个好演员！戏迷们纷纷拥到后台，要求合影留念。

有了第一场的经验，心里很踏实，第二场参赛，舞台呈现非常完美。《黑娃还妻》在第三届河南省戏剧大赛中获七项大奖，我个人荣获表演一等奖。

获奖的那一刻，当观众掌声响起，我情不自禁泪流满面！当初走上戏曲表演之路时，我真的没想到，当一个戏曲演员会有这么难！一路走来，抛洒了多少汗水和泪水？！在鲜花和掌声的背后，有多少难言的辛酸和委屈？！

但我不后悔！

我相信这就是我想要的人生！

我正大踏步地走在实现梦想的征程上！

这条路上有风风雨雨，斩破风雨，见七色彩虹！

这条路上有坎坷泥泞，迈越坎坷，有美景天成！

二十九、舞台小天地　天地大舞台

雄鹰当展翼，好马自奋蹄！

主演了《黑娃还妻》后，我在事业上一帆风顺，不断上戏，也不断获奖。几年来，我调整了几次工作，一团、二团、三团都工作过，慢慢地走上了领导岗位。

父母来过几次郑州，但父亲每次都吵嚷着住不惯，只得让他们回去。

1996年的时候，父亲毫无征兆地犯了病，虽说经过治疗及时痊愈了，但也把我吓得不轻。父亲的这场病，给我敲响了警钟，父母都是60岁的人了，年老体衰，挡不住有个什么病灾，说什么也不能再把他们抛在老家不管了，就在郑州买了一套小房，把父母从宁陵接来住，好就近照应。

母亲身体尚可，平日里足以照顾父亲。工作之余，我常去探望他们，偶尔也会在父母那里吃上一顿饭，和他们说说我工作上的事情：工作调动了，演《香魂女》得艺术节大奖了，省委、省政府嘉奖还记大功了，又开了"豫剧骄子"演唱会了，又拍《市井人生》的电视剧了，还当选省政协委员了，诸如此类的闲话。

父母平安，吃穿不愁，我也就很少操他们的心了，特别是当上业务团长后，单位工作忙，常跟团下乡演出，去得便少了。

光阴荏苒，转眼到了2008年，那一年我刚从省二团又调回了三团，本来有计划带父母家人去北京看奥运会，都安排好了，可突然接到团里通知，准备排《谢延信》（后改名《女婿》）的剧本，我在剧中演谢延信。

北京之行就此作罢。

谢延信的事迹我在电视上、报纸上看到过，以一个女婿的身份，照顾着瘫痪在床的岳父、疾病缠身的岳母和先天痴呆的内弟，33年如一日，是2007年度"感动中

● 《女婿》排演前,孟祥礼(左)与原型人物谢延信(右)亲切交谈

国"人物。

事迹很感人,剧本很感人,第一稿没看完我就掉了眼泪,这是一个感人肺腑的好题材、好剧本。后来编导又几易其稿,剧本日臻成熟。可我始终找不到感觉,抓不住人物的"魂"！我记得在戏校,袁文娜老师给我们排戏时说过:演员上台前,必须找到一把打开人物内心世界和灵魂之门的"钥匙"！可能是一句话,可能是一件东西,也可能是一个日常行为,但你必须找到它。

带着困惑,我跟着《谢延信》剧组去了焦作,也见了现实生活中的谢延信师傅。乍见其人,和我想象中大不相同,花白头发,满脸皱纹,脸上常挂笑容,木讷寡言,问三句答半句。我很诚恳地和谢师傅详谈了很久。

我问他:"谢师傅,你是一个女婿,这一大家子,别人都不管,为啥你偏要管？"

谢师傅:"总得有人管吧？"

我又问:"你都侍候33年了,难不难？你都是咋过来的？"

谢师傅:"不容易,也就一天一天过来了。"

我再问:"妞妞是你亲闺女,你为了岳父家,把亲闺女送回滑县老家,你想她吗？"

谢师傅:"咋不想?可走不成!这一堆人,病的病,瘫的瘫,傻的傻,你能丢下?再说,滑县老家有她奶奶看顾着哩,没啥不放心的。"

显然,谢师傅是一个不善于表达内心的人。

我来回走着,看他住的房子,他现在的居所明显是刚刚修缮过的,剧本中描写的场景早已荡然无存。

见到了谢师傅的人,可我找不到想要的答案!真所谓:近在眼前,远在天边。

作为一个女婿,他能照顾老岳父一家人33年之久!一般人早已不堪重负,一走了之,再不回头。可他怎么还笑?他怎么能笑得出来?

这是怎样的一个人呀?他有着怎样的精神世界?

回头看,谢师傅在给老岳父喂药,脸上依旧挂着往常的笑容。是迫于生活的无奈而心灵麻木了吗?不是的,眼睛是心灵的窗户,谢师傅的眼睛没有那种呆板的浑浊,那是一双很有神采的眼睛,充满了生活的乐趣,看什么都认真而专注,甚至带有一些快乐。那是生命的神采!

一台小收音机搁在他老岳父的床头,正播放着一段舒缓的豫剧唱腔。老人静静地听着,脸上是那么的安详。

云开雾散,阳光洒满了庭院,一缕阳光透过树隙,照在谢师傅的脸上,我似有所悟,但心头的闪光转瞬即逝!

剧组该回郑州了,对谢师傅来说,我们只是过客,我们的到来,于他并无多大的助益,我们走后,他的生活还要继续,他还要永久地面对那瘫、病、傻的3个亲人,生活依然如昨,一如他过去的33年里的每一天,这样的生活不知何时到头?

焦作之行,我一无所获!

如果说谢师傅是一本书,那么我还没有读懂这本书。

回到郑州的第二天,北京有演出任务,我便跟团去了北京。

那一天晚上7点半演出,6点左右,我正在化装的时候,忽然接到了母亲的电话,在电话里母亲很着急,说父亲得了脑梗,已住进了医院。

我心里"砰"的一声,有个东西碎了!

我得马上回去!这是我的第一个念头。可心里马上就意识到,我是在剧场!我是在化装!演出就要开始!我无法离开!是的,我不能走,演员有了演出任务,就是天塌了,也得演完再说。

静场的音乐声舒缓地响了起来,可我心急如焚,无法镇静下来,满脑子都是父亲躺在医院病床上的身影。该上台了,我一咬牙,关了手机,闭上眼在心里默念:父亲,你要等着我呀!端起杯子,把杯中水一口喝干,我走上了舞台。

9点半演出结束,我向团里请了假,打车飞奔火车站,买了一张站票,坐上了驶往郑州的列车。

列车飞驰,我心如火焚。

父亲不是应该好好的吗?上次通电话母亲没说啥呀!那次和母亲通电话到现在有多长时间了?是上个星期?不,是上个月吧?

我这才想起,我已经很久没给父母打电话了!

说过一起去北京看奥运,我答应了父母的,后来没有成行。我没向父母解释,父母从来不问,他们知道我忙。

每一次和母亲通电话,我总会许诺说,过几天不忙了回家看你们啊!可我回去了几次?父母从来不问,他们知道我忙!

母亲说过,父亲想要几张我的磁带和光盘。说了几次,我都答应了,可从没去做。后来母亲不提了,我也就忘了。父母从来不问,他们知道我忙!

父母总会理解儿子的一切,可作为儿子的我,为他们做了什么?我每天都在繁忙中度过,一件事接着一件事,可是,有哪一件事真比爹娘还要重要?

悔恨交加!

父亲!请原谅我,请原谅儿子的自私吧!

列车飞驰,我心如刀绞!

父亲,你一定要等着我呀!

列车准时到站,我打车直奔医院。

一进病房,我一眼就看见了我的父亲。窄窄的病床,洁白的被褥,那上面躺的是我可怜的父亲。长长的输液管,连在他的手腕上。走近去,他睡了,睡着的脸上双颊深深地塌了进去!我慢慢走到床边坐下。我没听清母亲说了些什么,只是轻轻地握住了父亲露在被外的手。父亲的手凉凉的,潮潮的,有些汗,手背上扎满了针孔。母亲在一旁不停地劝着我,医生说了,人没事,就是会留下走路说话不利索的毛病……

我趴在父亲的床边,眼泪止不住地流了下来。

这一刻的父亲是那么无助!那么脆弱!

我心中的父亲是坚强的。

从小和父亲在一起很少,4岁前的记忆已经很模糊了,但我清晰地记得:每一次"运动"过后,父亲回到家时,背上多出了那些脚印。面对我和母亲时,他总是把我抱起,对母亲笑笑,说一声:没事!

父亲呀,小时不懂,但我现在知道了,您用那宽实的背,把所有的风风雨雨,都挡在了您的背后,留给儿子的,是那厚实而温暖的胸膛!

4岁后,我跟母亲去了石桥集,两三个月才能和您见一次面。每次见您,您都会带我去理发、洗澡。您告诉我,人可以穷,可以缺吃少穿,但一定要干净整洁,这是一个人最起码的仪表!

那时,您每次来石桥集看我和母亲,总会用您微薄的工资,买来一本本的连环画。那一本本的连环画啊,给我的童年带来了多少欢乐!您说,孩子,可以少玩点儿,少些吃的,但不能少了知识。

我学戏,您不让,您都气疯了!可最后,还是您骑上自行车,几十里的路,把我送进了县文工团。那天下着雨,两件雨衣,一件给了我,一件盖了行李,您说用不着。

当我在郑州难以维持生计的时候,您和母亲送来了500元钱。听母亲说,您一次取光了家里在信用社的全部积蓄!一分都没留!天不明就从宁陵出发,给儿子送来,又一口水都没喝,就赶回了宁陵!

您平常从不和我多说话,也不愿听我谈我的工作,可母亲偷偷给我说,您买了好多磁带、光盘,上面都是儿子的戏。一有空,您就会听,就会看。只要是有人向您要磁带和光盘,一向节俭的您,会很大度地把这些东西慷慨相赠。您是为儿子自豪吗,敬爱的父亲?

父亲,您为我做了一辈子,可儿子为您做得太少了!请给儿子一次机会,允许儿子在您的余生尽一点孝心吧!

苍天垂怜!它没有让我留下难以弥补的遗憾。经过抢救,父亲平安度过了危险

● 谢延信夫妇观看《女婿》首场演出后,与演员合影留念

● 《女婿》剧照——其乐融融的全家福

期,但留下了偏瘫的后遗症。

我把父母接到了我的家里,我要守护二老,朝夕相伴。

不久,团里通知我,《谢延信》开始排练了。

我投入到《谢延信》的紧张排练中,白天排戏,晚上回家侍候老父亲。

那一天排完戏,回到家里,躺在床上的父亲说他想听戏,我拿起他床头的收音机,帮他调到了河南戏曲广播电台。一段舒缓的豫剧唱腔流淌在空中,父亲静静地听着,一缕阳光透窗而入,照在父亲的脸上,父亲的神色是那么平静。

这一刻,我心里充满了幸福。

看着那一台小收音机,看着我的父亲,我忽然想起了焦作的谢延信师傅!我清晰地记得,他那老岳父的床头,也有一个小收音机。

我对父亲说:"爹,今儿天气好,咱到外边去晒晒太阳吧?"

父亲乐呵呵地笑着。

我把父亲推到了门外,停在小区的草地上,暖融融的阳光照在父亲的身上。

我说:"爹,别听收音机唱了,您儿子就是唱戏的,我给您唱一段吧?"

搬来了一张太师椅,
再掂来一个热水瓶。
今儿天气好啊,
您老人家出来透透风!

父亲笑了。

我也笑了,含着泪笑了。能用豫剧为老父亲带来欢乐,我心中无比的满足,比得了艺术节大奖还要满足。

这一段是《谢延信》中我的唱段。

在这一刻,我想到了谢延信师傅,我理解了他的精神世界!我理解了谢师傅那眼神中的神采,那是对生命的专注和认真!我理解了他脸上那惯常的笑容,人生不如意事十有八九,让我们用笑容去面对那些生命中不能承受之重!

生命的本能,就是追寻欢乐和阳光!

即使是一棵小草,它也会拼命地探出一根嫩芽来,去寻找阳光和温暖!即使是一棵枯朽将死的老树,当春天来临,它也会泛出一叶新绿,在春风中摇曳!

这就是生命!

生命是那样的脆弱!谢师傅的一个家,"父瘫、母病、弟痴";生命又是那样的坚强!谢延信33年如一日地不离不弃!

眼前,是我的老父亲,他已经劳累了一辈子,现在,他也躺在了轮椅上。我将尽孝于床前,生养死葬,不离不弃!

白天,"谢延信"在舞台上侍候着他的父亲;晚上,我回家侍候我的父亲。

台上台下,我给"父亲"们洗衣做饭;我给"父亲"们擦屎端尿;我给"父亲"们抓药熬药;我给"父亲"们说笑逗乐;晴朗的天气,我推"父亲"们到灿烂的阳光下,我给"父亲"们梳头、捶背、晒太阳;我给"父亲"们动情地演唱:

　　咱家也有哭和笑,
　　有吃有喝有花销。
　　太阳也把咱家照,
　　一天一个一样高。
　　刮风下雨也轮到,
　　连阴雨咱家也会潮。
　　喜怒哀乐咱都有,
　　不比谁家少根毛……

豫剧舞台上的一颗巨星

东 风

孟祥礼,国家一级演员,著名豫剧表演艺术家,今日中国豫剧舞台上的一颗巨星,当代豫剧领军人物之一,中国戏剧家协会会员,中国戏曲表演学会理事,河南省第九届政协常委,现任河南省豫剧三团副团长。在40多年辉煌灿烂的演艺生涯中演出剧目30余部,并且主演过3部豫剧电视剧,代表作有《三哭殿》《辕门斩子》《杀宫》《黑娃还妻》《市井人生》《香魂女》《女婿》等,塑造出了李世民、杨延景、刘承祐、闫黑娃、黎明刚、任实忠、谢延信等栩栩如生、血肉丰满的艺术形象。他的艺术风格是:表演朴实自然,真切感人,唱腔高亢洪亮,委婉动听。他的真假声结合浑然一体,突破了豫剧男声单一的演唱方法。

一、追梦少年实现理想,终于成为一名戏曲演员

1960年11月,孟祥礼出生于河南省宁陵县的一个知识分子家庭。他的父母都是国家干部,他跟随着父母下放到豫东农村,度过了儿童时代。特殊年代里,走街

串巷的电影放映队和戏曲剧团的下乡演出，就是当时农民业余文化生活的全部。小祥礼就是通过这种方式接触到了戏曲，戏曲在他幼小的心中扎下了根，他对戏曲几乎达到了痴迷的程度。家中没人爱戏，难道这是天意，要与他结缘？七八岁的孟祥礼是一个勤快、懂事的男孩子，他每天放学之后去做一些诸如割草、帮大人种田等简单的农活，这样可以给家里多挣点工分。劳动之余，他最盼望的就是村里唱大戏。舞台上演员们华丽漂亮的戏装、优美动听的唱腔、潇洒夸张的动作，一腔一调、一招一式无不令他心驰神往。长大后当一名戏曲演员，就是他最大的梦想。他看戏时非常认真和用心，每次都把戏词和动作牢牢记在心中，等剧团一走，他就开始组织村里的同龄小伙伴们模仿舞台上的演员演戏，而且每次都演到夜阑人静时才依依不舍地散去。

经常性的模仿锻炼，使孟祥礼更加迷恋戏曲，也让他在懵懂中积累了一些戏曲的基本常识和功底，为他顺利考上剧团打下了基础。1971年，孟祥礼考上了宁陵县文工团，却遭到了父母和亲朋的极力反对。父母一心想让儿子在学校好好学习，将来能考上大学出人头地，并且还受传统思想的影响，认为学唱戏当"戏子"是一种社会地位非常卑贱的"下九流"行业。倔强又聪明的孟祥礼以绝食、泪流满面和"不让学戏，就不上学"相对抗。看到他身上潜在的唱戏天赋，父母妥协了，临行前给他警告："你可别后悔！"

台上一分钟，台下十年功。唱、念、做、打、舞，样样学精通。进入县剧团后，他开始了系统的专业性学习和枯燥的基本功训练。拿顶、扳腿、勒腰等，每一个动作每天都要重复做上几百次，甚至上千次。拿顶一练就是两三个小时，每次下来腿脚都肿了。一系列高难度、高强度甚至有点残酷的训练让年纪尚小的孟祥礼始料不及，原来学戏当演员是这么痛苦啊。特别是虎跳和小翻，不但要求在一条直线上翻跳，还讲究翻跳的速度。老师为了让学员们练出过硬扎实的功夫，采用非常严格和狠心的手段，用玻璃碴扎出一尺多宽的路线，并在上方吊了旋转的刀具，让大家练功。如果路线偏了或者速度慢了，就会被玻璃碴扎伤、被刀具碰伤。数月后，孟祥礼从初进剧团的快乐有趣变成了苦闷难熬，思想产生了动摇，他不想干了。洞悉他思想变化的启蒙老师及时给他以鼓励，老师说："别灰心，你很有天赋，是个学戏的好苗子。"一番话让倔强、执着、不肯服输的孟祥礼坚定了从艺的信心，这一练就是

7年。

　　1978年，追求艺术进步的孟祥礼考入了河南省戏曲学校继续深造。进入省戏校，开始了更深层次的学习，唱腔和表演以及基本功要求更加规范，这使孟祥礼的艺术水准有了一个质的飞跃。孟祥礼虽说在县团练就了扎实的基本功，但是一直演的都是现代戏，没有接触过古典戏，这个时候正好赶上古典戏大放开，他还要一切从头开始！老师看他身材高大、形象端正，有角的派头，就让他主攻老生和须生。为了学会、学好古典戏的四功五法，他每天凌晨4点钟起来到练功室抢占地方，穿着宽大的蟒袍和4寸高的厚底靴刻苦练功。孟祥礼开始唱的是大本腔，后来又唱出了唐派的二本腔，为了使两种声腔完美结合，他就把每一句唱词拆成一个字一个字来练，一个字的发音他经常反复练上千遍，直到准确无误才肯罢休。这一切努力就是为了日后登台演戏时让每一出戏都唱成精品，把每一个角色都塑造成鲜活的艺术形象，叫每一位观众都喜欢。

二、四十余载从艺生涯，戏比天大力作不断

　　孟祥礼在宁陵县文工团学员队担任小主演期间，首演的第一部戏是革命经典现代戏《红灯记》，在剧中饰演李玉和。紧接着他又在《沙家浜》中饰演郭建光，《智取威虎山》中饰演杨子荣等。当年红极一时的八个样板戏他全部主演过，还主演了新编现代戏《苗岭风霜》和曲剧现代戏《山鹰》等。1981年孟祥礼分配到由省戏校优秀毕业生组建的河南省实验豫剧团工作，其间他在唐派经典名剧《三哭殿》中饰演唐太宗李世民，古典戏《穆桂英挂帅》中饰演宋王，古典戏《跑汴京》中饰演杨世英，新编古典戏《金銮禧》中饰演李世民，新编古典戏《故剑情》中饰演丞相，同时在现代戏《红灯记》中饰演李玉和。1983年，实验团解体后他被分配到河南省豫剧一团工作。他在加工整理的古典戏《香囊记》中饰演周定，古典戏《七品芝麻官》中他一人饰演林有安和府台大人两个角色，古典戏《穆桂英下山》中饰演杨延景，新编古典戏《真假驸马》中饰演刑部尚书，古典戏《杀宫》中饰演皇帝刘承祐，现代戏《黑娃还妻》中饰演黑娃，在领衔主演的豫剧电视剧《市井人生》中饰演黎明刚。1998年他调入河南省豫剧三团工作，在现代戏《香魂女》中饰演任实忠，同时复排了他的代

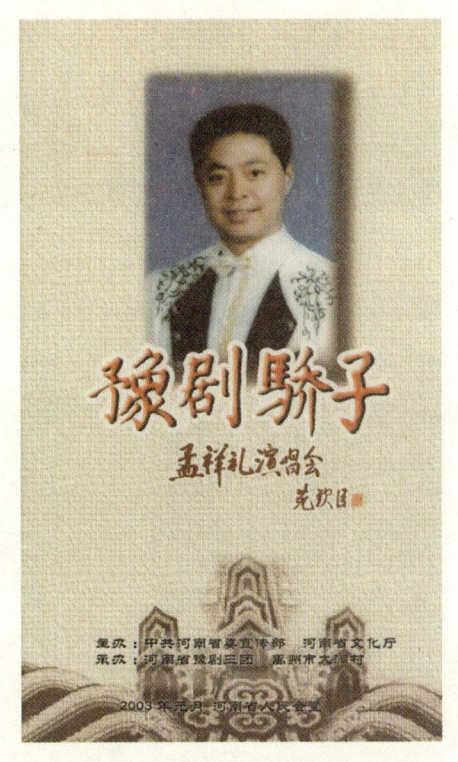

●"豫剧骄子"孟祥礼个人演唱会节目单封面

表作《黑娃还妻》。在领衔主演的豫剧电视剧《潮涌太行》中饰演村支书。2005年调入河南省豫剧二团担任副团长。2007年再次调回河南省豫剧三团，担任副团长兼主演，在领衔主演的现代戏《女婿》中饰演谢延信。

孟祥礼老师是一个多出作品、多出力作的好演员。他的"豫剧骄子"演唱会2003年1月前后分别在河南电视台《梨园春》栏目和河南人民会堂成功举办，2007年炎炎夏日，孟祥礼老师对党和人民怀着一颗赤诚的心、一颗报恩的心又在河南人民会堂举办了"唱支山歌给党听'豫剧骄子'孟祥礼'庆七一'"演唱会。几场个人演唱会的成功举办，展示了孟祥礼老师深厚的演唱功底和非凡的艺术实力。他多次为中央以及省领导做精彩的演出，受到中央以及省领导的好评。

在孟祥礼老师40余载的演艺生涯中，他以戏比天大为座右铭，时刻激励着自己向前奋进。他视舞台为生命，愿为豫剧事业奋斗终生。他具备了一个优秀戏曲演员的必备条件:形象好、嗓子好和扎实的基本功,特别是在男生演员队伍中更加珍贵和出类拔萃。他为豫剧事业做出突出贡献的同时,也获得了不少荣誉。1990年他主演的《黑娃还妻》参加河南省第三届戏剧大赛,夺得表演一等奖,从此一举成名,进入河南省优秀青年演员的尖子人才队伍中。2000年河南省豫剧三团演出的《香魂女》参加中国第六届艺术节,孟祥礼在剧中饰演男一号任实忠,与领衔主演汪荃珍珠联璧合,演出引起了极大的轰动,该剧荣获艺术节大奖,孟祥礼受到省委、省政府通令嘉奖,并记大功一次。他还获得全国豫剧演唱大赛金奖、全国戏歌大赛银奖。2005年荣获河南省文化厅"文化先锋"称号。2006年被省委宣传部评为省宣传文化系统首批"四个一批"人才。2008年年终,他领衔主演的《女婿》获得了河南文华大奖(演出剧目最高奖),他个人荣获了文华表演一等奖。

三、精心刻画最为出色的代表河南人民新形象的两个人物

孟祥礼老师是位艺术造诣深厚的表演艺术家,他塑造出了几十个性格迥异、有血有肉的艺术形象,为丰富中国豫剧的人物画廊做出了突出贡献。我认为在他刻画的众多艺术形象中,闫黑娃和谢延信最为出彩,最具代表性,其影响跨出了河南,走向了全国,甚至海外。

1990年一个夏天的夜晚,刚刚高中毕业的我邀请同学一起从郑州市的大北郊骑自行车跑到位于郑州二七广场附近的东方红影剧院花了5块钱买了两张戏票,观看河南省豫剧一团演出的现代戏《黑娃还妻》。这是我第一次花钱看戏,所以心里很期待能看上一出好戏。说句实话,那个时候我不太喜欢看现代戏,之所以花钱进剧场看《黑娃还妻》,是因为多日没看过戏,戏瘾发作,也就饥不择食了。万万没想到,这部现代戏演得那么好,故事曲折感人,特别是男主角孟祥礼竟有金子般的嗓子,他吐字清晰,唱腔高亢明亮、醇厚圆润、绕梁三日不绝于耳,既像一坛百年老酒那样清香扑面、后味无穷,又像冰山雪水那样甘甜可口、沁人心脾,他的表演朴实自然、形象生动,在真实中显现出艺术的美。单单通过"闫黑娃不要妻我要良心"这一核心唱段我们就可以领略到他的唱腔风采和表演才华。这一下让我记住了他,并开始关注他了。那个时候的孟祥礼刚刚30岁,可以说是一夜成名。他饰演的

● 《黑娃还妻》剧照

　　闫黑娃一反常态两度忍痛还妻，表现出了上世纪80年代改革开放后河南新一代青年农民全新的道德观和高尚的精神世界。孟祥礼塑造出的闫黑娃善良淳朴、勤劳能干、外憨内精、敢爱敢恨、拿得起放得下的河南青年农民新形象十分深入人心，被拍成豫剧电视剧《黑娃的婚事》后，无形中在全国树立了河南人良好的形象。黑娃成了孟祥礼的代名词。

　　河南省豫剧三团受省委宣传部、省文化厅及焦作市委、市政府的重托，经过一个月的紧张封闭排演，把反映焦作全国道德模范、2007年度"感动中国"人物谢延信33年践行承诺先进事迹的剧目《女婿》搬上了舞台，该剧由孟祥礼主演。《女婿》一剧2月1日曾在焦作市首演，引起社会各界的强烈反响。2月19日下午，该剧又参与2008年优秀剧目大展演活动，使郑州观众深受感动。为进一步宣传谢延信的先进事迹，焦作市委宣传部组织了大型现代豫剧《女婿》巡回演出。2月27日在孟州市演出，随后又赴沁阳市、博爱县及焦作中站区、解放区、山阳区、高新区、马村区和修武县巡回演出。在孟祥礼老师精彩的表现和他的同事们的通力配合下，这部新作、力作在河南省第十一届戏剧大赛中取得了骄人的成绩。

戏曲舞台追梦人——孟祥礼

郭志华

> 让青春吹动了你的长发让它牵引你的梦
> 不知不觉这城市的历史已记取了你的笑容……

每个人在青少年时期脑海里都会产生美好灿烂的梦想,这个梦想不一定是长发牵引,但在自己想象当中绝对是异常的绚丽多姿,异常的五彩缤纷。

孟祥礼儿时的梦想就是登上戏曲舞台,在耀眼炫目的灯光下,在众多小伙伴的注目欢笑中,放声高歌尽情挥洒玩儿个痛快。这个有点儿胆量不知怯生的小男孩儿,原本出身于知识分子家庭,随国家干部身份的父母一同被下放到豫东农村生活锻炼,整天极不情愿地做着与当年农村孩子一样无趣、一样无聊、一样无穷无尽的农活杂事儿,诸如割草、拾粪、种田一类连大人都不心甘情愿干的事儿,心中那个无奈,那个不快活,那个悲催,那个憋屈,就像遍地蔓延疯长的杂草一样缠绕纠结在他那幼小的心中。他常常期待着,期待着走街串巷的电影放映队到村里或附近村庄放映电影,期待着戏曲剧团来到村里演出戏曲,每到这时他是最高兴最幸福最有精气神的时候，一直追着电影放映队和剧团看人家放映的电影和演出的节目，就好比狗追兔子一样一直到追远了，追不上了才悻悻地放弃。但每当他坐在银幕前和舞台下面的时候，一切割草拾粪种地所带来的烦恼全都烟消云散了，银幕中舞台上那传神生动的人物的每一句话、每一个动作、每一句唱词，就像清澈甜润的涓涓溪水一样，汩汩流入脑海，滋润心田，而他就像龟裂干枯的土地一样如饥似渴，任其流淌，任其灌溉，任其滋润。物质生活的匮乏，精神生活的缺失，是上个世纪六七十年代中原地区最显著的社会特征之一，生活在这一时期的青少年们对此情景无不刻骨铭心又不堪回首。20世纪60年代初，出生成长在豫东大地的孟祥礼，便是这一群体中的一个深切体验者实践者，然而十分有趣、十分有幸的是，他竟然会成为一个获益者，一个那个时代的幸运儿。说他是获益者、幸运儿，是因为他借此人人都能够得到，而不是人人都能够紧紧抓住的机会，与神奇的戏曲表演艺术有了亲密而痴情的接触，并且结下了一生的不解之缘，他痴迷地喜欢上了戏曲。舞台上演员们华丽的装扮、优美的唱腔、潇洒的动作以及举止言谈、一招一式无不令他心驰神往，如痴如醉。看戏时他那个认真劲儿、投入劲儿，恨不得把听到的演员唱词、看到的演员的动作全都一个个咬烂嚼碎，咽进肚子里，融化在血液中。不知不觉间，他那颗小小的脑袋里储存了不少的东西，待到再与小伙伴们玩耍时，这些储存可就派上了用场，舞台上演员们表演的动作和唱词，以及唱腔，他都会模仿得像模像样甚至称得上惟妙惟肖。这些积累，为他后来顺利考入县文工团起到了决定性作用。

"其实我能考入县文工团纯属偶然。"想起当初进县文工团的情形，孟祥礼如是说。

虽然在童年时期他心中一直有着将来当一个戏曲演员的梦想，但当他陪伴着同学去县里考文工团时，自己心里并没有做好当演员的任何思想准备，只是在考试现场，村里一个亲戚随口一句说他嗓子好，为啥不试试的提醒和鼓励，彻底改变了他的命运，也成就了他的梦想。当他走上考场面对招生考官时，就像面对平时一起玩耍的小伙伴们一样，竟把平时从舞台上学来的本事选择其中最拿手的全都抖搂了出来，又是唱戏，又是唱歌，又是做动作，天生一副好嗓子、好形象、好身材，不仅惹得考官老师们点头认可，还赢得了周围观众和同伴们的掌声。无知者无畏，初生牛犊不怕虎啊。结果是有准备的没有考上,没有准备的却收到了录取通知书。

如同天上掉馅儿饼一样突然掉下来的好事儿让孟祥礼激动得情不自禁、暗自得意,没有想到的是他把被县文工团录取的消息告诉父母后,父母不但不感到高兴反而有点生气,这一下让孟祥礼感觉自己像是被人从热被窝里一下子拽出来,又扑通一下子扔进了冰窟窿里一样。深受旧的传统思想影响的父母一直认为,唱戏当演员是一种社会地位非常卑贱的差事儿,满怀希望的父母以为自己的儿子会好好上学,将来能成大器,能出人头地,能给祖上争大光,没料想他竟然会瞒着大人偷偷学戏,偷偷考上了县文工团。一向慈爱善良的父母极力反对儿子学唱戏那是很自然的,那也是必需的。年少的孟祥礼当演员的梦想遭遇到了阻击和扼制,小脑袋此时此刻怎么也想不出任何有理、有利、有节的辩解言词,面对父母,势单力孤的他,十分无奈,无助无援。然而,貌似憨厚的孟祥礼毕竟是个精明机灵的主儿,一个极其简单又不知是否有用的主意萌生在心头,不让演戏就不吃饭也不上学。这招儿管事,挺有用。没过多长时间,父母看到这个小子还挺倔强,实在拗不过他,主要还是大人担心饿坏了自己儿子的身体才妥协的。细心的父母也仔细想了想,这孩子的确有点唱戏的天赋,不愿意是不愿意,但以后的路毕竟是要他自己走的,当老人的也不能陪他过一辈子。

春去春来皆有序,花开花落两由之。父母毕竟是有知识有文化的人,虽然无奈,还是接受了儿子到文工团去唱戏的事实。"将来你可别后悔!"这句话像是父母的嘱托,更像是严肃的忠告,孟祥礼终于迈出了实现童年梦想的第一步,进入了宁陵县文工团,开始了专业的学戏唱戏的演艺生涯。那一年,他还不满11岁。

让青春娇艳的花朵绽开了深藏的红颜
飞去飞来的满天的飞絮是幻想你的笑脸……

《追梦人》这首歌曲,被凤飞飞演唱得如泣如诉,如梦如幻,不知曾经打动过多少个青春少年的心,可在现实社会中追逐梦想的人,可绝不会是那样的轻松,那样的美妙,那样的惬意。

台上一分钟,台下十年功。这句在艺术界流传最为广泛的诫语,可不是说着玩儿的空话，那是多少位艺术家经过多少年的亲身实践，流下了多少汗水和泪水甚至是血水才总结出来的一句至理名言。孟祥礼进入宁陵县文工团后，就如同进入了魔鬼训练营，一别往日和村里小伙伴们玩耍时的模仿性表演，全面进入严格系统专业规范的学习训练。拿顶、扳腿、踢腿、下腰、吊嗓子……一个简单的动作，每天都要重复几百次，甚至上千次。日复一日连续性的高难度、高强度近乎残酷的基本功训练，让小小年纪的孟祥礼始料不及。最让祥礼不能忘怀的是，当年文工团老师为了逼迫他和几名新学员练出真功夫，采用了有些狠心的杀手锏，即用碎玻璃碴在地上扎出两行一尺多宽的直线，并在直线上方悬挂锋利的刀子，让他们在这条很窄的通道里面练习虎跳和小翻。天哪，哪个不长眼、不细心的，如果一不小心走歪了，或者动作要领不规范，就会被碎玻璃扎着，或被尖刀碰着。不要说在这危险的景况下翻跟头了，胆小者就是在这里走上一趟，也会胆战心惊额头冒汗的，所谓严师出高徒嘛，就是这么个做法。乏味甚至残酷的训练让孟祥礼产生了不想干的念头。

"别灰心，你很有天赋，是个学戏的好苗子。"

"我到文工团后肯定能学好，将来一定能出人头地。"

老师的鼓励和进入文工团时向父母的保证，让倔强执着不肯服输的孟祥礼最终没有放弃，而是咬牙坚持了下来，而且一练就是7年，直到1978年他考入河南省戏曲学校。这应当是他实现梦想的又一个极为重要的阶梯。当时进入河南省戏曲学校学习，是要进行极其严格的考试的，说是百里挑一甚至是千里挑一都不为过。尽管有着7年基层文工团学戏唱戏的经历，练就了扎实的戏曲基本功和表演技能，但对孟祥礼来说，他面临的仍然是一个个全新的挑战。正因为他们这一班学生都有一定的戏曲专业基础，学校对他们较之其他班级学生要求更高、更严、更苛刻。别的班刚进校的学员被叫作"毛坯子"，他们这个班的学员被称作"半成品"，别的班学生学习5年才能毕业，他们这个班的学生学习3年就可以毕业了。尽管他们都是"半成品"学员，但在基层文工团期间学习和演出的，全都是清一色的现代戏或样板戏，进入河南省戏曲学校后正好赶上恢复上演传统古装戏，演员在舞台上的唱腔表演以及动作，都和现代样板戏的"范儿"不一样，以前所学会的、所掌握的、所熟练的很多方面，都必须从头再来。学校要求依据每个学员的形象、个头、性格和嗓音条件,进行行当角色分配定位,孟祥礼被安排学习传统古装戏中的"老生""胡子生"。当时还有学生向老师提出今天看来令人捧腹的问题,中国古代男人留那么长的胡子干什么呢?那不影响他吃饭喝水吗?真是新鲜!

为尽快把握行当所需要的一切要领,孟祥礼无论冬夏都穿着宽大厚实的古装戏蟒袍玉带练习表演,穿上4寸高的厚底靴,一连几天不下脚练习台步,每天凌晨4点起来到练功室抢地方,练功喊嗓子。每天很晚了,还死磨硬缠地拉着音乐班拉板胡或拉二胡的同学,调弦儿练唱腔。厚道、虚心、勤奋和好学的品德,让孟祥礼获益匪浅,不懂就问、不会就学,不厌其烦地向老师和同学请教,成了他生活学习的习惯。星期天休息时,其他同学或逛街或休息或游玩,孟祥礼却摸到老师的家里,帮老师搬煤球扫地干家务,博得老师欢心的同时,向老师学习点业务技艺。为学习业务知识,提高艺术水平,他还从每月20多元的工资中省钱买了一台收音机,收听戏曲节目,学习模仿别人的唱法。为了能学到名家的唱法真经,他经常写信或打电话,甚至跑到广播电台点名家的戏来听。再后来市场上有了录音机,他又买了回来,把名家的唱腔录下来,反复地跟着慢慢学,细细品,精心琢磨。刚开始他用的是真嗓子大本嗓练唱,后来听豫剧著名老生唐喜成唱的《三哭殿》时,发现唐老师用的是大小嗓结合而且很贯通流畅,为了让自己的真假声两种嗓音能融合到一起不脱节,他就把每一句台词唱词拆成一个字一个字地来练,准确把握每个字的发音技巧和位置。

孟祥礼的刻苦勤奋没有白费。几年下来,再难的动作再复杂的唱腔他都能做得、唱得非常完美到位。经过3年的刻苦学习,孟祥礼在思想品德、艺术水平和眼界视野等方面得到了全面提高,自己的梦想和现实目标要求也有了质的飞跃。"我就是为了把每一出戏都唱成精品,把每一个角色都塑造成鲜活的艺术形象,让每一个观众都喜欢。"即将走出校门的孟祥礼对自己提出了新的要求。

秋来春去红尘中谁在宿命里安排
冰雪不语寒夜的你那难隐藏的光彩……

1981年,孟祥礼毕业了。上级组织和学校基于他的业务成绩突出,把他分配到了河南省豫剧一团担任演员。天生一副好嗓子,加之他这么多年的刻苦学习和发奋努力,奠定了孟祥礼成为一个优秀的戏曲演员的基础。进入豫剧一团的他,年纪轻轻就成了戏曲界的佼佼者。1986年,他随团赴香港参加第一届中国地方戏曲展演,当时他在豫剧《七品芝麻官》《抬花轿》中成功扮演了自己承担的角色,使该团在香港的首次演出引起了强烈轰动。1988年,他荣获"全国首届中青年豫剧演员电视大奖赛"荧屏奖。1990年,参加省第三届戏剧大赛,在《黑娃还妻》中饰演黑娃,以精湛娴熟的表演夺得了个人专业表演一等奖,引起专家们的高度重视和观众的一致好评,因此他成了河南省优秀青年演员中的尖子人才。之后参加各种戏曲比赛获奖,已经成为平常事儿了。名气大了,影响力也随之提高,机会也就多了,尤其是为中央领导演出等许多省内外的重要综合演出任务,他被邀请出场献演已成为惯例。完成正常演出任务之余,还应邀参加演出了多部电视剧拍摄。1998年之后,因工作和业务需要先后被调入河南省豫剧三团、河南省豫剧二团并担任过这两个剧团的业务团长,2010年调任河南省曲剧团团长。2000年参加中国第六届艺术节演出《香魂女》,他饰演主要角色之一任实忠,由于大家共同努力,该剧获得了艺术节大奖,填补了河南省在戏曲艺术行业的一个空白,受到了中共河南省委、河南省人民政府的通报嘉奖,并记大功一次。

2003年,对孟祥礼来说应当是圆梦的一年,因为在这一年的新年伊始,他在河南人民会堂这个在河南标志着高雅庄重的圣殿里,成功举办了"豫剧骄子"孟祥礼个人专场演唱会,因此实现了他多年的一个心愿,也圆了他多年的美丽梦想。

作为国家一级演员,中国戏剧家协会会员,中国戏曲表演学会理事,河南省第九届、十届、十一届政协常委的孟祥礼,在他从艺40多年当中,成功出色地塑造的舞台艺术形象已经为广大观众所熟知,《三哭殿》中的唐王、《穆桂英下山》中的杨延景、《朝阳沟》中的拴保、《红灯记》中的李玉和、《黑娃还妻》中的黑娃、《香魂女》中的任实忠,尤其是在河南省豫剧三团创作排演的大型现代豫剧《女婿》中,他成功塑造了全国道德模范谢延信的感人形象,给观众留下了更为深刻更为难忘的印象,也在河南戏曲舞台上创造了一位善良乐观积极向上的好人艺术形象。

让流浪的足迹在荒漠里写下永久的回忆

飘去飘来的笔迹是深藏激情你的心语……

一切都已成为过去，未来仍将是追梦的天地。

如今已经成为一团之长的孟祥礼，不仅还在继续追寻着他个人的戏曲舞台艺术之梦，而且也正在率领着河南省曲剧团这个曾经具有光荣历史传统的艺术表演团体，共同实现着追寻河南曲剧艺术事业更加发扬光大的美好梦想。祝愿老友孟祥礼继续梦想成真！

豫剧骄子孟祥礼

陈安福

1978年9月,在金色的秋天来临之际,河南省戏曲学校(现中原文化艺术学院前身)迎来了"文革"后第四批进校的学子们。该班学生身份比较特殊,与往年五年制的学生不一样,他们年龄偏大,而且学制是三年。

"文革"时期,河南省戏曲学校被迫停办,"文革"后古装戏重新开放,各地豫剧团如雨后春笋般蓬勃发展,但是大多豫剧团均缺乏后起之秀,面临青黄不接的状况。为解剧团燃眉之急,1978年,河南省戏曲学校报经省政府批准,特在各地区剧团招收了一批有戏剧基础的青年人进校深造,学期为期3年。78级的演员班共计40余人,男演员有28人,最大年龄在20岁,最小的也有十五六岁,平均年龄在十七八岁,当时我担任78级男演员班的唱念课程。由于男生特殊的生理关系,这批学生大都处在变声期和变声后期,这给他们上唱腔课带来了很大困难。我记得很清楚,第一节课就感到这些学生听课非常用功,非常认真,一双双眼睛紧盯着老师,一种如饥似渴的学习劲头,迫使我将唱腔课讲授得更加清晰,更加贴切。两节课下来,我基本掌握了每个学生的声音条件和特点。他们均给我留下了深刻印象,

● 1995年，孟祥礼与陈安福合影

孟祥礼是这班学生中给我留下最深刻印象的学生之一。当时孟祥礼长着匀称的个子，浓浓的眉毛，配上一双明亮的眼睛，显得特别精神，他的言谈举止给人一种朴实厚道的感觉，是个好后生。他有一个得天独厚的条件，就是有一副好嗓子。当时他的声音在变声后期，豫剧男声变调的唱段基本能顺得下来，这是在历届招生中不多见的，真是难能可贵的好人才。但是他没有受过正规训练，吐字发声都存在很多毛病，只要给他提出纠正的方法与技巧，他都会认真记下来，马上改正，刻苦练习。孟祥礼的声音属于以本嗓为主，即我们常说的大本腔。开始时，孟祥礼并不懂得什么是头腔共鸣，怎样使用丹田气，怎样在演唱时气息上下贯通，怎样运用真假声结合，什么是字头、字腹、字尾，怎样吐字才能使观众听得更加清晰，什么是豫剧四大板式。但经过两个学期的刻苦学习和练习，聪明好学的孟祥礼就基本掌握了这些演唱技巧和豫剧板式的变化，嗓音也一天天运用自如，好听起来。经过不断刻苦锻炼，虚心努力，他在众多优秀的同学中脱颖而出，受到校领导和老师们的青睐，逐渐成为学校的佼佼者。

两个学期紧张的基础课训练后，78级的学生增加了排戏课，老师们根据每个学生的特点来为他们把关，为他们量身定做些力所能及的戏来排演锻炼，从而提高学生们的演唱技能。孟祥礼的自身条件非常适合扮演须生行当,根据他的特点与优势,祥礼每个学期都能分配到适合他演出的角色。虽然祥礼自身条件较好,但是在县文工团工作期间,受条件限制,没能得到严谨的系统训练,在身段表演与演唱方面,难免留下一些不好的习惯动作。这让祥礼吃了不少苦。当时祥礼已十八九岁了,基本功再要从头练起,可想而知,那要付出多大的困难和汗水啊。可是祥礼从不畏惧困难,不灰心,不气馁,上课认真听讲,认真排练,课外时间也从不到校外玩耍,一双厚底靴上课时穿,课余时,也总见他在练功室穿着,一遍又一遍地将老师传授的身段与戏路反复揣摩练习。我清楚地记得,在他入校第四学期,我和丁巧玲老师为他们班排练了唐派名剧《三哭殿》。剧中唐王李世民由孟祥礼扮演,公主由崔小田扮演,詹妃由范静扮演,长孙皇后由琚春青扮演。现在回忆起来,那学期的排练总结,可真称得上是强强联手啊。《三哭殿》是豫剧经典传统戏之一,是以唱功为主,尤其是唐王李世民的唱腔尤为重要,而且"哭殿"一场唐喜成先生运用的是豫东调,高亢激昂,亮丽洒脱。唐喜成老师年轻时是唱旦角的,他的嗓音以假声为主,行内俗称二本嗓,明亮甜润,高深莫测。后来唐老师改行须生,他的唱腔仍以二本嗓为主,有些音符甚至比女演员唱腔音域还高,一般男演员很难达到完美的境界。祥礼在排练《三哭殿》时,同样遇到了这样的问题。祥礼本身是以大本腔为主,他的嗓音洪亮宽厚,但是一下子要唱唐派,以假声为主来演唱,就遇上了很大的困难,每次排戏调弦下来,他总感觉声带疼痛,十分疲劳,难以适应。在此期间,我常常鼓励他,要发挥自己的优势,找假声的发声点,找头腔共鸣点,掌握好气息,用真假声结合的方法来完成唐派在《三哭殿》中的唱段。根据祥礼当时嗓音的条件,完全可以用真假声结合的方法来演唱,但是这种方法他从来没有尝试过,这就给他出了道难题。开始祥礼总找不到点上,用真声唱,高度上不去,完全用假声唱又失去了自身的光泽,并且很容易走弯路,方法不正确就有可能使嗓音倒仓,但他从不气馁,不为困难而折腰。常言道,师父领进门,修行在个人。为了掌握真假声结合的演唱方法,祥礼真的吃了不少苦,费了不少心,天天揣摩方式方法,练声成了他的重要课题。功夫不负有心人,在他的刻苦钻研下,祥礼终于练好并掌握了用真假声结合的方法演唱《三哭殿》,而为了刻画好李世民这个角色,他一度达到了痴迷的程度。他上课学,下课练,课余时间在练功室压腿也不忘练唱,去食堂打饭的路上也见他边走边唱,揣摩怎样真假声结合才能不留痕迹,发挥自如而不失唐派的韵味。期末汇报演出时,戏校礼堂座无虚席,各科室领导和老师及学友齐聚剧场观看演出。祥礼在"哭殿"一场中的演唱淋漓尽致,十分精彩。唐王一出场,第一句慢板拖腔就迎来了碰头彩,接下来的大段唱,更是掌声不断,此起彼伏,让人难以忘怀。一部《三哭殿》,奠定了孟祥礼的从艺道路。而且祥礼演唱的李世民,既有唐派的韵味,也有他自己的风格,充分发挥了本嗓的优势,将大本腔巧妙地糅进了唐派的唱腔中,真假声结合得如此完美,毫无真假声过渡的破绽,完全打破了唐派纯粹用二本嗓演唱的模式,这在当代豫剧发展的过程中,是难能可贵的。以后孟祥礼在诸多角色中,都是以这种演唱风格,赢得了广大观众的认可和喜爱。他音域广阔,音色高亢,声如洪钟。在戏中,他演唱得绘声绘色,荡气回肠,动心动耳,声出金石,让人赞不绝口。多年来在舞台实践中,他逐渐形成了自己的风格,这与祥礼的虚心学习、刻苦钻研、执着追求是分不开的。

在戏校最后的两年里,孟祥礼先后学演了《红灯记》《辕门斩子》《三哭殿》《八件衣》等。孟祥礼在《红灯记》中饰演主角李玉和,《辕门斩子》中饰演主角杨延景,《三哭殿》中饰演主角唐王李世民,《八件衣》中饰演主角杨世英。孟祥礼在每个学期、每个戏的背后,都有一个令人感动的故事。在学每出戏时,他付出的汗水与艰辛都要比别的同学多;在汗水与勤奋下结出的硕果,总能得到老师和同学们的首肯,得到大家的赞扬。孟祥礼不但在学习中不断进取,在生活中也是严以律己,宽厚待人,大爱无疆。学友们都知道他有一副菩萨心肠。本不富裕的他,只要一听说哪位同学在生活上遇到了困难,总会伸出援助之手,去帮他们渡过难关。毕业后走上了工作岗位,他生活变了,地位变了,但只要一听说哪位学友有难,他仍旧一如既往地想尽一切办法去帮助他们。在省豫剧三团工作的两位学长,孩子患有先天性心脏病,急需手术治疗,缺少资金,祥礼一听到消息,毫不吝啬,慷慨解囊,将自己的积蓄捐了出去。1995 年,河南省戏曲学校举办建校五十周年庆典活动,其间他得知 75 届的一位学姐在县剧团工作,生活拮据,又是他不声不响地将钱硬塞到她的手中。祥礼做的好事不胜枚举,他这种大爱的胸怀,从青年时代一直延续到如

● 孟祥礼近照

今,已经成为他生活中不可缺失的一部分。他不愧为当代德艺双馨的豫剧表演艺术家。河南省戏曲学校为国家培养出了一位豫剧骄子——孟祥礼,从而感到骄傲和自豪。他是后辈学习的榜样,他将永远被载入艺术殿堂的史册。

老孟其人

郑红旗

提起豫剧界的名人孟祥礼,可以说在省会郑州的戏曲艺术圈儿里,那是响当当的人物,或者再大一点说,在省内外也有很高的知名度。因而,对他褒者、贬者、既褒又贬者都占了不小的比例。我个人认为,无论众人的褒和贬,皆因为他比别人做得实在,做得好,才让人如此分明或者心口不一地评论着。无论如何,老孟依然如旧地按照自己善良淳朴的处世原则,去帮助前来求助的同事、朋友或者拐弯抹角、不沾亲带故的一般人。

要按常理说,我作为老孟的一个手下,是没有资格来评论的。想了想,还是写吧。不为其他,只凭感觉。

我这里不评价老孟的艺术水平有多高,只说说我认识、了解的我心中的一个老孟,一个区别于外人的老孟。

说老孟,只能从 2010 年 12 月说起,因为我从此才开始真正认识、了解他。

数字是枯燥、乏味的,但可以说明问题。另外,这些数字与文字评价相比相对更公正一些,更客观一些。因为每一场的演出时间、演出地点、演出剧目、演出人员、演出收入以及演出合同都是有据可查的。

我就把老孟任省曲剧团团长近四年来的演出场次和收入罗列一下。

2011年，完成演出256场，收入380余万元；

2012年，完成演出230场，收入399.3万余元；

2013年，完成演出334场，收入600余万元；

截至2014年上半年，完成演出118场，收入238万元。

4年来，包括为省政协会议专场演出、为"文化遗产日"宣传演出、为救治贫困儿童大病救助慈善演出、为南召敬老院义演等在内的各类义务演出共80余场，募集善款1000余万元，也因此，省曲剧团被河南省慈善总会授予"爱心艺术团体"荣誉称号，老孟也先后被河南省慈善总会聘为"爱心大使"，授予"河南爱心十大人物"称号……

2014年1月，老孟被文化部授予"文化部优秀专家"称号；2014年10月，老孟被人事部、文化部授予"全国文化系统先进工作者"荣誉称号。

老孟在工作上的付出和取得的成就可以说太多了，我不能再说了，再说就有些歌功颂德的味道了。我就把数据写出来，因为事实胜于雄辩，用这些真凭实据也可避开我的拍马之嫌。

有领导说老孟是"豫剧骄子"，有记者称老孟是当代豫剧领军人物，我不知道准确不准确，但我想他作为其中之一应该是没啥问题的。

他是2010年12月初任河南省曲剧团团长的，在当月末就策划了一台为南召夕阳红老年公寓募捐的大型公益演出，现场捐款30余万元、捐物价值180余万元。我听说在这之前，老孟把他价值近20万的私家车捐给了这家敬老院。这个活动在社会上影响很大，也对省曲剧团内部震动不小。

紧接着，他率队到商丘所辖的县、乡演出160余场，所到之处，无不受到当地干部、群众的欢迎和好评，从而打破了省曲剧团30多年未到豫东演出过的纪录。轮到老孟上场时，那更是群情激昂，高潮迭起。想唱一两段下场，那是根本不可能的。

在演出中，他常常从舞台上下来，走到老百姓身边，和喜欢他的父老乡亲手拉手演唱，让很多只是在电视、收音机里熟悉他的戏迷感动不已。此时的老孟更是像人来疯一样,豫剧、越调、曲剧、戏歌、歌曲等不知疲倦地演唱。他常说这样一句话,我是个唱戏的,就是喜欢唱。只要观众想听,多唱几段又有啥?

老孟是这样说的,也是这样做的。

自打老孟到省曲剧团以来,他原来主演的大戏几乎没演过,他参加的全是综艺节目的名段清唱。2011年,正好团里要排现代戏《情系母亲河》,老孟扮相、嗓子都好,剧中的男主角非常适合他来演,这也可以让他有个华丽的转身,既能唱豫剧,又能演曲剧,多好?可他却说,我是很想演这个角儿,可我刚来就上大戏,这让大家怎么看我?以后有的是机会,这次还是让其他同志上吧。他硬是把这个可以充分展示他艺术水平的良机给推掉了,从中可以看出老孟的心胸和气度。其他人做到做不到我不知道,最起码老孟做到了,这点儿让人服。

老孟的为人有多好我原来不清楚,他来之后我才明白了"人和人差距咋就这么大呢"这句话的深刻内涵。

无论是老孟现在的和曾经的同事,还是社会上的朋友,只要有事找他,他都不会推托,都是竭尽全力去办。孩子上学、就业,结婚买房子,老人有病找医院、介绍专家,连小两口生气这样的小事都来找他调解。同事、朋友的老人生病住院做手术,他都会在第一时间前去探望。今年7月,我妈因为眼疾需要手术,老孟马上找到在市里一家医院当副院长的表弟,给我妈安排医院和床位,又介绍了最好的眼科专家做手术。手术后,老孟又专程去探望老人。我妈也是老孟的戏迷,第一次见到还是在医院自己的病床前,这让我妈感动得不知说啥好。这一点儿,很多人做不到。老孟说过,做人得实在,不能跟不孝敬老人的人玩儿。

老孟从三团调任省曲剧团团长之后,隔三岔五会有社会各界的朋友来看他。恭贺的方式不仅仅是美酒佳肴,出手十万八万的就有好几位。要说这些贺礼他不说谁也不知道,可他却把这四五十万全部拿出来,为100余位演职员每人做了一身衣服,每人买了一个拉杆箱,每人买了一件防寒棉衣,还为50余位退休老干部每人赠送了一条毛毯……

原来就听说老孟是省内小型商业演出的创始人,按老孟的知名度和艺术水平来说,他每场的出场费最少也得三五千,一年演个三五十场没一点问题。这样算来,他每年的演出收入最少也得十几万,这可能还是保守的说法。可打老孟履新以

● 每次随剧团演出，孟祥礼总要亲自为观众朋友献上几段拿手好戏

来，我作为最清楚他行踪的下属来说，这样的走穴演出他几乎都推掉了。为啥？因为工作。可能有人觉得他是在故作清高，摆架子，耍大牌。其实，他是真的脱不开身，为演出台口东奔西跑，为团里的剧场建设找关系，等等，事儿太多太多了，以至于连家里的事儿都顾不上管。

因为他的名气，每一个演出点他都得去。他不去，当地就会没人管，啥事都办不成。他去了，啥事儿都好说。演出时他唱得最多，出力最大，可演出补助费却和大家一样，别人50元，他就50元，别人100元，他也100元。

只要他去，就有朋友请他吃饭。一说吃饭，老孟就会说，你多安排几桌吧，大家来下面演出很辛苦，你也不差这千儿八百，都请请吧。在南阳，在商丘，在平顶山，在洛阳，等等，老孟从不吃独食儿，有酒大家一起喝，有肉大家一块儿吃。

在酒桌上，他从不以大欺小，跟谁喝酒都很豪爽，从不做假耍滑，二三两大的杯子一口干。他常说，喝酒和做人做事儿一样，都要实实在在。

众所周知，剧团就是个名利场。每个演员都想争主角，都想晋职称，都想当先进。因为人多位少，于是为了一己私利就有了很多上不了台面的明争暗夺。老孟在全体大会上不止一次说过，一个人得知足，更要学会感恩，不能啥事都光想着自

老孟其人 …… 107

己。100件事,别人给你干了99件,剩一件没干,就得罪你了,你就一点儿恩都不记了,做人能这样短吗?人生很短,心胸要宽一些,不要太计较。你看看报道的一些身家数亿的企业家,三四十岁就英年早逝。啥都有了,可人没了,有啥用?啥都计较,啥都想得到,没有好心态,没有好身体,一切都是白搭。

作为老孟最直接的部下,我和老孟平时接触得最多,因此也看到了外人看不到的最真实的一面。用眼看到了,也用心感受了。以往听到的和现实中的老孟完全是两码事。

老孟私下常和我谈心,家里的工作上的都谈,并且以自己走过的路设身处地地告诫我,使我受益匪浅。他说,老弟,你工作干了不少,也干得不错,可为啥别人还说这说那?就因为你爱较真,性子急,两句话说不对火就上来。你干的就是恶水缸的活,要学会平心静气,更要学会忍。老孟所做的每一件事、说的每一句话,都用他自己的为人处世方式在感染着我,并且对我触动很大,不知不觉中急躁、较真的毛病有了大的改变。

前两年春节,有企业家邀请部分知名艺术家去海南、深圳等地过年、联欢。老孟总是想办法让一些像我这样要啥没啥、可能比较辛苦的部下,带着家属一起去放松放松。虽说自己掏路费,可食宿全管。我的妻女连着两年,都享受到了和艺术家一样住别墅、吃大餐的待遇。看着家人那种溢于言表的快乐神情,我总感觉自己太幸运了。你说,跟着这样的头儿干活咱能不开心、咱能不尽力吗?

一桩桩,一件件,历历在目,仿佛在眼前。随着时间的流逝,我慢慢地由开始的审视、猜疑,到了现在的敬佩、感动。

平时闲了我就老想,老孟职务也不高,上学少,文化又低,为啥他说的那些直白、朴实的话那么有道理?为啥他有这么多的朋友?

其实,他做的一些事儿就足以说明这个问题:善良的本性,实在的为人。

老孟,天不薄我,让我认识了你。跟着你,你教我道理,令我自省,催我奋起,使我长进,让我知足,让我充实,让我快乐!

老孟,假如有来生,我还做你的手下!

老孟,假如有轮回,我还做你的兄弟!

我心目中的孟祥礼

赵红梅

2010年,那是一个入冬的季节,我们团正在紧锣密鼓地赶排新版《红娘》一剧,团里突然传来消息说:领导班子要调整,被称为"豫剧骄子"的孟祥礼,将来我团当团长。听到这个消息后可以说全团都在猜测、议论,大多数人认为此次人事调动很可能就是为了升迁过渡,并不看好孟祥礼能真正扎根曲剧,最大的疑问就是:一个这么优秀的豫剧界精英能改行吗?老孟真的能舍弃他一生追求、热爱的事业吗?老孟能来省曲剧团改唱曲剧吗?等等。在同志们的热议中,老孟上任了。

爱的回响

虽然同在一个文化系统,但由于剧种、专业的不同,实际上对于我来说,老孟是既熟悉又陌生的一个人。也可能因为他要来我们团,就有意关注了他的一些概况,听说他挺有能力和实力的,新版《红娘》就是在这样的一个时期诞生了。孟团长到曲剧团做的第一件事就是举办了一场大型慈善募捐义演活动。那也是一个偶然的机会,让他看到了南召县有一个大姐用尽毕生精力在为孤寡老人守护养老院的事迹,他被大姐的行为感动了,是"大爱"让他们有缘相识。听说他当时就决定要以个人行为资助,由于养老院地处偏远山区,交通不便、交通工具缺乏,一旦老人发生急病就不能及时送往县城医院救治,院长说:"要是我们能有一部车可就解决这大难题了。"大姐的话让老孟听后久久不能释怀。说者无心听者有意。回郑州后,孟团经过多次沟通、协调努力,计划筹办慈善捐助晚会终于完成。晚会上,老孟当场慷慨地捐出了自己的爱车。不知是因为激动,还是因为想不到,当被特别邀请的养老院大姐站在观众席中讲话时,她的声音颤抖着、哽咽着,讲话几次中断,语不成句,大姐院长哭了……这是多么令人难忘的场面,这是爱的力量,是大爱的传递,是爱的回响。

人常说"新官上任三把火",头三脚难踢。然而,老孟传递的是一把"正能量"的火,踢出的是"人间大爱"。

2013年炎热的夏季,正在办公室的他被一则新闻《高温下的卖瓜娃》专题报道触动了,他拿着报纸马上召集领导班子成员商议,决定发动领导、艺术家、党员带头捐款买瓜,送给退休职工和学员们降温消暑。"捐款金额不限,如果不够剩余部分由我补上……"大家一致同意后,他马上拿起电话联系报社寻找卖瓜车。

在报社的帮助下,一个小时后,一辆拉满西瓜的瓜车被我们孟团长迎进了剧团大院,卖瓜妇女突然认出了他:哎,你不是黑娃吗?俺在电视里经常看你的戏!想不到今天见着真人了,谢谢你买我的瓜!大嫂的话顿时让卸瓜现场热闹起来。

孟团长说:"很感谢你能记着我,天这么热赶快卸瓜带孩子回家吧!"

西瓜一会儿工夫卸满了一地,当卖瓜大嫂从孟团长手里接过1500元瓜钱时,她泪流满面。就在这时从旁边突然又冒出一个瓜农说:"领导,你把俺这瓜也买了吧,我这瓜再卖不出去就要坏了。"

老孟见此情景于心不忍,马上又掏1000元留下了这车瓜。看着瓜农一家的笑脸,目送远去的瓜车,他的脸上露出了开心的笑容……

塑形象，求发展

　　孟团长来了以后，以剧目树形象、以市场求发展，大力推进市场运作，认真完成政府送戏下乡任务，多次组织和参加大型公益、慈善活动，我团被河南省慈善总会授予"爱心艺术团体"称号。在政协会议上接受记者采访时孟祥礼说："我一定要把河南曲剧发扬光大。"

　　在我印象中，老孟穿衣打扮是很时尚的。也不知从啥时开始，老孟已很注重集体统一化管理模式，虽然我们的团服不尽合身，但穿起来特别整齐，每到集体活动他都带头一身团服出现，和大家一样统一着装。我记得我们团有一套深蓝色中山装团服，因为上面绣上了曲剧团的缩写字母，所以团里平常很少有人穿，但这套衣服却在老孟身上常常看到。有一天看他从外边回来，我和他打招呼问他去哪里了，他说：厅里开会了。我开玩笑说：开会也穿着团服啊？他马上接话说：这不挺好吗？我当时愣了一下，没再说什么就走开了。现在想来，其实从老孟简单而又质朴的话语中已经感受到了老孟对曲剧的责任感及使命感，他正在用他的行动证明着。

　　老孟还有一个特点，每次召开全团会议时他都会留一些时间，来谈个人对目前社会浮躁、偏激、多发事件以及怎样平衡个人思想的一些看法，这种看似拉家常式的会议沟通，实际上是更进一步靠近群众，迎合了现在走群众路线的方针政策，切实地从群众思想抓起，有一个好的心态，就有一个好的身体，有个好的身体就有了革命的本钱，挣得再多，"生不能带来，死不能带去"！不属于自己的即便争到手，也保不准有失去的一天。他常常告诫大家："做事要有度，相处要有情。"剧团是个特殊群体，是一个大家庭，是家就要和睦相处，家和万事兴。

　　老孟抓生产、抓市场、抓思想的三面方针，是他带团的重中之重，提高群众思想境界、狠抓艺术质量，使大家都能成为一位名副其实、德艺双馨的艺术家，真可谓用心良苦！他一方面提出恢复老戏、整理抢救失传剧目，一方面进行新剧目建设。近年来，团里先后排了现代戏《情系母亲河》《医圣传奇》，并分别荣获省戏曲大赛金奖、省"五个一工程"奖。在恢复传统剧目、移植兄弟剧种剧目、老戏加工翻新方面，相继把《泪洒相思地》《九龄救主》《清风亭》《掩护》等剧目重新搬上了舞台。

● 每次随剧团演出，孟祥礼总要亲自为观众朋友献上几段拿手好戏

送戏惠民百姓乐，昔日黑娃变苍娃

　　送戏下乡任务是每个团演出的重头戏，它确实让广大观众朋友过足了戏瘾。我们下乡巡演几乎都会分两个队，两个队有时近，有时相距很远。老孟来团这么多年，他没有在省曲剧团的舞台上唱过一出大戏。有时大家会开玩笑说：孟团，你不上舞台唱戏也不急吗？他总是笑着说：作为热爱这行的演员，说不唱戏不急那是瞎话，但做人、做事都要有舍得精神，有舍就有得。我虽然少演了许多大戏，但清唱我还是经常唱的嘛。我也没有脱离舞台嘛！老孟开怀地大笑着……

　　正如他所说的，只要他随团下乡演出，最后肯定是他压轴。巡演期间，这队唱完跑那队，每到一处观众们都是掌声不断，从舞台上走到台下深入群众中，他的演唱让观众和他零距离接触，掌声雷起，不唱上三四段决不罢休，豫剧、曲剧、戏歌都深受观众喜爱,昔日的黑娃变成了苍娃。他说:"累点苦点没啥,只要观众喜欢,值了!"

记得有年在登封演出,老孟上台演唱完,主家慷慨解囊拿出 1 万元一定要酬谢孟团长,推辞不掉老孟收下了,但就在当晚老孟就把这 1 万块钱都发给了全体演职人员,他说:"同志们最辛苦!这钱应该给大家!"

在炎热夏天他与大家共奋战,有时还掏自己腰包为同志们送水、送水果,有人说:这老孟是为了啥呀?老孟傻了吗?我想这话要是老孟听到他肯定会报以微笑,会笑得很灿烂……

河南曲剧铸辉煌

孟团长来团还开创了河南省曲剧团四项史无前例的先河。

第一,2013 年 2 月在省人民会堂成功举办了以曲剧音乐为中心主题的专场音乐会。那质朴、自然、婉转、柔美的曲剧音乐大受观众欢迎、喜爱。

第二,2013 年 6 月,河南曲剧唱响了深圳特区。

第三,2012 年 10 月,河南曲剧团携儿童剧《老鼠嫁女》走出国门,出访土耳其。2014 年 6 月,又携此剧出访美国,受到外国观众好评并荣获三项国际大奖,载誉归来。

第四,2014 年,老孟和团领导一次又一次北上,终于与中国戏曲学院达成共识,创办了河南曲剧第一个"本科班",在我团挂牌中国戏曲学院河南曲剧教学实践基地,18 名曲剧学员正式被中国戏曲学院录取。

忠孝未能两全

有一次跟老孟聊天时,老孟说算来已有 4 个年头了,时间过得真快啊!一边说着话,老孟顺手拿起了办公桌上的一个药瓶,他的手哆嗦了一下,瓶里的药撒了一地,他弯腰去捡时,我突然发现老孟看上去很疲惫,背影略显老态。我问:孟团长,你这是咋了要吃药?他说血压高,不吃不行了,他说来团时他曾是低血压,现在变成了高血压。孟团长自己可以不顾，而家中年迈多病的老父亲却是他的牵挂，他是一个孝子，百忙中他没有忘了家中的老爹老娘，二老已逾80岁，母亲身体欠佳，父亲有病不能自理常年卧床，母亲常年默默地守着父亲，尽心地照顾他。他心疼母亲，更爱父亲。他很想守护在父亲床前，常回家看看，但忠孝不能两全。丈夫的内疚、惭愧，妻子早已看在眼里记在心里，听老孟说正是有一个这样通情达理的贤内助才让他安心不少。妻子是他事业的最大支持者，家务事上妻子让他少了许多担忧。

"老孟"这两个字是我们私下对他的称谓，实际上大家都很尊重他，从他的身上能看到人的最高境界——大爱、无私、公德、公心，这就是我心目中的孟祥礼。

有人问起："老孟，你来曲剧团不唱戏那不是资源浪费吗？你真的就不唱曲剧吗？"每当此时，他总会爽朗地答复说："唱！有机会我一定会排一部曲剧大戏，真正成为曲剧人！"正如他对我们所承诺的："没有特殊原因的话，我愿意永远坚守在曲剧的阵地上……"

祥礼之义

郭铁生

祥礼憨厚守信而稳重,说话时两眼角挑起,笑盈盈的,给人暖洋洋的感觉,慈祥和谐,尊长爱幼,礼字先行,这就是孟祥礼的人品。

礼,就是谦让,以恭敬之心待人即为有礼。

礼,就是礼节、规范、准则、标准。做任何事都需要有礼有节。人与人之间互相有礼貌,才能和平共处;上位者礼贤下士,才会得人心。这就是孟祥礼名字的含义。

礼义

孟祥礼憨厚忠诚,从农村走出来的他勤奋善良,好学苦练,靠自己的努力考上了河南省戏曲学校,3年的艰辛,他比别人少睡多少觉?他比别人少逛多少街?他比别人多流多少汗?他比别人瘦了多少斤?三更明月五更鸡,踏晨露迎朝阳,在那人看不见、听不着的旮旯处,"乒、乓、弓、松、风、丁、坑……"严冬腊月嘴皮练僵了,就啊——咦——树枝——树梢——拉长音喊!脖子痛就左右来回晃晃头,腿练僵了就地跺跺脚;酷暑炎夏衣衫湿透,汗掉地下摔八瓣,头晕了闭上眼歇一会儿。不论数九寒天、炎热三伏,从不间断对自己梦想的追求,喊呀、练呀——3年的学习,使他以优异的成绩毕业分配到河南省戏曲学校实验豫剧团。在一年多的时间里,他就饰演了《三哭殿》《穆桂英挂帅》《跑汴京》《沙家浜》《红灯记》等戏中的主要角色,得到观众的爱戴、老师的好评,不久正式分配到河南省豫剧一团任演员。

  从学员到演员不是件易事,做演员更需要百倍努力,才能在戏剧舞台上扮演一个主要角色。他牢记"人乃学而知之,不是生而知之"的道理。勤奋好学的他像海绵吸水一般,孜孜以求在学习中求进步,谦让恭敬而求知,一步一个脚印向前迈进。不久在上级领导的安排下,从省豫剧一团调到省豫剧三团,也就是由演古装戏变演现代戏,使他更晓得了做一个演员的艰难。他从这几年的学习中改变了自己生活中自由散漫的习惯,在各位老师的循循善诱下,学会了戏曲艺术程式规范的套路,但在戏曲舞台上只是让老师掰了"蛤蟆嘴"、脱离了"凉壶皮"的一个小演员。

  在一团时,他就饰演了几个主要角色。特别是在《黑娃还妻》中饰演闫黑娃一角,使他获得了河南省第三届戏剧大赛表演一等奖。可以说刚刚尝到戏曲舞台上的甜与苦,又要调到专演现代戏的河南省豫剧三团,对他来说又是一次挑战。他深知现代戏比古装戏难演,因古装戏的表演是在戏曲程式化的规范中来表现人物的,而现代戏舞台上要根据人物感情、按照人物的行动线去表现内在的情绪,将戏曲的唱做念表结合一体,呈现在观众面前。现代戏是将生活中的动作提炼加以美化,而传统戏动作只不过是生活中提炼出来程式模仿动作。现代戏的艺术表演贴近生活,传统戏表演强调规范程式套路。如传统戏的哭:用水袖遮面拭泪;现代戏的哭要感人,用情传递泪自流。这也就是僵与松的概念。他清楚地看到自身的问题,要严格要求自己,必须一切从头学起,学戏、看戏、练戏,是他演好现代戏最好的基本功。三团的演出,他一场不落,全神贯注地看戏,把要学的看在眼里,记在心中,到排练场认真地练,并叩头拜王善朴为师,向三团所有的老师学化妆、学唱、学表演、学如何创造人物……在王善朴与众多老师的帮助下,他渐渐对现代戏有了深入的认识和深厚的感情,在几年中饰演了几个主要人物,《女婿》中的谢延信、《市井人生》中的黎明刚等形象得到了观众认可和领导的赞誉。

  几年现代戏舞台实践,使他深深认识到现代戏与古装戏的差别,他渐渐地入

● 舞台版《黑娃还妻》

了现代戏的门,知道怎样去学习、研究、创造人物,而不是简单地去模仿。他深深地爱上现代戏。他深知,只有深入生活,体验生活,了解人物的心路历程,才能通过艺术加工,把戏剧人物准确表现出来。

当他渐渐深入熟悉现代戏的表演时,上级领导任命他到河南省豫剧二团任副团长,这是上级领导对他在领导管理能力方面的认可,不久就又决定调他到河南省曲剧团任团长。俗话说:隔行如隔山。一切又要从头学起,豫剧变曲剧,二八变阳调。向老师、朋友、专家请教,勤奋的他不久就能在曲剧舞台上唱《卷席筒》苍娃的唱段,赢得广大听众的掌声和赞扬。

孟祥礼到曲剧团后谦让恭敬,深知朋友之间应该和睦相处,相互尊重,相互关心,这样才能团结友爱,要不然就会相互争吵,甚至关系破裂。他说:人为万物之灵,以德立身,厚德才能载物,只有德行天下,才会得到广泛的社会支持。这也就是孟祥礼遵循礼义哲理的处世之道吧!

敬业

孟祥礼认为,演员与学员是两个概念,学员以学为主,演员以演为主。出了校门进剧团,不论生活、工作、学习都不像戏校那样,剧团的任务主要是演出,舞台上的表演是靠戏曲艺术的基本功来展现戏剧人物的,仅靠在戏校学的那些,远远不能满足自己所承担的角色的要求,怎么办?重新学!向剧团每一位老师请教,不论是琴师、唱腔设计还是舞美等部门,只要是戏曲舞台上使用的,比自己早到剧团的都是自己的老师,自己应向每一位老师请教。学了就练,要比在戏校学习的劲还要大,要挤出更多的时间练,因为练好了才能够上舞台用。什么"跪步、抖水袖、捋髯口、走台步、跑圆场"对扮演的每个人物要求都不一样,还有化妆、勒头、穿厚底靴……样样都要重新练起,基本功和舞台实用是不一样的。

功夫不负有心人。不久他在《穆桂英挂帅》一剧中饰演杨延景,那《三进帐》选场的表演,唱腔高亢激昂,铿锵有力,纱帽翅的特技功样样都能按照剧中人物的要求运用恰当,使用自如,不时赢得观众掌声。

孟祥礼主演的《黑娃还妻》,是一台彰显我国优秀传统文化道德观念的好戏,也是标志着孟祥礼戏曲舞台成功的一台戏,就此人们心中有了孟祥礼的名字。"闫黑娃不要妻我要良心"虽只是普普通通的一句话,但字字重似千斤!

黑娃的母亲利用不正当手段进行"换亲",给陷入无爱婚姻的两人造成心灵创伤,无以补偿。黑娃见到白妞与心上人天成约会,那种痛苦谁也无法理解。只有送白妞回家,才能免去心痛之苦,他用善良的谎言骗取妈妈将白妞送回她家,结束了两人"缺恩少爱没甜头的苦日子"。后来,妈妈用钱又给自己买来一妻,名叫雪莲,她白嫩耐看、窈窕温柔。可洞房花烛夜她泪流满面,双膝跪地。满身伤痕的湖北妞哭诉了身世,让黑娃实为无奈,他不能在自己的旧伤痕上再添新伤,更不能使苦难中的雪莲一家在伤口上再撒一把盐!怎么办?再次送还?对!"打一辈子光棍也不能办缺德事。"这要与还的十字路口,是对每一个人的考验,闫黑娃是一个有正义感的青年人,做事诚信,绝不做违背良心的事。于是,他决定将雪莲送回湖北。舍妻还人的善举得到了邻里们的赞扬,使在心中爱着黑娃的素花,终于与闫黑娃结为伴侣。两次还妻的善行让人们认识、理解了普普通通的闫黑娃。

● 电视剧版《黑娃还妻》

　　人,有德天地宽;人,有德心明亮。闫黑娃是一个好后生、一个具有正义感的大好人! 闫黑娃的行为值得颂扬。古语云:唯仁者安天下。社会的和谐、家庭的和睦都需要我们每个人去做那些有助于他人的好事,多一份爱,多一种善事,做一个仁爱宽厚而有节操的人。这正是:一曲颂歌赞善事,中华美德千古传。

　　孟祥礼领衔主演、根据2007年"感动中国"十大人物谢延信的先进事迹改编的《女婿》一剧的成功上演,可以说是乘势而来,顺势而为,正当其时。谢延信人物的塑造,展示了中华民族传统文化的深蕴,那忠事孝亲、尊老爱幼的美德,憨厚淳朴、诚恳勤劳的胸怀,给人们带来暖和光,是对中华民族道德的传承与弘扬。一个栩栩如生、富有艺术魅力的形象感染着人们,一个鲜活的舞台艺术形象深受广大观众喜爱和赞扬。此剧因祥礼而精彩,同时祥礼因此剧而名声更大。

　　《女婿》这出戏,正是反映了基层老百姓的真实生活,告诉人们还有比钱更重要的东西,那就是人间大爱! 古人云:黄金有价情无价。这出戏教育我们:人要懂得感恩,受人滴水之恩,理应涌泉相报。我们每个人都要爱自己,爱亲人,爱朋友,活在当下,以孝唤醒感恩之情。有了感恩之心,才能做人,才能做事。

　　在物欲横流的今天,孟祥礼有幸遇到了《女婿》一剧。孟祥礼以真挚、细腻的表演赢得了评委和观众的认可,获得了河南省第十一届戏剧大赛表演一等奖,该剧目也获得了金奖。

　　孟祥礼所扮演的大仁大义的闫黑娃、大孝大爱的谢延信、改恶从善的黎明刚等角色在戏曲舞台上交相辉映,从中我们看到遵德守善,纯朴厚道。在生活中他也遵循着不论做什么,都不能欠良心债的原则,否则自己干什么都不安心。在许多时候他就是多一份用心,对自己多一分苛责,一个举手之劳,便成全了他的善良。

　　从孟祥礼成功演绎的几部戏来看,他在《黑娃还妻》《市井人生》《女婿》《香魂女》中创造了有代表性的不同男性人物风格。他重视人物思想感情的深挖,表演真切,不故弄玄虚,深钻细研刻画人物内心世界,巧妙结合戏曲唱念;唱腔委婉动听,细致入微,吐字清晰,韵味耐寻,悲愤适宜。孟祥礼的唱腔极为突出,有个性,在人物倾诉的唱段里,能用真切的情感,以情代声地巧妙融合在声腔中,台上台下随着他的表演,有哭、有笑、有欢乐,有愁、有悲、有苦恼,更有那灿烂明媚的阳光,字字句句都拨动着观众的心弦。他准确地表现戏曲舞台人物,不论是主角还是配角,都很认真地演绎着,给观众塑造出了真实可信的闫黑娃、黎明刚、任实忠、谢延信。看了他的戏,很多人会被感染,会哭、会笑,正如人们常说的"唱戏的是疯子,看戏的是傻子"。

　　祥礼深知,天赋只能是自己前进中的绊脚石,因此他以勤奋诚信坚守,干一行爱一行,爱自己的每一份工作,从演员到团长,从豫剧到曲剧,他都是兢兢业业,诚信地给上级领导承诺,有恒心把工作搞好!这真是有志者事竟成。当你把敬业当成习惯时,我们能够从中领悟到更多的知识,累积更多的经验,能从全身心地投入工作的过程中找到快乐。这也就是孟祥礼兢兢业业的收获吧!

责任

　　团长和团员都是一样的,只不过是分工上的不同,岗位的不一样,责任的不一样。孟祥礼始终以一个普通服务员的平常心,兢兢业业埋头苦干,把上级领导交给自己的工作认认真真、扎扎实实地去做好,同大家一起努力,处处关爱同仁,事事关照尊敬他们。他说:这世上没有完美的个人,只有完美的团队。一个人离开集体,那将一事无成。又如鱼儿离开水无法生存。为人处世,交朋友、对待得失,似乎不必苛求,当以"淡"字当头。看淡些,看开些,人生也就豁然开朗,有滋有味了。正如"平平淡淡才是真"。父母只是生育我,而培养我的是党和人民,不论在哪里工作,都是上级领导对我们的信任和培养,工作还没做出很大的成绩,组织上就给了我很多荣誉——国家一级演员,中国戏曲表演学会理事,中国戏剧家协会会员,河南省戏剧家协会理事,河南省第九届、十届、十一届政协常委等,这都是上级领导对我的支持和鼓励。只有常怀感恩之心,把上级领导交给自己的工作完成好,才能快乐无穷。

祥礼说:昨天已过去,明天还是未知,现在要做的事太多、太多,因此我必须要扎扎实实,一步一个脚印,把目标当作责任,用全身心的力量来完成上级交给的任务,为实现中国梦,努力向前!

带头人孟祥礼

王洪应

　　一项事业的发展,总要有带头人。带头人可不是轻易就能当的,那要求很高。在戏曲圈里,除了懂业务或本身业务能力强外,还得肯牺牲、能吃苦,且有群众威信和出色的组织能力。带头人一般都深孚众望,往往振臂一呼,众人应和,办事成事就比较容易。我以为,河南省曲剧团团长孟祥礼就是这样的"带头人"。不管你评不评,不管你承认不承认都没关系,他这样的带头人,是在自然环境中长成的。

　　提起孟祥礼,戏剧界几乎无人不知。一个英俊的男性,优秀的豫剧表演艺术家,他办独唱会,人们称他为"豫剧骄子"。据我所知,孟祥礼的业务能力可谓超强,"粉丝团"可谓庞大,朋友圈可谓宽广。当年在河南省戏曲学校上学,主攻须生行当,小伙子要扮相有扮相,要身段有身段,特别是那天生有磁性的宽门大嗓,不仅洪亮,而且纯正。他上舞台一开口,一般都会有满堂彩,老师和同学们都喜欢他。上天垂青艺术条件优越的人,豫剧表演队伍,优秀的男生不好找,孟祥礼毕业后,被留到省宣传部门专门设立的青年实验团,而后又被名声赫赫的省豫剧一团强力收到旗下,当了主演。我印象里,当时省一团凡重要的剧目、重要的演出,基本都有他的担当。几十年下来,孟祥礼事业道路走得顺利,名气、在社会上的影响也越来越大。

有名人说:"不想当元帅的士兵不是好士兵。"情同此理,在戏曲表演队伍里,不想站在舞台中间的演员不可能成为好演员。戏是唱出来的,这是一条基本规律。演员队伍里,从艺条件是先天具备的,但如果后天不努力,也会落得碌碌无为,一事不成。孟祥礼深谙这个道理。他虽然聪明且悟性强,在艺术表演上有时一点就透,但却愿意在艺术基本修养上使些憨力,下些苦功。老家商丘是个戏窝子,他和自己周围的众多亲人一样,听戏看戏,不断受民族文化传承的耳濡目染,打小就自然而然地喜欢上了戏曲。还在少年时代,他就被选入了县里的剧团,从此踏上了艰辛与幸福交织的艺术旅程。为了戏曲,他愿意奉献自己的青春年华。三更灯火五更鸡,他孜孜以求,刻苦练功,不惜流汗。到艺术学校读书,有了老师们的帮助,翻跟头折把式、拿顶、踢腿、下腰、跑圆场,哪一种功夫他都不肯落到别人后头。每练一次拿顶,他都要尽可能比别人多坚持些时间,有时竟达到两三个小时,放下身体,腿脚都是肿的。加入省级艺术表演团体后,在每一个分配给自己饰演的角色上,他都以一种认真负责的态度,心入神入,做到与角色"同化",每一个动作、每一段唱腔,尽可能求得完美无瑕。他在艺术上取得优异成绩,与自己的刻苦努力密不可分。今天的他,可谓文武昆乱不挡,功力深厚,在豫剧男演员里,实在是非常难得。

作为中国戏剧界当下优秀的表演艺术家之一,祥礼的艺术成就值得肯定。回头看看,他身后是一条坎坷而又光辉的路。40多年下来,他曾摘取过很多戏剧奖项,去年,他得了一个全国优秀表演艺术家奖,在河南是唯一的。难以历数的奖项,点缀着他辉煌的艺术生涯。

我作为观众和朋友,目睹了他的艺术创作历程,为他的成绩感到高兴。由他主演的豫剧《黑娃还妻》,参加省第三届戏剧大赛,他把一个善良质朴品德高尚的"憨"黑娃,演得活灵活现,"骗"出了很多人的眼泪的同时,也使他们得到民族戏曲的审美满足。后来,因为他的努力,这部戏又摄制成了电视剧和电影,给了更多人以优美艺术和高尚精神的滋润。在已经收入了国家精品库的经典剧目豫剧《香魂女》中,他饰演男主角实忠。我当时是组织者之一,知道原定要求那个角色,必须是在全省范围里遴选出来的最优秀的男演员,当时他被毫无争议地选中。正因为他

● 时任河南省委宣传部部长、河南省人民政府副省长的孔玉芳观看《女婿》后接见演员

全身心投入创作，使得那个有情义、有德行的男子汉实忠，后来被社会接受，专家肯定，观众赞许，名正言顺地列在了民族戏曲创造的性格鲜明的人物序列里。在编演现代戏的"红旗团"——河南省豫剧三团，他主演了豫剧《女婿》，一个普通人谢延信的事迹，被他的真切大爱演绎得感人至深，正能量感动了许许多多人，做到了对传统民族文化有效继承，对当代精神文明建设做出了贡献。孟祥礼演过很多鲜活的戏剧角色，有些角色已经活在了群众的心里。他的这条从艺道路，给了我们不少启示，可以说，那种"把每一部戏都唱成精品"的积极进取的执着追求，那种"让每个观众都满意"的精益求精的努力奉献精神，就是传承民族戏剧的一个活态样本。

　　祥礼是个性情中人，身上有一种男子汉特有的豪爽气。他好朋友，讲义气。在酒摊上，朋友们坐到一起，推杯换盏，此时的他却不善表演，基本不玩赖，宁伤身体,不伤友情。他办事不推诿,敢承担,朋友的事,只要他认为应该干的,就都走在前边。性格豪爽,朋友就多。人熟情熟,他能举重若轻地解决很多人感到非常棘手的问题。过年了,他能把自己劳务演出积蓄的"小金库"拿出来给大家置办年货。团里的人知道,祥礼的影响大了,对大家有好处,对团里建设有好处,对事业发展更有好处。比如,演戏有淡季,在剧团缺少演出市场的时候,他的朋友、同学、老乡们,有人就会站出来,请他的团去演出,他的团虽然没挣得盆满钵满,但是起码也是完成任务并顺利渡过难关的。

在戏剧界,大家都知道啥官都好当,但剧团的团长不好当。当上团长就意味着自己利益的牺牲,就意味着对事业的责任担当。一个团长,如果把剧团当成自己追名逐利的"名利场",疏离忽视了团里人的生活,只办对自己有名有利的事,他还有什么权利要求大家去为艺术奉献?祥礼在团里,谁家有个啥事,都愿意跟他说说,他只要有时间,都会亲自出头,或探望,或抚慰,或救济,不仅去帮个人场,还尽可能地解决实际困难。他会按团里的规定,送去全团物质的"意思"。他去和不去大不一样,这个"意思",说小也不小,他送给人的是温暖、亲和力甚至是对事业的责任心。

在祥礼看来,人都有遇到困难的时候,自己累点不要紧,能帮上别人就心里安生。他这样做,是尽了一个团长的义务,可赢得的是同心干事业的人心。有人说我们今天的戏剧"缺血、缺钙",更缺少的是队伍内部的相互照顾帮衬,其实是对民族优秀文化坚持的自觉。祥礼知道,人心齐,泰山移。有了人心,艺术的道路再难也会变得好走。焦裕禄说过,榜样的力量是无穷的。正因为有了孟祥礼这样的团长,省曲剧团班子团结,形成了事业发展的正能量。现在,曲剧队伍呈现一种团结向上努力进取的氛围,这种氛围,不恰恰是我们民族戏曲今天最需要的吗?

现在的祥礼已经不再年轻,过了知天命之年,虽说从演员到团长是个漂亮的"转身"和"亮相",但艺无止境,事业要求他的还很多。由于电子技术的应用,外来文化的侵入以及新艺术形式的不断竞争,当下的戏剧遇到了前所未有的困难。在这种条件下,带头人就显得更重要。有人说,超越功利才能搞艺术。我认为,他在追求一个戏剧演员的崇高境界:"让自己经常有好戏演,让观众经常有好戏看。"一个剧种,一项民族艺术的继承和弘扬,十分考验一个人,特别是带头人。

祥礼头脑很清醒。像京剧里的梅、程、张、尚，豫剧里的常、陈、崔、马、阎，他没有刻意张扬要形成自己的流派。他说，只要大家喜欢，我就干。带一个团，只要这个团往前走，我就干！

是的，他在干，扎扎实实地干，不仅自己要做好，还要带领一个队伍做好。我相信，只要坚持下去，他的更大的辉煌还在前头。"只有在那崎岖的小路上勇敢攀登的人，才有希望到达光辉的顶点。"这话，是卡尔·马克思说的。

黑色的启明

张 芳

24年前,我初涉戏曲剧本创作,是剧坛上的无名小卒。那时的孟祥礼刚从戏校出来不久,虽有一副好嗓,但因没有自己的独创剧目,也是小卒一个。后来因为一部《黑娃还妻》,孟祥礼一炮走红,成了家喻户晓的著名演员。而我也沾了此剧的光,由小城周口调进了大城市郑州,成了省豫剧三团的专业编剧。

《黑娃还妻》的成功,得益于袁文娜、卢斌、任志玲、赵国安等导师益友的鼎力相助,更得益于孟祥礼纯天然一般的表演。24年来,他就像一个天生的黑娃,活在了全国豫剧观众的心中。

回顾与孟祥礼联袂创造黑娃形象的历程,顿有一股幸福感涌上心头。

初识祥礼,非常兴奋。他的朴实,他的憨厚,他的闷幽默,他的傻大方,与我心目中的黑娃如同一人,活脱脱一个黑娃的现实版。那时我就有了一种预感:这个演员将来一定会大红大紫。

然而,任何一个人都不可能轻而易举地成功,祥礼也不例外。在通往成功的路途中,祥礼洒下的血与汗,依然在我的记忆里流淌。

●《黑娃还妻》中饰黑娃

　　初排《黑娃还妻》,正值酷暑季节,在我的记忆里他那时身上的汗就没有干过,一天到晚整个身子就泡在汗水里。白天排了一天,夜深人静时还要偷着练。膝盖磨出了血,与汗水掺和在一起折磨着他的神经。见他龇牙咧嘴地忍着疼排练,我于心不忍,劝他歇歇,而他总是摇着头说:"不中不中,再来一遍!"可再来一遍之后,他还要再来一遍,就这样反反复复,直至月落星稀。40多天的排练中,我见证了祥礼的艰辛付出,也见证了他的飞跃式进步。黑娃是他从艺以来独创的第一个人物形象,凭借着相近的底色,他较为顺利地完成了形似的任务,可要完成神似的任务就没有那么容易了,因为这需要文化,需要涵养,需要在精神层面与人物和谐共处,需要在情感层面与人物血肉相连。你的举手投足,你的吟唱念白,甚至你的每一个喘息,都必须是人物心灵世界的外化,而不是独立于心灵世界之外的杂耍。祥礼在排练中悟到了这一艺术真谛,因而他在追求形似的同时更加注重神似。经过多少个彻夜品悟,祥礼看懂了黑娃,这个看似极为普通、极为卑微的乡下人,这个两次忍痛把自己喜爱的妻子还给别人的农民,在精神层面上原来是一个高贵无比的巨人。然而,他的高贵本质却蕴含在卑微的身份里,用卑微表现高贵,是祥礼找到的一个艺术之宝。

他成功了，第三届河南省戏剧大赛可以作证。参赛那天热浪滚滚，开封剧场的走道里挤满了无票的观众。大幕拉开，祥礼幕后的一声吟唱便惹出了一个满堂彩，他上场之后更是掌声不断。有专家做过统计，那天的演出满堂彩接近50个，观众的喜爱几乎达到了疯狂的程度。

之后全省巡演，有的剧院门口竟扯起了大幅横标，上写"请带上您的手绢，擦您那笑的泪和哭的泪"，全国数十家剧团偷偷移植演出此剧，西安电影制片厂、河南电影制片厂、八一电影制片厂先后将此剧改编拍摄成了电视剧、戏曲电视剧和戏曲电影，孟祥礼的名字像报春的燕子，飞进了寻常百姓家。

继《黑娃还妻》之后，祥礼又成功地塑造了《市井人生》中的黎明刚、《女婿》中的谢延信等角色，凭借着扎实的艺术功底和人格魅力驰骋于剧坛，成为享誉全国的豫剧骄子。

与祥礼相识整整24年了，是24年前的那部《黑娃还妻》成全了我和他。黑色是我们两个命中的启明，它给我们带来了金色的收获。

我感谢黑色！

我想，祥礼肯定会与我一样！

豫剧骄子 "三好"团长
——豫剧名家孟祥礼表演艺术研讨会侧记

张莹莹

8月27日,"河南省艺术名家推介工程——豫剧名家孟祥礼表演艺术研讨会"在郑州市举行。研讨会由河南省文化厅副厅长李霞主持,河南省内编剧、导演、音乐、表演、评论、教学等各界的专家和学者50余人出席会议。与会人员对孟祥礼的艺术成就及取得的成绩做了肯定和认可,称他在戏曲上的造诣已经炉火纯青,而他对于公益、慈善活动的热心组织和参与,也使人敬佩不已。更有人用"好嗓子、好样子、好肠子"高度概括孟祥礼40余年来的艺术生涯。

勤奋好学练出戏剧多面手

"标准的戏剧多面手,豫剧、曲剧、越调、京剧、歌曲样样唱得好,这除了跟他的天赋密不可分之外,更多地源于他的勤奋好学。"这是与会专家和学者对孟祥礼一致的评价。

时间先回溯到1971年,那时不足11岁的孟祥礼在河南宁陵县文工团工作,学习戏曲表演,1978年又考入河南省戏曲学校。孟祥礼业务上碰到不懂、不明白的地方,就不厌其烦地向老师和同学请教。为了学习,每到星期天,别的同学或逛街或休息,孟祥礼却来到老师的家,帮老师干些搬煤球、扫地等家务活,在博得老师欢心的同时向老师学习表演艺术。

作为孟祥礼戏校的专业老师,陈安福至今对他的勤奋好学印象深刻:"刚进校的时候他的嗓音底功好,但变声后期高音上不来,尤其是真假音结合上不来。在第四学期我们选派孟祥礼这一班排《三哭殿》这场戏。为了让两种嗓音能融合到一起不脱节,他就把每一句台词拆成一个字一个字地来练,每个字的发音他会反复练上千遍,直到准确无误才肯罢休。最终,《三哭殿》这一场戏,解决了他的真假音自然结合的难题。"

1990年6月,是孟祥礼人生中的一个转折点。

那时不满30岁的他以男一号主角的身份在原创现代豫剧《黑娃还妻》中饰演黑娃。在剧中,他把戏里第六场中的"娘啊娘,黑娃不要妻我要良心"一大段唱腔唱得如泣如诉,每每唱到此时,就会让许多观众潸然泪下。

"他上台刚一打腔,就赢得雷鸣般的掌声,结束时观众不让他下台,非再饶唱两段后才肯罢休。整场演出下来,掌声达70多次。"这是孟祥礼的一位同事在他演《黑娃还妻》时其中一次的认真统计。也就是这个戏让他一举成名,夺得了第三届戏剧大赛的表演一等奖,并得到专家和社会各界的认可。由此,孟祥礼跨入了河南省优秀青年演员尖子人才的行列。

从此,推开了孟祥礼戏曲事业的多米诺骨牌。2000年,中国第六届艺术节上,豫剧《香魂女》获得大奖,而他因饰演主角任实忠,受到了河南省委、省政府的通报嘉奖,并记大功一次。

2003年,孟祥礼成功举办了"豫剧骄子"个人专场演唱会。

2005年,孟祥礼荣获河南省文化厅"文化先锋"称号,接着,他又被省委宣传部授予省宣传文化系统首批"四个一批"人才称号。

2014年1月,孟祥礼被文化部授予"优秀专家"称号……

一系列的奖杯和荣誉,并没有令孟祥礼沾沾自喜而满足止步,他仍在不懈地努力着,执着地追求着。如今,孟祥礼已经从艺40余年。其唱腔醇厚清澈,韵味含蓄深入,唱、念、做、打皆达到了很高的艺术境界。著名作曲家汤其河盛赞其戏歌更是用另外一种方法验证自己的演唱实力,通俗与美声、美声与民族、民族与通俗,以戏并存交相辉映。

在业内人士看来,孟祥礼不但有一副好嗓子,会唱,而且会表演,会塑造人物。不管什么戏,在他身上都非常感人。40多年来,他演出了近百部戏,塑造了众多性格迥异的艺术形象。尤其他在刻画人物上把内心体验与程式表演融为一体,使角色的创造和演绎有较高的艺术品位。

40余年来,孟祥礼主演了一系列原创大戏,塑造了众多以青年、中年人物为主角的现代戏人物形象和以小生、须生为主角的古装戏艺术形象,凭借其精湛的表演和独特的声腔韵味及对艺术不懈的追求,赢得了一大批观众的喜爱,跨越了豫剧男生在现代和古装、青年和中年之间的界限,为豫剧男生在扩大表演和演唱范畴,发挥男演员多方面特长等方面进行了大胆和积极的探索,并取得了可喜的成就,逐渐形成了既被专家认可、又受观众欢迎,既有戏曲程式、又有时代感和生活气息的独特表演风格,塑造了一个又一个栩栩如生的舞台艺术形象。如《三哭殿》中饰演的唐王、《穆桂英下山》中饰演的杨延景、《朝阳沟》中饰演的拴保、《红灯记》中饰演的李玉和等,受到了广大观众的普遍好评,并且在最基层的老百姓中有了一大批忠实的戏迷。

人文情怀成就爱心慈善家

参加孟祥礼表演艺术研讨会的50余人中,有他的启蒙老师、戏校老师以及给他导过戏的导演和作家,在外人看来,这些人对于现在的孟祥礼来说都已经用处不大,但孟祥礼还是怀着崇敬之意把他们都请到了现场。河南省著名戏剧评论家罗云感慨:"这才是生活中真实的孟祥礼,他懂得感恩,并把感恩之情化为人文情怀。"

8月26日晚,"孟祥礼公益演唱会"在河南省艺术中心户外的文化广场上演,包括江苏、安徽等外省戏迷在内的千余名观众冒雨观看。不少观众表示,吸引他们冒雨观看的不仅仅是他的艺术造诣,更因为他平和、善良、真诚、豪爽的人格魅力。

● 在研讨会上与两位恩师陈安福、张本先的合影

    中国剧协副主席、河南豫剧院院长李树建说:"我和祥礼一块儿工作了两年,2005年他到河南省豫剧二团当团长助理时,第一次带团下去演出就遇到了大雪天气,很多青年学生冻得无法忍受。他看到这种情况后,立即打电话给他的朋友。当天,他的朋友就驱车300多公里给这些刚进团的孩子送来了军大衣,这件事让我和孩子们至今都非常感动。这体现了他对下一代关心和支持的情怀。我认为祥礼这个专场自始至终都在弘扬主旋律、传播正能量,这很重要。我也很受教育,很受启发。"

    除了关心下一代,孟祥礼还常把"孝敬老人"挂在嘴边。而南召县夕阳红老年公寓,总是他牵挂的地方,那里住着的众多老人也最想念孟祥礼。每年不管多忙,孟祥礼总会抽出时间带着艺术家、企业家去看望那里的老人,而且每次都不会空着手去。久而久之,给老人送吃喝、给老人唱戏也成了孟祥礼团长的习惯做法。

    研讨会上,河南省人大代表、南召县夕阳红老年公寓理事长李伟哽咽着向孟祥礼表达了谢意。"我们那里现在有60多个孤寡老人,其中有不少还是抗美援朝的老战士。曾经有一段我维持不下去了,说要把老年公寓卖掉,孟团得知后说:'大姐,你不要卖,只要我孟祥礼不死,我就会帮你……'当时,他就把他自己刚买的价值近20万的小车捐给了我们公寓。去年下雪的时候天冷路滑，为了安全，他不让团里的演员去，自己却带着家人、孩子专门来看望老人，又给老人送礼品。我无法表达我的感激之情，我感谢他把小爱变成大爱。"

只要是认识孟祥礼的人，说到他的为人，很多人首先想到的就是他的"善"和"亲和"。来自北京的画家方成对孟祥礼的人格魅力也深有感触，他说："去年，我有幸亲眼见证了孟团长带领河南省曲剧团开展300多场送戏下乡活动的现场。每次到农村田间地头演出时，很多百姓都激动地握着他的手说，这不是孟祥礼吗？真是见到真人了……他的戏真正做到了为人民群众演出。我觉得孟祥礼是真正的人民艺术家，一直是在为人民而演戏……"

2010年12月26日，由河南省慈善总会、河南省文化厅主办，河南省曲剧团等联合承办的"回报社会感党恩　名家荟萃献爱心"大型公益演出在"香玉大舞台"举行，这是孟祥礼上任河南省曲剧团团长之后的首次亮相。这次义演活动共收到捐款36万元和总价值180余万元的物品，这些善款、善物全部定向捐给了河南省南召县夕阳红老年公寓和南召县曲剧团。

2011年儿童节前夕，由孟祥礼策划组织的大型公益演出"点亮生命——贫困儿童大病救助慈善晚会"在河南人民会堂举行，以河南省曲剧团的艺术家为主，来自河南省各地的戏曲表演艺术家倾情助力，当场募集资金1300余万元，全部用于救助贫困家庭的大病儿童。

实际上，长期以来孟祥礼一直坚持用自己的艺术回报社会，积极参加各类义演义捐活动。早在2007年他就被河南省慈善总会授予"河南省慈善爱心大使"称号；而他领导的河南省曲剧团也在2011年5月被授予"爱心艺术团体"荣誉称号。2013年1月，他本人又被河南省慈善总会授予"2012年度河南十大慈善人物"称号。

才华横溢被誉戏曲活动家

谦虚低调、为人随和等诸多词语在研讨会上被专家学者用来形容孟祥礼。在豫剧作曲家赵国安眼里，孟祥礼非常讲义气："不管是同事、领导还是下属，甚至包括一般的观众和老农民,他都有朋友,都能说得来话,谁有困难他都愿意帮助。"

国家一级编剧、国家"十大精品剧目"《香魂女》的编剧姚金成则用"戏曲活动家"一词,从另一个侧面概括了孟祥礼作为剧团管理者的领导能力。

2010年12月,孟祥礼调任河南省曲剧团团长。学豫剧出身的他被调任曲剧团,当时许多人都替他感到可惜,甚至有人认为他该坐"冷板凳"了。

"他到曲剧团以后,剧团上下团结一致、热气腾腾的,他与观众和领导的关系都是热气腾腾的。这体现了他作为一个戏曲活动家的能力以及他的胸怀和眼光。"姚金成说。

团结就能出效益,这在由孟祥礼带领的河南省曲剧团(现已划转为河南省曲剧艺术保护传承中心)里被体现得淋漓尽致。经多方努力,2014年3月,在河南省文化厅的关心支持下,河南省曲剧团和中国戏曲教育的最高学府——中国戏曲学院签订了合作办学协议,将曲剧本科班的招生列入了教育部今年的招生计划,为河南曲剧培养具有大学本科学历和学士学位的高级表演人才。

根据协议,河南省曲剧团负责制定2014级河南曲剧表演本科生的培养方案、教学计划,中国戏曲学院负责提供教学(包括实习)所需场地、服、化、道等相关条件。新招收的曲剧表演本科生在北京主要完成专业基础和理论基础等相关课程的学习。曲剧国家级非遗传承人王秀玲等人将赴北京授课。学生在中国戏曲学院的教学实践基地——河南省曲剧团主要完成本剧种剧目、唱腔、实习、实践课程。学生可以在教学计划规定范围内,参与河南省曲剧艺术保护传承中心重点剧目的创作活动。

"中国戏曲学院曲剧班相当于曲剧界的黄埔军校。曲剧是一个地方剧种,祥礼能做通中国戏曲学院领导的工作,做通教务处、表演系等方方面面的工作,最后成立曲剧班,功德无量。"李树建院长动情地说,孟祥礼为曲剧事业做出了巨大的贡献,这一点是我们戏剧界学习的榜样。

大爱无疆,河南省越调剧团团长申小梅表示孟祥礼是自己心中的榜样。她说:"孟祥礼来到省曲剧团之后,他没有为自己排一部戏,这么优秀的人放弃了自己的艺术,却为曲剧的事业发展做贡献,换做其他人会想着怎么排自己的戏,但他全是为了曲剧的发展,可以说曲剧团排的《情系母亲河》《医圣传奇》都离不开孟祥礼的

● 为将要赴北京求学的学生鼓励、打气

全力支持。"

结束之时,孟祥礼表示,研讨会既是对他40年艺术生涯的一个小结,也是他向党和人民交出的一份答卷。他向大家表态:"我既不会沾沾自喜,也不会停步不前。我将一如既往地好好演戏,好好做事,并在河南省曲剧团领导班子的配合下,做好曲剧后继人才的培养工作,配合中国戏曲学院,把今年刚刚考上中国戏曲学院本科班的18名学生培养成河南曲剧有理想、有文化、高素质、高水平的新一代接班人。我将为之付出我全部的精力和心血,沿着这条尽管困难,但意义重大的艰难之路勇往直前。"

据悉,孟祥礼团长和河南省曲剧团的领导班子考虑到被中国戏曲学院录取的18名优秀曲剧后备人才携带物品乘车不便的情况,开班子会研究决定,在9月中下旬全国各大专院校开学报到之际,用团里的大巴车,和团领导班子成员一道护送这 18 名曲剧优秀人才到中国戏曲学院报到。

期待着"豫剧骄子"孟祥礼领衔主演的大型豫剧历史剧《玄奘》的早日上演,期待着"豫剧名家"孟祥礼领衔主演的河南曲剧《女婿谢延信》的早日上演,也希望在孟祥礼领导下的河南曲剧未来更加灿烂辉煌……

是金子放到哪里都发光
——聊一聊我的忘年交孟祥礼

口述 / 王善朴　执笔 / 杨华瑞

最近我拜读了河南省文化厅厅长杨丽萍为"河南省艺术名家推介工程丛书"所作的总序,以及被推介者豫剧表演艺术家汪荃珍的《荃草溢香》和贾文龙的《龙啸神州》,我感悟到这是一项功在当代、利在千秋的宏伟工程,显示了河南文化大省文艺强军、戏剧群体的传承,展现了新河南人的精气神!我为青年艺术家们赶上这天时、地利、人和的盛世而庆幸,我钦佩他们有精力、有心计、有水平地书写出了从艺学戏到登台成名一路的酸、甜、苦、辣、累的经历,真是青出于蓝胜于蓝!我遗憾我当年就没有这个条件、精力、水平去总结自己,现在见证到当今涌现出的河南戏曲承上启下的栋梁之才们总结自己的成长道路,我由衷地感到高兴!这激发我也想写点什么,但因我年过八旬,也不善言谈,又一聋三分傻,更欠写作能力,就和老伴儿杨华瑞聊一聊我的忘年交、豫剧表演艺术家孟祥礼。(以下简称杨、王)

杨:你何时结识了孟祥礼?为什么称他是忘年交?

王:上世纪 70 年代末,河南省戏曲学校招收了一批学生,培养出了汪荃珍、王惠、王岩等多名优秀女生,未闻男生有什么信息,我从校方老师处索取《朝阳沟》拴

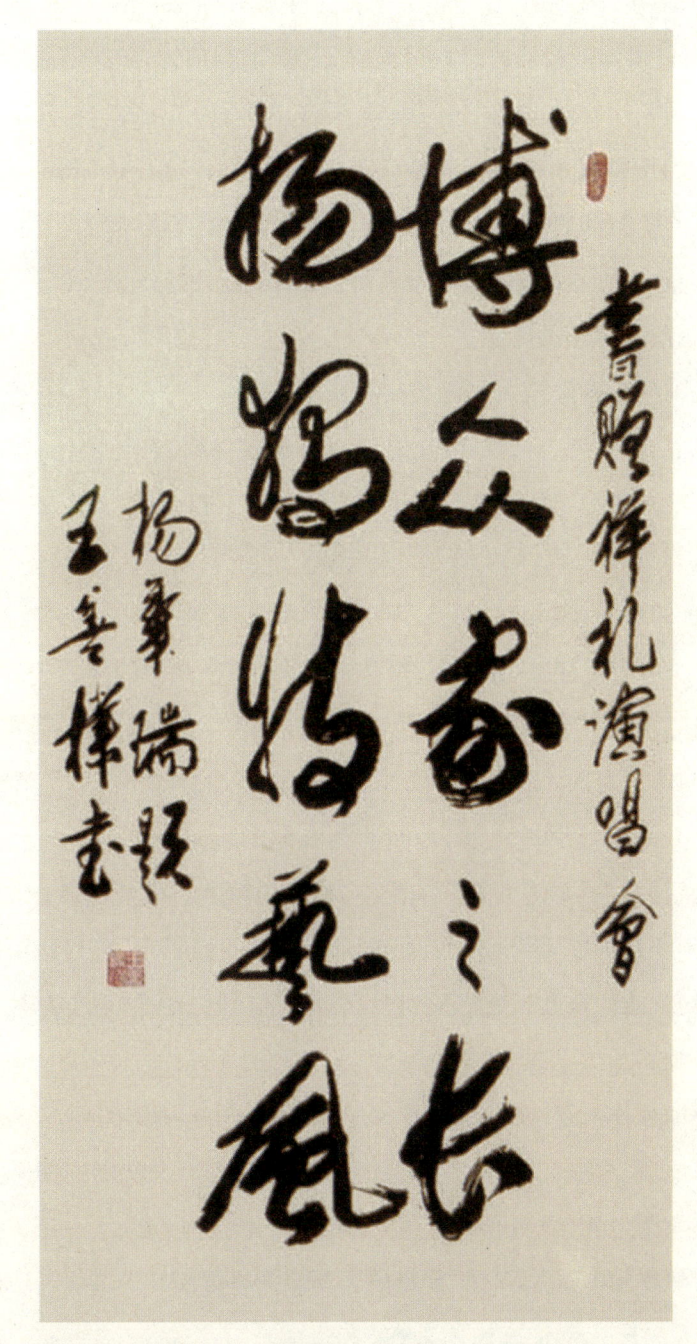

● 王善朴、杨华瑞夫妇为"豫剧骄子"孟祥礼个人演唱会题词

保唱腔的资料,得知有个从宁陵县文工团来的男孩儿孟祥礼学习认真刻苦、嗓子特好,是学校培养的尖子。说实话,那时候很长一段时间,无论是媒体报道,还是专家著文,皆为豫剧女性,常、陈、崔、马、闫,男性虽有赵义亭、唐喜成、李斯忠等,但少有纳派之论。得知戏校有祥礼这个好苗子,我情有独钟,每当戏校学员有汇报演出,我尽量去观赏。祥礼演出的《三哭殿》唐王、《跑汴京》杨世英,还有《金銮禧》等古装戏,戏中的重量级角色都很有精气神,圈内人都说这孩子"压台"。现代戏《红灯记》中他演的李玉和更是出彩!真是名不虚传!扮相英俊、嗓音洪亮,唱出了英雄的气概。他对前去观赏的长者们尊敬有加,主动接近我挖掘出唱腔的门道。这个求知的后生给我留下深刻的印象。

杨:祥礼到河南省豫剧一团已是崭露头角了吧?

王:孟祥礼1981年毕业顺利分配到河南豫剧一团,在一团他古装戏、时装戏兼演,须生、小生皆能。他在《辕门斩子》《真假驸马》《打金枝》等古装戏中都有出色的表现,尤其是在现代戏《黑娃还妻》中塑造的闫黑娃那"不要媳妇要良心……",唱出了金嗓子的水平,悦耳动听!后该剧又拍成电视剧广为播放,"有良心的黑娃"让人难忘!"黑娃之孟祥礼,孟祥礼之黑娃",深深印在观众的心目中。在那名家多多、女角强强的河南省豫剧一团,年轻的孟祥礼爆发出了他独特的亮点。

正当他乘势攀登时刮起了一阵冷风,一些大型晚会不惜千百万重金邀请大腕儿歌星演唱,戏曲剧场滑坡冷清,戏曲演员心凉消沉,祥礼在这个空当,组织同事下基层,到工厂、农村、军营去慰问演出,有时也邀请我们老演员参加抱团同行。我聆听了他独创的戏曲联唱豫剧、曲剧、越调等剧种的精彩唱段,目睹了他每到一处必唱这地道的戏曲的范儿。我感受到观众对他的认同,对我们的厚爱,温暖了我们失落的心。

杨:你说和孟祥礼是忘年交,而他又是你的弟子,这从何说起?

王:就在这段交往时,他多次提出想拜我为师,因河南豫剧三团有文工团的传统,没有收徒立派之例,我虽心有意也只能谢绝。每当他向众人介绍我是他的师傅时,我立即解释我和他是忘年交,我对他无功怎能受禄啊!

1990年江泽民总书记到河南视察,省领导组织一场戏曲演唱会,通知我和魏云(《朝阳沟》中银环的扮演者)参加,以师辈的身份同台出现。此时的祥礼已是名声赫赫,是男演员中的佼佼者。由他演拴保当之无愧,他和陈淑敏演唱的"上山"很到位,受到光临现场的领导和观众们的欢迎,我们同时受到了江泽民总书记的接见并合影留念。

这次演出后不久,在《朝阳沟》"粗粮食府"几十人的聚会中,在《朝阳沟》编导杨兰春和三团的几位老战友见证下,圆了我和祥礼的师徒之梦!

祥礼来了个小插曲说:我的师傅只有一个,师娘多,有正娘和副娘,说得大家有些迷惑,笑问何意。他说《朝阳沟》戏中我师傅扮演拴保,魏云老师扮演银环,他俩是学友情人;《小二黑结婚》中师傅扮演小二黑,柳兰芳老师扮演小芹,跟师傅在舞台上不知拜过多少次花堂;《五姑娘》中师傅扮演长工阿天,马琳老师扮演的五姑娘和长工私奔了,你说我的副娘多不多?正娘只有一个,那就是杨华瑞老师。说得大家捧腹大笑。他沉稳中见幽默,日后他对这些长者都以爹娘相称。古传艺坛之规"一日为师终身为父",祥礼身体力行。

杨:你和孟祥礼算是有缘,1998年他调入三团。

王:来到三团他很快融入了这个集体,他能和同事打成一片、以团为家,他演《女婿》中大孝大爱的谢延信,他在《香魂女》中成功地塑造了大仁大义的实忠角色。该剧获艺术大奖,省政府通报嘉奖记大功为三团争得了荣誉,经济收入颇佳。

2005年他又调入二团任团长助理,他不因往返的调动而放纵自己,在《梅林情》中扮演商林,在时任二团团长李树建(现任豫剧院院长)身上学到了不少治团、带团的领导经验。不久,重调回三团为业务团长。他忙碌地带团下基层找市场,功不可没。正在这大忙之时,又调他到河南省曲剧团。

杨:他在三团有获大奖的《香魂女》,讲大孝的《女婿》正在热演,他又是自小学豫剧的,他能安心适应吗?

王:这就是人们常说的"革命战士是块砖,哪里需要哪里搬","是金子在哪里都能发光",祥礼就印证了这两句话。以往也听说曲剧团有点麻烦事,流派之间不和顺,少数骨干有矛盾,个别领导待不久就走人。祥礼迎难而上,他告诫团里的人说:"什么这派那派,咱都是曲剧派,为曲剧给力就支持,不利曲剧团的事就不支持。"他姓孟,字祥礼,或许印有"亚圣"孟老夫子的基因(戏剧评论家马紫晨对孟祥礼的评论),他把曲剧团引导到祥和礼仪的大家庭。他举办《唱支山歌给党听》和慈善公益爱心演出专场,我们参加了,看到曲剧团上下一致团结的新气象,令人喜悦! 我习字"祥和之歌,礼献中原",赠予祥礼。

杨:常说"忠孝不能两全",祥礼小小年纪离家学戏,吃苦耐劳事业有成,可父亲已年迈多病,母亲身体欠佳。他把父母接到身边尽孝侍候,他上有老下有小负担不轻,可他仍保持一颗从善大爱之心,以大家给予的"豫剧骄子"之誉称在慈善总会注册慈善基金,影响着不少人的从善之行。他到敬老院捐助,给贫困学生解难分忧,我认为他是忠孝兼备的好演员。咱深有体会,你有病做心脏手术他常去看望,咱住老年公寓,老人节时他去慰问演唱。老人们共享天伦之乐的欢笑令人陶醉,老人们为有这样的豫剧骄子而喜悦。

王:他在三团首创的《香魂女》要拍电影了,但他已调入曲剧团,换了师弟盛红林饰演实忠,他未遗憾,在新的岗位上发光奋进!他和曲胡演奏家张付中副团长、丑角表演艺术家杨帅学副团长率领新的领导班子拧成一股绳,扛起了这面大旗,上到首都北京,下到各地基层公正民主地招收学生,为曲剧培养优秀人才,扩大了曲剧的影响力。他为贴近曲剧而学唱曲剧唱段,大胆地在公众场合演唱,受到认可欢迎。上级又把曲剧艺术保护传承中心主任的重担交给了他,他从容受命。对上级领导,他尊敬服从,不卑不亢似挚友相处;对下级,关心体贴,解决实际问题,敢于担当。十八大的精神他在践行,焦裕禄的榜样他在学习。我为祥礼在党的精心培养下的健康成长而欣喜,为各界对他的支持帮助而表示感谢。愿祥礼不负重任,认真工作,为曲剧艺术发展创新做出应有的贡献!为曲剧鼓掌,为祥礼加油!

厚道

李树建

  我和祥礼是同龄人,他比我大两岁,我很敬重他,也很佩服他。我80年代在三门峡市豫剧团工作时,祥礼就出了大名,是男演员中的佼佼者,我们以他为荣以他为豪,因为他为男演员争了光,添了彩。1998年我调郑州后,和祥礼接触的机会就多了。
  2004年,我和祥礼在外地演出,回来的路上,我听他讲,他一个朋友的母亲去北京旅游,行走不便,每次都是他背着朋友的母亲上下楼,在北京整整陪伴一个星期,我听后深受感动。我想祥礼不仅戏唱得好,人品更好,又是个大孝子,当时我是省豫剧二团团长,祥礼是三团演员,我对祥礼说:"你来二团吧,祥礼你戏好,人好,知名度又高,如到二团工作,肯定能给二团带来社会效益和经济效益,咱们爷们儿携起手来干点事情。"
  我们两个达成共识后,我向当时的省文化厅郭俊民厅长汇报,郭厅长听后很高兴,很快就把祥礼的手续办好了。
  2005年,祥礼调省豫剧二团任团长助理。让我最难忘的有两件事:一件是省青年戏剧大赛在新密举办,他亲自带领青年演员去。为了给剧团省钱,他让大家住进宾馆,他自己住进又脏又臭的浴池里边。他还自己掏钱给参赛演职员买了几十斤牛肉,有很多同志都感动得流下眼泪。第二件是他带领大家去农村演出,突降大雪,寒风刺骨,有很多同志没有防备,没带任何御寒棉衣。祥礼为人厚道,有很多企业家都是他的朋友。他马上给朋友打电话,有一位企业家当晚就派人无偿送来了80件军用棉大衣,解决了大家的防寒问题。全团同志都伸出了大拇指,发自内心地说:"孟团长,谢谢您!"

  这次祥礼举办个人演唱会,我从头到尾观看了他的演出。我感受很深,自愧不如:一是他的嗓子比我好;二是他演出的剧目比我多;三是在艺术上他比我全面;四是他无数次举办和参加各种公益性的演出,是我学习的榜样,是一位难得的表演艺术家。我认为全省的中青年演员,特别是男演员应该向孟祥礼同志学习。他不仅是个好演员,也是个好团长,无论在艺术创作还是院团管理方面他都是一把好手,为全省的曲剧事业做出了很大的贡献。希望祥礼兄更上一层楼。

黑娃？白娃？孩娃

马 瑞

　　新安县南李村乡郁山的一个小山头，经常有一个男孩在遥望远方，在遥望中沉思，那便是孩娃时的我。我很小的时候，村里偶尔会有剧团来演出，水平很高，我幼小的心就被这种传统的艺术占据了：听着优美的弦子声音，我的嗓子直痒痒；看着演员穿着的五彩盔甲，我心里充满了羡慕；看着台下那些满足开心的目光，我觉得他们给那么多人带来了欢乐，我认为唱戏的职业是最值得尊敬的行业。于是在1995年我冲破了家庭的重重阻挠，报考了我们县的曲剧团。于是小山头上，每天便多了我早起晚归喊嗓和练功的身影。

　　为了学习名家的演唱技巧，那时候我经常抱着半块砖大小的收音机收听河南地方戏；每逢星期五为了看河南电视台的《百花舞台》，提前几天就做好了准备。村子里那个大娘家就成了我经常光顾的地方，因为她家里有一台14英寸的彩色电视机。

　　有一次，电视里播放河南省豫剧一团演出的《黑娃还妻》，我特别喜欢，特别是演黑娃的那个演员，声音充满了磁性，表演朴实大方，真假嗓的转换不露痕迹，听着真是一种美的享受。他的艺术魅力像磁石一样吸引了我,我忘记了吃晚饭,不自觉地挤到了靠近电视机的地方,唯恐漏听了一个音符,漏看了一个表情。演出结束后,自然少不了农村那些老戏筋的评价,因为他们没记住演员表,都用黑娃代指了演员,大家纷纷说:黑娃演得好,那嗓子宽厚明亮跟金嗓子一样,表演也很到位。当时村里有个会唱戏的大伯说:"这种演员几十年还不出一个,要是我们这里的剧团有这样的演员,我天天连灯拐(农村指看了白场后晚上不回家吃饭直接看夜场的演出)。"

我的心里瞬间升腾起一种膜拜,很想知道这个演员究竟叫什么名字。我当时多么渴望能认识这样一个老师,希望他能手把手地教我!于是我四处打听唱黑娃的演员。山里的消息很闭塞,出山的道路很崎岖,就这样,每天在山头练功完毕,我都望着出山的道路,一个人充满了失落,又充满了幻想……

有一天,一个剧团从此路过,剧团的一位演员告诉我,演黑娃的叫孟祥礼,名气大着呢!他们还告诉我,省里的剧团,剧种和行当分得比较清,就是我找到他,他也未必肯教一个其他剧种的学生。

我没有犹豫地改学了豫剧。那时的我充满一个幻想,等我长大了,我要请编剧编一出跟《黑娃还妻》类似的剧目,名字我都想好了,叫《白娃娶妻》,我把剧情也设置好了:山里的白娃很穷,娶妻屡屡受挫,为了改变人生的命运和山里人的命运,白娃带领乡亲们一起致富,娶上了漂亮的老婆。我就要演那白娃,我要把他打磨成山里人认可,城里人认可,老百姓认可,专家认可,甚至北京都认可的角色。我要靠这个戏引起孟祥礼老师的注意,我要带着这个戏去拜见在我们老家响当当的"黑娃",希望能被他收为弟子。

从此,郁山的那个小山头上,早上吊嗓的声音比鸡叫还早了……

因为有"黑娃"这个艺术灯塔的引导,有"白娃"这个艺术目标的号召,尽管家庭贫寒,我毅然决定独自出去闯世界。靠着辛勤的努力和少许的天赋,在2000年,我先考入了洛阳文化艺术学校。2001年我参加河南省艺术类院校戏曲比赛荣获表演一等奖,2003年荣获河南省第三届青年演员戏曲大赛表演一等奖。2004年9月,以优异的成绩顺利考入了北京戏曲艺术学院。有一次放暑假期间,我要去郑州参加一场演出,一位戏迷朋友告诉我,河南省豫剧三团在省人民会堂演出现代戏

● 电视剧版《黑娃还妻》

● 电影版《黑娃还妻》

● 舞台版《黑娃还妻》

《香魂女》，我便跑到剧院看消息，看到戏报上赫然写着"孟祥礼"三个字，原来主演就是"黑娃"孟祥礼！我欣喜若狂。

演出那天，我和朋友提前进入剧场静静地等待"黑娃"的出现。演出开始了，突然从舞台一侧传来了"香魂塘畔风送爽"的唱腔，啊，这就是"黑娃"的声音！一句唱，人还未出场，就赢得了观众的阵阵掌声。又一次看到了"黑娃"的身影，听到了久违的声音，那感觉很亲很近，让我一下子仿佛又看到了儿时的情景。

这次孟祥礼老师演的实忠，表演和演唱更加成熟老练，当时我的心情可以说是无以言表的激动和兴奋。这一次是亲眼看到了偶像"黑娃"的表演。那一夜回到家里，我兴奋得没有睡着，心里在想，我要像"黑娃"一样成为一名优秀的演员。

有一次，电视台对"黑娃"孟老师有个专访的节目，我从中才得知"黑娃"的艺术轨迹：1981年河南省戏曲学校毕业，1986年因为在《七品芝麻官》《抬花轿》等剧中的精彩表演已经在香港引起了轰动；1988年，他荣获"全国首届中青年豫剧演员电视大奖赛"荧屏奖；1990年参加省第三届戏剧大赛，在《黑娃还妻》中饰演"黑娃"，以精湛娴熟的表演最终夺得了个人专业表演一等奖，引起专家的普遍重视和好评。黑娃这一角色的成功塑造，让很多老戏迷见了孟祥礼就直呼"黑娃"。这让孟老师又欣喜又不安，欣喜的是，黑娃的成功让观众熟悉了他、记住了他；不安的是，作为一个有远大艺术追求的演员，他觉得只有一个角色深入人心是远远不够的。于是他厚积薄发，2000年凭着他过人的艺术造诣，被选中饰演《香魂女》的男主角任实忠，代表河南参加中国第六届艺术节，获得艺术节大奖，填补了河南省在戏曲艺术行业的一大空白，受到了河南省委、省政府的通报嘉奖，并给记功一次；再后来他又主演了《女婿》，孟老师把善良朴实的谢延信刻画得入木三分。据说在河南巡演的时候，曾经有个剧院免费为观众配发面巾……

采访中"黑娃"说道，为了更好地跟观众交流，他主张废尖团存平翘；为了让剧情更丰富、戏曲冲突更吸引人，可以向影视或者话剧学习场景快速转换的技巧。但是对待传统戏曲唱腔，他反对无原则的唱腔改革。他坚持戏曲就是戏曲，它跟歌剧是姊妹艺术，而不能发展为艺术克隆体；戏曲可以吸取歌剧的部分技巧，但是唱腔不能歌剧化，如果把戏曲唱腔改得跟歌剧没有多大区别，那是拔苗助长，只会加速戏曲的衰退。台上一分钟，台下十年功，这是戏曲界的一句行话。戏曲是一门综合的艺术,要求演员唱、念、做、打、舞,全面发展,别看一个艺术家在舞台上光彩照人,让人羡慕,可又有多少人知道学戏的痛苦和艰辛?无论是唱腔的一板一眼,一字一腔,还是身段的一招一式,在台下要经过数十年的千锤百炼才能达到登上舞台的演出效果,这也证明一个戏曲演员要比其他艺术门类的演员付出更多的汗水和磨炼。

原来孟老师也是经过多少日日夜夜的学习和努力,才有了今天的成绩。

听完这些专访的话,我深深地感觉到,没有人会轻易成功,幕后的努力和付出可想而知。"黑娃"从一个普普通通的演员历练成一个豫剧名家,是他台下的努力和付出换来的。

我不由得更加崇拜孟老师了。他是我奋斗的楷模,是我艺术追求的标杆!

我不能故步自封,我要有"黑娃"一样的远大目标和理想。在北京戏曲艺术学院学习期间,我严格要求自己,更进一步地提高自己的专业技能和艺术知识。3年的学习使我受益匪浅,眼界也放宽了很多,对戏曲艺术有了更深的了解和认知,艺术上也有了更高的追求和理想。毕业时,我没做任何考虑就回到了家乡河南,因为我的艺术根基在河南,只有扎根于中原的沃土,才能生根发芽,枝繁叶茂。

毕业回来之后,我陷入了深深的彷徨和痛苦之中。戏曲的不景气原本只是道听途说,真正进入了这个行业,才有切肤之痛!才清楚地知道那境况怎是"不景气"3个字所能道尽?!老演老戏,老戏老演,一个剧团往往几年都没有一个新剧目。演员分到剧团,除非个人能找到强有力的经济支持,否则,想主演几部戏可谓希望渺茫,有些演员进入剧团将近20年了也没有一部自己的戏。剧目的严重老化,导致了市场越发惨淡。演职员工工资微薄,许多有才华的演员不堪清苦,下海的下海,分流的分流,造成了戏曲人才的严重流失。戏曲出现这样的状况原因很复杂,其他艺术形式的冲击,观众的分流,这是一个重要的客观原因。但我认为,戏曲衰颓的更主要原因还在于戏曲本身。首先,当代人的艺术审美发生了改变,而我们还没有找到有效的途径去应对这种改变;其次,作为戏曲载体的演员在市场经济中纷纷下海,艺术改革难以形成一股洪流,戏曲管理和戏曲教育人才缺乏;最后,作为戏曲继承人、传承人的孩娃们从小没受到应有的艺术熏染和浸透,整体上难以形成后浪推前浪之势。就是在这样的情况下,为了能给孩娃们正规的戏曲教育,为了戏曲人才能"从小抓起",我忍痛告别了舞台,到艺术学校开始了戏曲教育的工作。

　　教戏的工作是辛苦的,也是愉快的,但我心里常有隐隐的酸楚。因为每每有演出或者大赛消息传来的时候,我的内心就有一种难言的痛苦。我梦中的舞台越来越远,我梦中的"白娃"呀,似已去了遥不可及的地方!每逢此时,我甚至不敢去剧场,我像一只鸵鸟般地把头埋进沙窝,以躲避这周围的一切。我拼命工作,以忘却那曾经的舞台上的我的身影,去努力遗忘"孩娃"时的梦想。不思量,自难忘!"白娃"的身影早已深深地铭刻在我的心里,如何遗忘?快乐离我远去,痛苦伴随终日。

　　偶然的一个机会,我遇到了孟老师。趁他闲暇时,我大胆地走上前,向他倾吐了我的心声。我向他讲述了我的经历,讲述了我对戏曲艺术的追求和一腔热血。他对我说:"你现在传授学生,毕竟数量是有限的,而且你教给他们的只是表演的程式。你的梦那么强烈,你不如还回到舞台上,发挥你的艺术水平,创造出好的作品展现给广大观众,岂不是更有人生价值吗?"

　　孟老师的一席话惊醒了我,心中的一扇门豁然开朗。稳定的工作算什么?不菲的收入算什么?人可以穷,但志不可短;生活可以清贫,但不能没有梦!

　　就这样,我又回到深爱的舞台上。2011年我进入河南省曲剧团工作,现任团长正是孟老师——我年少时的偶像"黑娃"。更令我欣慰的是,2013年5月在省政府和河南电视台《梨园春》栏目的组织下,举行了盛大的收徒仪式,我如愿以偿成为了孟老师的入室弟子。那一刻我又是激动,又是惭愧。激动的是我终于有幸可以跟着师傅学戏了;惭愧的是,时至今日,我依然两手空空,没有一个像样的作品呈献给老师。

　　拜师后,我们师徒谈艺术的机会更多了。老师结合当前的形势告诫我:"学戏先学做人,戏品如人品。另外还要苦练基本功,认真地揣摩每一个不同的人物,用独特的艺术风格演绎人间真善美,用高标准的艺术准则要求自己,用艺术来回报观众,把根基扎在群众心中,这样的艺术才有生命力。'白娃'不仅是你的梦,也是我的梦,是成千上万戏曲人的梦;有梦在,戏曲就能继续发展,只要大家都去追寻这个梦,我们的戏曲就有灿烂的明天!希望你不要止步,继续努力。"

谢谢您,我的"黑娃"老师,感谢您对学生在生活和工作中的传道解惑,感谢您朝朝暮暮的谆谆教诲,您的每一句话,我都将铭记心中!

　　我将牢记"孩娃"时的那个梦,去追寻我梦中的"白娃",当那一日来临,我将把成绩作为一份礼物,敬呈您的面前——我的"黑娃"老师!

评论家们,请关注孟祥礼!

马紫晨

　　孟祥礼是改革开放以来河南艺苑涌现出的一名非常优秀的演员,声名煊赫,成绩斐然,获奖无数,已经称得上是新一代的表演艺术家。然而我翻遍了最近30多年来我省出版的几种戏剧期刊,却鲜有介绍他、研究他的有分量之作,只在近期出版的《魅力中国》上看到了董顺卿撰写的一篇《豫剧骄子孟祥礼》。而某些并无什么突出业绩的"嫩模"却可以翻检出连篇累牍的捧场性文章。这到底是孟祥礼不谙当今的一些世俗"规则",还是其性格使然?不管原因何在,总是给人以不太公平的感觉,为此我才想在这里呼吁一下:评论家们,请关注孟祥礼!

　　1960年正是一个食不果腹的岁月,孟祥礼就出生在豫东地处惠济河畔的宁陵县。其名字显示他应属于"亚圣"孟(轲)老夫子"祥"字辈的子孙。小时候的他最快乐的事就是爬城南隅的袁山了,因为那里不仅是他尊崇的干国忠良袁可立的府第,而且居高临下,还能听到远近的梆子戏和朗朗的读书声。祥礼的父母都是有文化的干部,按孟府(正宗儒学)的家教当然是希望他"走正道,奔仕途",可是命运也真会捉弄人,正当他应该入校课读的年龄,偏就赶上了"评法批儒""批林批孔"大革文化命的年代,别说"学而时习之"了,就连自己的姓氏也还要遭受"克己复礼"的株连哪!于是,小祥礼带着满脑子的困惑还是撞入了他所喜欢的"唱戏"这一行,而且让自己(包括家人)怎么也未想到的是,这一干就是一辈子,还真的干出了名堂哩!

1971年,他考进宁陵县文工团(实即豫剧团)当学员,喊嗓子、跑龙套。其间,难免吃些"冬练三九,夏练三伏"之苦,但也正是在这苦学苦练当中,人们发现了他不仅肯吃苦、能吃苦,而且还有一条先天赋予的好腔口,于是在他已经能够演出一些"样板戏"主、配角的时候,恰又赶上"双百"方针的重新提出,机遇来了:省戏校恢复正常招生;接着,1977年常香玉受命任校长,次年孟祥礼即被破格录取,进入了当时河南戏曲的最高学府。这可真是鱼跃龙门,一时之间他竟高兴得手舞足蹈。虽然本年度他已经是18岁的大龄,但腰腿身手毕竟在下边剧团里有过几年连续演出"样板戏"的历练,打下了一些基础,"毯子功"上还不致太吃苦;再加上他又有一副男孩中不多见的好嗓子,所以在学校老师们的眼里他还是很受青睐的。要说孟祥礼也真够幸运,因为他所在的78级在河南戏剧圈里公认是省戏校经"十年动乱"后、教育走向正规时,师资和生源情况均属最好的一届。20年后检验可看出,仅从本班中成长、涌现出的具有高级职称的艺术家即有15名以上。如省豫剧一团的范静、三团的陈秀兰、安阳市"崔派"的领头人崔小田、商丘市豫剧院的领衔主演陈新琴,以及从三团调入艺术研究院的李云和本文所写的孟祥礼等,就都是本届中的佼佼者,他们于新世纪初先后被评为国家一级演员;另有一些优秀生则成了导演、音乐家、化妆师或管理人才。还说孟祥礼,经过3年正规的艺术教育,从内到外,整个水准可说是来了一个飞跃,毕业没分配就被留在了省戏校建立的实验剧团。实验剧团是从75、78两届近160名毕业生中选拔出来的,共50人;又用了不到一年时间便排练演出了《借年》《红娘》《断桥》《跑汴京》《芦花河》《三哭殿》《百岁挂帅》《穆桂英下山》等大小十多部骨子老戏进剧院公演。虽然该团存在时间不长,但这种历练无疑为之后孟祥礼被正式分配到省豫剧一团工作大大充实了"本钱",使他懂得了"直面观众"一定要明白"坐在台下的人"到底需要什么样的戏、什么样的演员。

可是正当他朦朦胧胧进入这个"舞台小天地"进而走向"天地大舞台"的时候,

● 1986年，赴香港参加第一届中国地方戏曲展留影

由戏曲不景气而骤然刮起的一场"夕阳艺术论"和"戏曲消亡论"的风浪竟铺天盖地而来，其势汹汹，几乎让人透不过气来！一时之间，团里的一些演员"停薪留职"下海者有之，另寻门路转业调动者也有之，更有个别人走歪路到"不堪"的程度！留下来的不少人也出现了失神、迷惘，时光荒废，懒于练功的现象。团里经济拮据，甚至出现了"谁弄来钱，就给谁排戏"的尴尬局面。面对此情，孟祥礼毫不动摇，不管那些歪脖子理论家怎么说，出身底层从小即和农民、市民生活在一起的他，始终认为：戏曲的命运不是由什么专家、权威来仲裁的，只要作为戏曲观众主体的农民（和进了城的农民工）还喜欢看戏，那么戏曲就不会灭亡。他曾听别人传达中宣部的贺敬之部长这样一个看法："'四人帮'把剧团的古装戏箱都给一把火焚烧了，而'文革'一结束，传统戏还是'呼'的一家伙就冒出来了！他们用那样的手段也没把古装戏禁住，那么到了现今这个政通人和的好年代，又怎么会'消亡'呢！"孟祥礼觉得贺敬之同志讲的有道理。而且他还相信：像我们这样一个文明古国、大国，如果没有了属于自己民族的艺术形式，那岂不等于亡国了吗？因此他认定：对戏曲这一最最标准的民族艺术形式，党和政府绝不会任其"生死由之"，而一定会"出手救市（戏）"的，关键在于演员，在于文化、戏曲工作者，你是否努力，是否为我们的民

族戏曲艺术争气、争光,这才是问题的症结。鉴于上述基本认识,非常具有"文化自信"的孟祥礼同志面对种种不利因素,决计:虽无力"兼善天下",但也一定要做到"独善其身",演好自己的戏,做好自己的本职工作,严把死守,用自己的言、行,尽自己的心、力,看住"我与戏曲"这一亩三分地!于是人们看到:他艺术上的精、气、神,始终是端正的,信念是饱满而坚定的。

很快由他主演了现代戏《黑娃还妻》,故事梗概是:黑娃与他的母亲李大脚以卖豆腐为生,小日子还算美满,但不顺心的是娶过来的媳妇白妮竟然三年不孕。黑娃发现白妮婚前另有所爱,深感婚姻失察致"夺人之妻",遂骗过母亲,将白妮还给其原来的情人天成。李大脚又给黑娃买来一个湖北姑娘,新婚之夜,姑娘雪莲向黑娃哭诉了被骗拐卖的经过,黑娃十分同情雪莲的遭遇,后说服母亲连夜又把姑娘送回了家乡……该剧彰显的正是当今大力倡导和弘扬的我国传统道德观念,它和儒家思想的精粹一脉相承:"闫黑娃不要妻我要良心!"这是何等的精神境界啊!之后他又主演了《女婿》,虽然一个是虚构人物,一个是实有其人,但他们的事迹同属道德楷模型,前者大仁大义,后者大孝大爱,二者同样都具有高尚的精神情操!而孟祥礼都把他们演成功了,若按照"体验派"的表演理论解读,不是说演员只有首先感动了自己,才能感动观众吗?那么孟祥礼为什么演出此类人物如此得心应手,如此入戏,甚至能把观众唱醉、唱哭?我个人认为,除了他对生活的深入观察、感悟,对塑造角色人物内心世界的深度把握以外,其家庭、身世和"克己复礼"教育对他的为人处世,以及渗入骨髓的传统道德观,肯定是有影响的。我做此另类探讨,不知方家以为然否?

在此期间他还演过一个引起轰动的角色,即《香魂女》中与主人公香嫂有奸情的任实忠,表面上看这是个有争议的人物,但最终还是靠道德良知的自我救赎成为战胜了瑕疵的好人。按说他在这部戏里饰演的只是个配角,但"绿叶"却使"红花"出彩,《香魂女》能荣获中国艺术节大奖,并成功实现河南在这个奖项上零的突破,公认孟祥礼的表演绝对功不可没,所以省政府才给予通令嘉奖,并给他记大功一次。

全面看,在上述几个现代戏的成名作之外,孟祥礼确也演过一批古典戏,如《香囊记》中的周定、《辕门斩子》中的杨延景、《杀宫》中的刘承祐、《真假驸马》中的

●《杀宫》剧照

刑部尚书等,但当时的他由于火候尚嫩,饰演的又多是二路须生角色,人们还很难看出其闪光点;也许导演在传统戏上尚未开掘出他的潜能,以至于尚未显现出他(孟祥礼)与他(表演角色)二者间的最佳契合点。总之就目前看,他的优势确实在现代戏上,特别是现代戏中那光明磊落具有深层道德内涵的谦谦君子型。除了表演,孟祥礼最为人们津津乐道的还有他那副金嗓子,不论是现代戏还是历史剧,也不论是大本腔还是二本腔,从低音区到高音区,上拔下抑,圆润一体,都毫无拗漏滞涩之感,脆亮而并不逼仄,浑厚而不失铿锵,听起来既悦耳又舒心,完全找不到800年前先祖芝庵在《唱论》中所指斥的诸如"散散、焦焦、乾乾、冽冽、哑哑、嘎嘎、尖尖、低低、雌雌、雄雄、短短、憨憨、浊浊、赸赸"等14种声腔上的毛病,和我国民族歌唱家所深恶痛绝的诸如"格嗓、齉鼻、摇头、歪口、合眼、张口、撮唇、撇口、昂头、咳嗽"等10种表情上的忌讳。不一一举例,就单说"合眼"一项吧,自从上世纪

80年代以来，一度流行的那种所谓"通俗唱法"进入我国大陆，常见拿着话筒的演唱者张口伊始即闭上了眼睛，做进入意境状；殊不知此类表情让我国普通受众非常反感，农民甚至会认为演唱者"忘词了，在想"！大约在90年代初，我们的某些戏曲演员也受到了影响，不辨是非，在唱《南阳关》"西门外放罢了……"和《对花枪》"老身家住……"时竟然也闭上了眼睛，这样就完全背离了我们民族戏曲艺术的美学风范。祖辈留下来的艺谚有云："一身的戏在脸上，一脸的戏在眼上。"哲理认可的也是"眼睛是心灵的窗户"。这都是演艺乃至生活历练得出的精辟之谈，你又怎么能舍弃这双非常善于表现人的喜怒哀乐乃至心灵世界动向的眼睛呢？还有从美声唱法生搬硬套而来、挪到戏曲"润腔"上那"嘎嘎、尖尖"的发声也让人听到一种似为母鸡下蛋的怪响，而减弱甚至丧失了我国戏曲运腔上讲究的"抑扬顿挫、顶叠垛换、萦纡牵结、敦拖呜咽、推题丸转、捶欠遏透"（见《唱论·歌之格调》）等歌唱美学追求的极致呢！

可是我们注意到，出现在上世纪末的这些戏曲上缺乏文化自信的表现，在孟祥礼的演唱上则毫无影响，他仍然唱的是地道的河南梆子腔，并一直固守着那种黄钟大吕、豁达豪放的中州韵味。是他思想保守吗？非也！实在是其"接地气"的人生经历使他更能得悉平民老百姓的好恶。而且在不经意间，我还发现了一条他的优点：模拟的天才。俗话说的"装龙像龙，装虎像虎"乃演员之必需。1994年4月，全国豫剧名丑大赛期间，他学牛得草《七品芝麻官》唐戏的一个唱段，无论形象、发声乃至音质、音型，简直达到了酷肖、乱真的程度，好在他就站在近旁，否则，如果蒙上眼睛去听还真的以为是牛得草本人在唱呢！另一次是2012年5月9日在洛阳为已故曲剧名家朱六来立碑仪式上，孟祥礼为现场观众即兴演唱曲剧《卷席筒》中"小苍娃我离了……"的唱段，临近结束时不仅观众掌声如雷，就连90岁的马骐、94岁的刘卫生二位年高德劭的曲剧表演艺术家也一致认为其演唱的声、腔都达到了当今曲剧男声的最高水平！对孟祥礼所唱的曲剧给予如此高的评价，这倒真的是我始料未及的，说起来这已经是他调任省曲剧团团长一年后的事。当时我便想：怪不得省文化厅竟然舍得把这么好的一名豫剧男演员改任曲剧团团长，原来他真的是具有"双栖"的天分哪！忽然我又悟出：岂止是表演天才，只需梳理一下他十多年的履历便知：从1998年由一团调三团工作，2005年又调二团任团长助理，步入领导层,2007年再回三团升任副团长,2010年成为省曲剧团团长,并兼任中原曲剧艺术保护传承中心主任。这一系列的升迁说明,原来他真的还是一名十分得力的艺术管理人才呢!

就在这一年,《香魂女》又获取了国家舞台艺术精品工程"十大精品剧目"的桂冠;河南省慈善总会授予他"2012年度河南十大慈善人物"荣誉称号,并且他已是河南省政协九、十、十一连续三届的常委。最后我又想,从公元前551年孔子诞生、前372年孟子诞生始,囿于儒学家教,两千五百多年中除了孔丘的六十四代孙孔尚任、孟轲的七十三代孙孟庆华(即《老子》的编剧孟华)二位人称"夫子"的著名剧作家外,圣人的子孙中,属"优伶"之列、勇于投身"唱戏"一行的还真的不多。也许我孤陋寡闻,京剧中我只知道孟小冬、孟广禄二位,豫剧中姓孔的演员(百年来)只有孔繁英、孔繁俊、孔繁香三位(大名鼎鼎的"荥阳三孔"孔艳秋原本姓毛,并不姓孔),姓孟的演员也只有孟献说、孟继凡、孟献州三位,足证孔孟之家投身"唱戏"之难能可贵。仅凭这一点,现在河南出了位孟祥礼,又唱成了豫剧名家,也是值得评论家们关注的啊!

戏贵质朴情贵真
——谈著名豫剧表演艺术家孟祥礼的表演风格

罗 云

　　实践证明，一个艺术家的表演风格，是他丰富的生活阅历和对生活的独特感受，经过长期的艺术实践积累和坚持不懈的艺术追求所形成，这也是艺术家走向成熟的重要标志。而孟祥礼就是这样一位独树一帜、别具风采的豫剧表演艺术家。

　　生长在豫东平原大地的孟祥礼，有着深厚的生活根基和真挚的农民情怀，拥有不可替代的生活气场，这也是他艺术才华得以展现的底蕴。无论在古装戏还是在现代戏的诠释上，他都能很好地掌握传统技艺又不为之束缚，凭借对艺术的深刻感悟，致力于求朴寻真、立意高远、性格化、情感化的表演艺术。他在豫剧舞台上所塑造的众多人物，具有浓郁的生活气息、鲜明的地域色彩，凸显中原文化性格，给人一种笃诚和厚重感。其表演不浮夸、不矫饰，取法自然，朴朴实实，格调超拔，感情丰富，洋溢着质朴之美，且唱腔不求花哨，不尚张扬，取情于声，醇醇正正，豫风新韵，浩歌阔唱，体现了豫剧的本质精神。这就形成他崇尚质朴、信守质朴、平实平易、醇厚大方的表演风格。而这种风格已成为欣赏者的审美认同，深得广大观众的热捧和同行、专家们的高度赞誉。

初识孟祥礼已是20年前的事了，那时我奉调到新组建不久的河南省豫剧一团，当时豫剧一团拥有一批从戏校毕业生中精挑细选的青年才俊，人称"豫剧小百花"。女演员有汪荃珍、马兰、王惠、魏俊英、范静、辛艾、王玉华、武惠敏、鞠春青、李明、李锦莉、张桂梅、徐银培；男演员有孟祥礼、李斌、杨国民、刘忠厚、刘钧、谢文忠、吕品等，齐整整，硬邦邦，可谓精英荟萃，实力强盛，煞是喜人。为此，我特意为他们移植罗怀臻的剧作《真假驸马》并执导该剧。在定位剧中角色的行当时，我发现孟祥礼高高的身躯，相貌堂堂，高鼻大眼，目光炯炯有神，正是剧中重要人物刑部尚书匡正的不二人选。令人惊喜的是，经过严格而认真的排练，以及唱腔设计姜宏轩、张一千的示教，孟祥礼脱颖而出，有了质的飞跃，从形象到神情，从工架到声腔，看到了当年与常香玉大师同台飙戏的著名须生赵锡铭的身影。孟祥礼对匡正的塑造不是单单凭借好的自然条件和聪明程度，而是在导演构思的指引下，深入研究《真假驸马》剧本，从社会背景、人物关系中深刻体察身为皇上重臣的匡正心灵深处善恶对立、两极双向转化的隐秘。

　　因真驸马董文伯不幸坠崖，家人误以为他已死去，其弟董文仲在母亲的劝说下无奈李代桃僵，冒兄娶嫂与公主成婚。3年后，文伯大难不死幸存返家，惊动了家里家外、皇上臣下。身为刑部尚书的匡正直接陷入这桩识真辨假、攸关生死存亡之大案。孟祥礼不是演人物的结果，而是演人物的开始和发展。沿着匡正自负才高、立志匡世正法的行动线，进入规定情境，埋怨公主改嫁荒唐，同情与自己同科一场的状元文伯。深知"此一案牵动着皇宫深院"，必须"从速决断焉能苟安"。孟祥礼为了外化人物的心理活动，运用戏曲程式又不为程式所限，把技术作为刻画人物的表演手段，入内出外，以形见神。从台步移动的力度，到整冠捋髯的姿态，从韵白的轻重缓急，到唱腔的起伏跌宕，呈现出非凡的儒雅风度，沉稳中透出正气凛然。当董文伯家难回、冤难伸、无路可走、"听天由命"凄然感叹时，匡正义正词严地责怪文伯"明知欺君而隐瞒不救，是要招来灭族之祸"！在与文伯的一问一答、一攻一退的思想交锋、情绪对比中，孟祥礼几番调度变化，几种姿态组合，步步推进层层加力，以咄咄逼人的语调、压倒性的气势，斥责文伯"情是水，礼是火，水火怎相容""情可舍，亲可弃，君王不可欺"！字字铿锵，句句千钧，果断发出"刑部大堂发下十道传牌，提审在案人等，明日早朝，万岁一定要钦审此案"，似惊雷震空，充分彰显

●《真假驸马》剧照

了匡正对皇上威严神圣不可侵犯的认知。

金殿一场，匡正以为皇上必会按国法礼仪治罪公主，为文伯平反冤案，万不料，皇上一反常态加罪于文伯"弄虚作假，冒名欺君"，而皇后、公主、马夫贾中，也都曲意逢迎、颠倒黑白、谎言为证。此刻孟祥礼的表演，由镇定转为惊疑，如铅石在胸压得喘不过气来。他一边不动声色暗暗用眼神观察金殿上的每一个人的反应，一边紧张而快速地判断着事态的发展。其心理节奏内动而外静，反差交错，拿捏得准确无误。皇上一语双关，突然说道："匡爱卿，你是朕的心腹之臣，你再仔细看，他究竟是驸马还是疯子？"匡正闻此心头为之一振，狐疑地吐出"这——"情绪由热变冷，由沸入冰，黯然神伤。弱起慢唱："眼前事，思安危，心底阵阵起惊雷。为什么公主寻词强遮盖？为什么天子错勘真与伪？我宦海莽撞不识进与退，一字之差，终身后悔。"以压抑、幽深的轻声披露人物心中的反思和决定选择的神情。往往唱腔的"收"与"放"更难控制。只有把用气、咬字、音量、力度巧妙结合，才有可能驾驭自如，从中可以听出孟祥礼的演唱了得。文伯上前拉住匡正的手，一口咬定："匡大人是你要我讲真话，怎么万岁倒不相信了呢？"被推到风口浪尖上的匡正随机应变，用力推开文伯的手。孟祥礼双目如利剑寒光直逼文伯，一个停顿后，突然一声长笑,由慢变快,由抑到扬,笑出了匡正的苦衷与无奈,笑出了对皇权的恐惧与屈服。人性在激变中分裂,转而笑里藏刀,高声怒斥文伯:"老夫人说你是疯子,你或许是疯子;万岁说你是疯子,你就一定是疯子!"道出了话中的隐意,既表明了文伯是疯子的态度,又维护了皇权的尊严。这段戏,匡正的心理变化非常复杂,暗流涌动,情感波澜此起彼伏。孟祥礼的表演内紧外松,以从容应对面临的危机遮掩其内心的异常紧张,在舞台节奏的处理上,张弛、动静、起伏、抑扬对比之间环环相接,丝丝入扣,紧而不紊,把握得恰到好处,为戏的发展营造出"山雨欲来风满楼"的态势,有力地助推了这出命运悲剧的情感高潮,一个被夹在皇权与礼法碰撞中的活脱脱的舞台形象宛然在目。通过艺术实践,孟祥礼认识到:艺术效果强烈与否,关键在于对比,包括人物情感变化的对比、人物内外节奏的对比。只有通过对比,艺术效果才会生动、鲜明、强烈;只有通过对比,观众才会感受到人物心理活动,从而得到审美享受。

我曾为河南省豫剧三团导演一台庆祝建党八十周年的现代戏专场《红旗颂》,其中,孟祥礼饰演《红灯记·刑场斗争》的李玉和,这场戏是全剧矛盾发展的高潮,也是情感发展的高峰。李玉和的唱与做十分繁重,尤其手上脚上的刑具铁链,给表演增添很大的难度。孟祥礼以饱满的创作激情和对艺术的执着精神,借海扬波,吸取样板戏的舞台形象,熔铸于自己的真诚体验,运用自己的形体和声腔创造属于豫剧风范的李玉和。"狱警传,似狼嚎,我迈步出监——"音域相当高,而孟祥礼的演唱高亢激越,穿云裂帛,游刃有余,足以显示他绝佳的嗓音和过硬的演唱功力。随之又做出一连串的身段动作,"蹉步"变单提脚后退,接转身大蹁腿举双拳亮相,挺拔刚劲,气宇轩昂。紧接"回龙"板式,"锁住我的双脚和双手,锁不住我的雄心壮志冲云天",强有力地宣泄出对日本鬼子的阶级仇、民族恨,传递了李玉和威武不屈的豪迈气概,其唱其做无不充满着阳刚之气。唱到"赴刑场气昂昂抬头远看——"拖腔延伸,随着优美的音乐旋律,孟祥礼展望远方,神采焕发,畅想胜利的明天:"但等那风雨过百花吐艳,新中国似朝阳光照人间。"孟祥礼以抒情委婉、蕴藉深邃的唱腔,清晰准确的视觉形象,让观众看到了李玉和旷达的胸怀、崇高的理想和革命乐观主义精神。与母亲相会的唱段"党教儿做一个钢铁强汉"、与女儿铁梅见面激励她接过红灯勇往直前,都充分展示了李玉和的骨肉深情和丰富壮阔的精神世界。孟祥礼把这场戏演绎得强弱有致,激情澎湃,真切感人。

可贵的是,孟祥礼演的李玉和没有一招一式刻意模仿,强调"高大全",一味地宣泄情感虚张声势,而是以挚诚而又朴实的表演,倾注自己对人物的真情实感,有层次、有节奏、有深度地刻画李玉和丰满扎实的艺术形象。而这种挚诚与质朴,既是他塑造人物一贯秉承的艺术观念,也是形成其表演风格的主要特征。

后来我看过孟祥礼主演的《黑娃还妻》,他不满足于对生活中黑娃的一般化的描述,而是把对生活的体验化为对人物的正确感受,以不失去生活的真为原则和限度,注意开掘人物的心灵空间,追求质朴中的情感显示,既强烈又含蓄,既严谨又灵活,既有生活又有艺术性,既在抒情中行动,又在行动中抒情,成功地塑造了一个憨厚、善良、勤劳、可爱的当代农民的形象,富有质感,给人印象深刻。

黑娃两次还妻,是人物复杂情感的集中流露。当黑娃发现母亲换来的第一个媳妇白妮,爱的不是自己而是天成时,于万般无奈下只好忍痛割爱将白妮送走。孟祥礼将黑娃那种依依不舍的心收缩一团,低头闭目苦不堪言。听到脚步声渐远,起身快速奔上高坡,眼巴巴地望着远去的白妮和天成,撕心裂肺发出"天啊"的叫声,扑到地上狠狠捶打,以强烈的舞台行动,宣泄黑娃难以言状的痛苦心情,令人为之动容。母亲花尽积蓄又为黑娃找的湖北姑娘雪莲,却是人贩子骗出来卖给他的。黑娃强行扒开雪莲的外衣,发现雪莲满身伤痕,惨不忍睹,一颗善良的心颤抖了。黑娃既恨人贩子的歹毒,又对雪莲寄予同情和怜悯;既怕母亲伤心,更怕雪莲受到伤害。经受激烈的自我矛盾冲突,黑娃抱定宁可不娶也不能害人的决心,再次把湖北姑娘雪莲送走。两次还妻的表演,重在人物内心的开掘和情感的抒发,从人性化的角度,彰显出黑娃的善良人格和富有大爱之心的高尚美德。

现代戏《春满太行》是依据全国道德模范、全国人大代表、辉县裴寨村党支部书记裴春亮的先进事迹创作的一出弘扬主旋律的戏。反映真人真事的戏既难写又难演,可享誉中原大地的著名表演艺术家孟祥礼,肩负社会责任,恪守职业道德,决心把心系民生的裴春亮呈现在当代豫剧舞台上。他不是概念化图解式地表现在当代豫剧舞台上,而是以现实生活为基础,回归到普通人的本质上来,从精神层面揭示裴春亮的行为动机,强化其情感力量。在与乡亲、与妻子、与同事的关系处理上,从朴实无华入手,从情真意切展开,开掘裴春亮亲民、爱民、为民、以民为本的

● 《春满太行》剧照

心灵世界。因吃水困难,他急乡亲们之所急,毫不犹豫地拿出自己辛苦劳动换来的钱打井;又因打井不出水,工人还要撤走不干,他按捺住着急的情绪,耐心说服挽留,设法解决打井出现的问题。井水喷涌而出,他为乡亲们发出的欢笑和欢呼而倍感欣慰。当妻子生气埋怨他不顾孩子的学业,忘记家的存在时,孟祥礼不是板着面孔指责妻子,反而笑脸相对让座与妻子,推心置腹说明道理求得妻子的理解。舞台交流中没有大幅度的形体动作,但他用一个眼神、一个手势,造成生活细节的真实感,把夫妻之间心与心的交流、情与情的交融,表现得细致入微、朴实自然。最后一场,大年三十乡亲们来到裴春亮家一同过年吃饺子。孟祥礼怀着一颗赤子之心,以激情、热情、真情向乡亲父老描述裴寨村的美好远景,那种鱼水情深被渲染得浓重而温馨。这种美的情感力量和人格力量,使主人公的人生意义和人生价值得到了真切而具体的升华,裴春亮带领乡亲们走共同致富道路的无私奉献精神,被孟祥礼在豫剧舞台上赋予艺术生命的色彩。

进入艺术佳境的孟祥礼,坚信中原文化质朴力量的美学价值,守望传统豫剧精髓,注入时代品格,追寻新的思想意蕴和审美表达,为豫剧塑形、为时代放歌。

好嗓子好样子好心肠的孟祥礼

赵国安

我认识孟祥礼是在 20 多年前。

那时,祥礼是刚从省戏校毕业不久的学生,分到了河南省豫剧一团工作。而我则在省戏曲学校做音乐教学工作。也许是一种缘分,1990 年我也调至省豫剧一团工作。当时初见孟祥礼就有一种年轻帅气、英姿飒爽之感觉,看了他演的折子戏《辕门斩子》《杀宫》,又立即被他一副好嗓子所吸引。也许是职业的偏好,我当时正着重对豫剧男生唱腔改革进行研究,所以孟祥礼的嗓音条件和演唱水平深深地打动了我,让我从心底发出"此子必成大器"的想法。通过长时间的接触、共事,我对孟祥礼有了更进一步的了解:他天生一副好嗓子,一副好样子,一副好心肠。一副好样子,是给人们的第一印象,人所共见,无论是生活中还是舞台上,他总是那么英气,那么阳刚。特别是舞台上,他的扮相同样潇洒刚毅,先给人一种悦目之感。开口唱戏,嗓音洪亮,高亢激昂。他声腔的音域从 f 到 g,音域之宽在男演员中实在难得,关键是他的音色纯正,极富磁性,低音区浑厚、扎实,中音区洪亮宽广,高音区高亢、有力。音区可以与女声同度媲美,演唱起来,上下通透,方法得当,让人看后、听后赏心悦目,击节赞叹。他的好心肠在文艺圈内也是人所共知的。朋友同学相互关心,无论是谁有事找到他,他都热心相帮。对上有孝心,对下有爱心,他收养孤儿的美誉在社会上早已广为人知,足见祥礼心肠好。

我在省戏曲学校教学期间,并没有直接教授过祥礼课程,从我到省豫剧一团开始,祥礼一直对我很尊敬,始终以老师相待。至今二三十年了,祥礼已经成了省内外知名艺术家、剧团领导,但是他无论何时何地见到我总是很谦虚、很尊敬,言必称老师,这也是很让我感动的。

当然,我和祥礼的关系不仅限于一般交往。作为作曲者,我和祥礼曾经合作过二部大戏,而且都是现代戏。《黑娃还妻》是我在省豫剧一团工作期间的作品,《市井人生》是 1994 年由河南电影制片厂拍摄的一部戏曲电视剧。还有一部歌颂当代优秀村官裴春亮的舞台现代剧目《春满太行》,这个戏以省豫剧二团为班底,一号主人公的选定,主创人员与投资方确定非孟祥礼莫属,可见祥礼人气之高。这三个戏是祥礼在不同时期、不同环境下排演的,他的表演以及声腔艺术已不再仅仅停留在传统戏的演唱上,可以说现代戏的磨炼,使他的演唱艺术随着星移斗转,也愈加精致老到,戏迷中曾有人称他为"豫剧王子",可见他在观众中的威望,"王子"称誉略显老套,我看称他是"豫剧骄子"倒也合适。

现在就从我和祥礼合作过的这三部大戏,浅谈一下我对孟祥礼戏曲艺术的认识和感觉。首先说的当然是《黑娃还妻》。我 1990 年到省豫剧一团工作时,为了参加河南省第三届戏剧大赛,领导班子经过认真筛选,决定排演《黑娃还妻》。这是一部现代戏,而省豫剧一团是由常香玉大师多年培育的全国知名豫剧基地,素以传统戏见长,这次要用现代戏参加全省戏剧大赛,无疑对全团是一次考验。经过一个夏天的排练,全团演职员奋战三伏,流汗出力,终于按时排出了《黑娃还妻》去参加河南省第三届戏剧大赛。

"功夫不负有心人。"这台以孟祥礼为主角的现代戏,一举拿下河南省第三届戏剧大赛金奖之冠,并获得包括祥礼在内的多项单项奖(编剧、导演、音乐、演员)。这一耀眼的战果,让一团全体演职员激动、振奋。《黑娃还妻》从此在省一团成为长期保留剧目,20 年久演不衰,而且全省多家剧团移植排演,后来又更名《黑娃的婚事》拍成戏曲电视剧,著名艺术家马琳也曾加盟演出,这也是马琳生前排演的最后

● 《市井人生》剧照

一部豫剧作品。由于在这个戏中的出色表演,孟祥礼从此踏上了明星之路。几年之后,他调入省豫剧三团担任领导职务,又把此剧带到了三团,前后20余年,《黑娃还妻》中的角色不管是一团还是三团,换了不知多少人,唯一不变的,人们心中的"黑娃"就是孟祥礼。20年来不仅舞台上换不下这个黑娃,就是在前不久的2013年,由八一电影制片厂重新拍摄《黑娃还妻》戏曲电影版,剧中的主角"黑娃"还是由孟祥礼主演,可见祥礼在此剧表演的成功、成熟,绝对无人可以替代。

《黑娃还妻》一剧向我们讲述了一个生动感人的现代农村故事。它以农村中"换亲"这一由于长期贫穷而留下的落后习俗为主要贯穿事件,塑造了一个现代农村优秀青年典型形象——黑娃,歌颂了他在"换亲"过程中所表现出来的高贵品质,敢于冲破旧习惯势力的羁绊,用真情、用爱心去关心体谅弱者,"宁要良心,不要老婆",使中华民族的传统美德在黑娃身上集中体现、升华,并生辉。祥礼演"黑娃"一角，经过长期的琢磨和细雕，刻画出了一个善良正直、憨厚可爱的农村青年形象。他表演朴实、大方，对苦难的弱势者极富同情心，又有着农村青年特有的率真、幽默。在唱腔方面，主人公黑娃的唱腔是全剧数量最多、难度最大的。

　　我在设计唱腔时，注意从整体骨架上保持剧种的板路、调式特点，尽量去挖掘利用能和剧中人物身份、情绪相吻合的唱腔，尽量发挥演员自身的声腔条件、演唱特点。祥礼的演唱果然让我放心满意。他在这个戏中的演唱，充分利用自己真假声结合的嗓音特点，唱出了人物特点，唱出了内在情绪，以情化腔，以腔传情，一个有血有肉、活灵活现的"黑娃"音乐形象就立了起来。他既能充分表现黑娃本质善良、正直的性格特征，又能保持豫剧激昂高亢的特长。几段唱腔，祥礼唱来毫不费力，比如黑娃出场时唱的"晚风吹人人欲醉"，是在传统的豫剧流水板上改造而成，节奏鲜明，旋律丰富，唱腔典型的"老少"真假声的结合，祥礼唱得自然贴切，农村青年劳动一天悠游自得的愉快心情被祥礼的唱腔真实体现。"买来的媳妇"被锁洞房中，黑娃唱出"这铁锁难锁咱河南人品"的唱段，祥礼唱得情绪饱满，高亢激昂，唱出了农村青年"人品""心灵"真实的呐喊之声，声腔穿云破雾，排山倒海……这是黑娃性格的又一次升华。最后一段"娘啊娘"的唱腔是全剧的核心唱段。祥礼在这段唱中充分显示了他在声腔艺术方面的卓越才华，一段 20 多句的唱腔，他时而慷慨激昂，时而婉转细语，时而又语重心长，复杂的心情、多变的旋律，把黑娃的形象唱得可敬可爱，打动人心。祥礼的好嗓子，也在这段唱中得到尽善尽美的发挥。他唱出"丢白妮失雪莲倒霉我认，闫黑娃不要妻我要良心"时，全剧达到了高潮，观众掌声雷动。他们为黑娃的人品叫好，更为孟祥礼的唱腔叫好。

　　《市井人生》是根据舞台剧改编的三集戏曲电视剧，剧中描写被生活所迫染上偷盗恶习的青年黎明刚劳教释放后，在工商所长的帮助下弃恶从善，重新做人，走上了经商之道的过程，也提出了当今社会如何对待这些从大墙内走出来的劳教人员的问题，这是有关社会稳定的重要问题。孟祥礼在剧中成功扮演了主人公黎明刚，他把这个犯过法、坐过牢，出狱后在社会上受人歧视、受人冷落的青年形象表现得恰如其分，充分展现了孟祥礼塑造又一种人物形象的表演才能。

　　2012 年，为了推动宣传全国优秀"村官"的活动，省豫剧二团决定排演大型现代豫剧《春满太行》，这是一个根据真人真事改编的现代戏题材。根据"村官"原型家乡领导和主创人员的要求,这个戏的一号角色裴春亮非孟祥礼莫属。经过近一个月的排练,《春满太行》如期上演,受到了观众和专家们的认可和好评。特别是孟祥礼饰演的优秀共产党员"村官"的形象,不负众望,同样受到广大观众和"村官"原型家乡人民的认可和好评。这是我和祥礼合作的第三个现代戏,在这以前,孟祥礼已经在省豫剧三团成功扮演过《香魂女》和《女婿》二剧中的主要人物。在社会上、观众中孟祥礼早已享有盛名。他在现代戏表演方面的不断成功,为这次饰演又一类型的农村共产党员形象奠定了深厚的基础和经验。所以这次排演《春满太行》,祥礼在表演上早已是"轻车熟路",多年的舞台积淀立刻在新的人物形象上迸出表演火花。他把一个农村"村官"的形象,演得生动、朴实、真实可信。在这个戏的演唱中,无论是声腔处理、旋律运用,还是节奏把握、情绪转换,处处显示出他数年来在声腔艺术方面的才华和经验。

同青年时代相比,我这个作曲者已再没有去辅导唱腔、讲解唱法、处处把关的必要了,而是完全由他本人根据剧情,根据人物,在声腔体现的艺术自由王国之中,去任意驰骋,以达潇洒自如、炉火纯青之境界。这几年,我高兴地看到,祥礼不但艺术上愈加成熟,政治上也越来越"上进"。他担任省曲剧团主要领导已有年头,这些年省曲剧团的对外宣传、内部管理以及社会影响,各项工作一派红红火火,祥礼在群众中的好口碑也不断耳闻。还有可喜的,这几年祥礼的声腔艺术不再仅限于豫剧一枝独秀,他还能演唱曲剧、越调,甚至京剧名段唱腔,而且出口不俗,颇具神韵。这些惊人之举不能不使人刮目相看,相庆相贺了。我们衷心祝愿"骄子"孟祥礼多结成功之果,在未来之日,艺术青春永驻,除了把行政领导工作做好,还要排出更好、更上乘的艺术精品回报社会,回报观众。

河南曲剧的梦想里……

方可杰

2014年初秋,一辆载着18名大学新生的大轿车从河南省曲剧团驶向北京,驶向中国最高戏曲学府——中国戏曲学院。车上载的不仅是从河南省曲剧团考入高等学府的一批青年学子,更载着一个剧种的希望。这是一件让河南曲剧界为之振奋的喜事,这件喜事正是以孟祥礼团长为首的河南省曲剧团领导班子所促成的,很显然,团长孟祥礼起了关键的作用,功不可没。

祥礼作为知名的豫剧演员,又从事了多年的剧团管理工作,在长期的艺术实践与面对当代五彩缤纷多元文化的思考中,他以一个普通演员成长过程中的亲身体会,深深感悟到,知识与学习对一个地方戏剧种的整体保护与传承发展是何等重要。他从豫剧三团刚调省曲剧团不久,就安排省内专家到团里为全体演职员举办讲座,内容包括河南曲剧发展史、戏曲表演、音乐文化与欣赏、演员的道德修养等内容,并亲自聆听。一次讲座后他对我说,听听专家讲座还是好啊,很多知识过去都不知道,多听就充实了。今年我省"非遗日"期间,作为河南曲剧的保护单位,全省曲剧界代表汇聚河南省曲剧团,祥礼又安排了一天的讲座活动,请专家及省

● 2014年8月,孟祥礼与18名被中国戏曲学院曲剧本科班录取的曲剧新秀合影

文化厅非遗处的领导,就当前河南曲剧的现状与保护传承问题同大家进行交流研讨,取得了非常好的效果。

2013年秋,中国剧协在上海举办全国戏曲音乐创作培训班,河南省剧协拟推荐省曲剧团的音乐创作人员参加,当时团里正紧锣密鼓地排练新剧目《医圣传奇》,但祥礼得知后毫不犹豫地马上进行了安排。他说,排戏是团里的常规业务,而我们的主创人员聆听国家级专家讲课的学习机会是难得的,挤出时间也要去。一年多过去啦,祥礼那豁达的胸怀与远见,至今令我记忆犹新。

为使河南曲剧在保护传承中后继有人,河南省曲剧团从全省各地招收了一批青年学员,并抽出专业教师为他们讲课,安排艺术实践活动,有的现已崭露头角,并多次在省内青年戏曲赛事中获奖。但在孟祥礼心中,这种以团代校的举措,只能解决一些基本理论常识与剧种声腔艺术的基础知识的问题。在大众审美需求日趋

● 《红灯记》剧照

提升的当代，如能使他们有机会接受高等教育，那将给河南曲剧艺术的发展带来极大的促进，更会使这些青年学生受益终身。为此，他在省文化厅领导的协调、支持和关怀下，带着团领导班子多次往返于郑州与北京中国戏曲学院之间，为培养河南曲剧人才的入学招生问题进行运作磋商，同时安排团里学生进行文化课学习，积极做好应试准备。功夫不负有心人，几代曲剧人的大学梦终于成真，团里培养的9名学生和其他院团的9名学生顺利通过考试，成为中国戏曲学院为河南曲剧培养接班人的第一批大学本科生。

　　河南曲剧是由民间小戏发展至今天并在全国颇具影响的剧种，已有百年历史。受当年历史与社会条件的局限，曾有多少曲剧艺人为自己没有上学的机会和文化知识太浅而苦恼，这在某种程度上也制约着剧种的全面发展。自上世纪70年代末以来，这种状况才逐步得以改观，部分受过高等教育的知识分子开始进入河南曲剧，但主要体现在主创人员，而广大演职员受教育的程度则普遍停留在本省各级戏校的中等教育层面，虽已有很大进步，可演员中受过高等教育的几乎是空白。近些年来，省曲剧团曾有个别青年人考入高等学府，但因种种原因大都改换了剧种或其他专业，不能不让人遗憾。为此，以剧团名义定向并成批地送到国家级高等院校为本剧种培养人才,在河南曲剧发展史上尚属首次。这一功德无量的举措,不但圆了几代曲剧人的梦想,而且必将对一个剧种的发展产生积极和深远的影响。在河南曲剧发展史上,孟祥礼团长及他带领的领导班子所做出的贡献必将铭刻其中。

说起和祥礼相识,还是艺术合作促成的缘分。上世纪 90 年代初,河南电视台为他录制豫剧《红灯记》"刑场"一折,他在戏中扮演李玉和,这个节目当时由我配器并负责前期录音。一曲下来,他那通透的声腔、稳定的音准,特别是他那蕴含着动人情感的明亮音色,即刻折服了我。自那以后,祥礼主演的剧目首演、个人专场、艺术研讨等,我几乎全部参加并与其成为深交挚友。

祥礼自小从事戏曲艺术,在漫长的艺术生涯中,他积极努力,不断攀登,取得了骄人的成绩,成为我省颇具影响力的艺术家。祥礼还是一位不断学习的求知者,他到河南省曲剧团不久,就学会了很多曲剧名段并登台演出,且唱得韵味十足。祥礼更是一位有着高度责任心的剧团领导,他那务实助人、厚道坦诚的人格魅力,深受大家信赖和爱戴。祥礼到河南省曲剧团以后,从安排专家到剧团讲座、主创人员外出培训,到"非遗日"的座谈交流,尤其是在送一批本团学生上大学以后,他还一直关心着这些孩子在校的生活与学习情况,盼望着他们早日成才等一系列举措与愿望,显现着孟祥礼及河南省曲剧团领导班子对知识的尊重、对人才培养的重视,更彰显着他们对一个剧种发展的战略远见,也让人深切感受着孟祥礼这位艺术家和当代剧团管理者的时代风范。

孟祥礼：一位极具艺术实力的演员

刘景亮

如果要我用一句话表述对孟祥礼的印象，那就是，他是一位极具艺术实力的演员。之所以这样说，一是因为孟祥礼的演唱具有难得的特点，二是他具有很强的塑造人物的功力，三是高超的演唱艺术让他在观众中具有很高威望。

有人说孟祥礼的唱腔音域宽广，高音上得去，低音下得来，而且高低转换自如，不留痕迹。这确实是他的优势。如果对他的唱腔进一步品味，就会发现，他在演唱高音假声的时候，不失沉稳厚重；而在演唱低音的时候，不减韵味。他的唱腔具有整体的美感，这一点相当难得。

孟祥礼的行当是须生，豫剧须生分"帅派"和"衰派"。孟祥礼的艺术风格属"帅派"，在戏中扮演正面形象。在豫剧"帅派"须生行当中，有人突出的是洒脱，有人突出的是激昂，而孟祥礼突出的是沉稳和质朴。他所塑造的人物总是显示出一种真诚，具有异乎寻常的感染力。所有这些，都是他的演唱特点，也是难得的优点。这种优点既是天性带来，又是后天修炼而成的。孟祥礼七八岁时就喜欢看戏、模仿戏，11岁考上了文工团，练身段，练唱腔，下了大功，下了苦功。后来又考取了河南省戏曲学校，他的戏曲基本功得到了再一次锤炼。加之他每演一出戏，不管是新创剧目，还是学习前辈的传统剧目，不愿模仿他人，总是精益求精，反复体会人物，体会每一句台词、每一句唱腔，久而久之，他的唱腔和表演积累了自己的创造，有了自己的风格特点。

　　孟祥礼的艺术功力最突出的表现，当然在于他演出的剧目、塑造的角色。他多年前演出的《黑娃还妻》，让观众至今难忘。孟祥礼把握性格准确，传达情感到位。塑造的黑娃形象，血肉丰满，栩栩如生。那"闫黑娃不要妻我要良心"的唱腔长期在许多观众耳际回荡。同样是多年前在《市井人生》中塑造的黎明刚形象，是一个前后性格反差极大的人物。孟祥礼深入生活，反复体会人物，把人物性格的变化演得入情入理，心理活动揭示得深刻细腻。他在《香魂女》中扮演的实忠，虽不是最主要的角色，但他把豁达大度、真诚质朴的实忠演得活灵活现，给观众留下了深刻印象。特别应该提及的是他在近年演出的《女婿》中扮演的谢延信。《女婿》是一出相当难演的戏，谢延信也是一个相当难以塑造的人物形象。因为全剧没有贯穿的戏剧动作，也没有强烈的戏剧冲突，它是依据细节和日常生活场面的积累，来体现性格、传达感情。这对演员的功力是一个考验。心理体验不到位、外化心理的动作不准确，就无法引起观众的审美注意和观赏兴趣。而孟祥礼的演出，剧场效果强烈，不少人被感动得流下了热泪。当时一位全国知名导演在郑州排戏，她看了这出戏后大加赞赏，认为这种依靠细节积累构织情节的剧目，能够有这样的剧场效果，实属不易。这出戏中有一个场面，谢延信的女儿躺在洗衣盆中睡着了，谢延信心疼地抱起女儿，他与女儿有一段对话，要女儿回老家跟着奶奶："你在滑县替爸爸孝敬奶奶，我替你娘在这里照顾姥姥、姥爷、舅舅……"说得情真意切，语音中有愧疚、有无奈、有亲情、有慈爱，催人泪下。接着有一大段唱，交代孩子回去后如何照顾自己，如何孝敬奶奶，如何做人做事，唱得如泣如诉，把一位慈祥的父亲为了一个更崇高的目标不得不让女儿离去的复杂心情唱得酣畅淋漓，让听者久久不能忘怀。

　　孟祥礼的艺术实力还表现在他在观众中所具有的极高威望方面。1990年，他主演的《黑娃还妻》参加河南省第三届戏剧大赛，在开封赛场演出，有人统计，一场戏赢得70多次掌声。演出结束，观众久久不愿离去，一个劲儿地大声喊着："黑娃！

● 《黑娃的婚事》剧照

黑娃！"后来，这出戏在豫东巡演，连续演出 100 多场。由于此剧在观众中反响强烈，被改编为上、中、下三集电视剧，更名为《黑娃的婚事》，不仅获得了"五个一工程"奖、"飞天奖"，而且受到了更加广泛的欢迎。

2014 年 8 月 26 日晚，孟祥礼在郑州东区的广场上举办演唱会。我提前 50 分钟到了现场，出乎意料，广场上居然已有五六百人提前到场占座位，可见孟祥礼在观众中的号召力。可是天不作美，开演前几分钟突降大雨。雨后工作人员向观众解释说，电线已被雨水淋湿，无法进行演出，可观众就是不走。到了 21 点，仍然有众多观众在剧场等候。主办方只好继续举办，演出持续到 23 点多，广大观众仍然兴致盎然，由此可见孟祥礼的艺术对观众的极大吸引力。

依照孟祥礼的艺术实力，如果他能够一直沿着他极具优势的须生行当潜心研究、修炼，多演一些须生戏，豫剧舞台必定会多几出受观众欢迎的剧目，多几个血肉丰满的须生行当的艺术形象。但是因为孟祥礼在管理方面也有实力，领导指派他去做管理剧团的工作，不仅管豫剧团，还去管曲剧团。不知少排了多少戏，少塑造了多少人物形象。这对豫剧和他个人都是损失，不免令人遗憾。不过，作为一个人才，在哪里都是发光。孟祥礼在剧团管理方面同样是发了光的，不仅在豫剧团的管理上取得了成绩,曲剧团在他的管理下同样是蒸蒸日上,出了戏,出了人才。从这个角度看,又没什么遗憾。不过,作为喜爱孟祥礼须生艺术的一名观众,我仍然希望孟祥礼能够尽量挤出一些时间和精力,排演几出豫剧须生戏。依据他的艺术实力,相信一定能在豫剧舞台上大放光彩。

粗犷与细腻的完美结合
——简评孟祥礼的舞台艺术

谭静波

  孟祥礼是20世纪90年代以来豫剧舞台上叱咤风云的人物。他身材高大魁梧,扮相英俊洒脱,唱腔高亢挺拔,做派稳健豪放。特有的条件和秉赋,使他在豫剧舞台上扮演了一系列忠勇侠义、善良宽厚、血气方刚、坦荡耿直的正人君子、道德楷模,如传统戏《辕门斩子》中饰演的杨延景、《三哭殿》中饰演的唐王、《七品芝麻官》中饰演的林有安、现代戏《黑娃还妻》中饰演的黑娃、《香魂女》中饰演的任实忠、《女婿》中饰演的谢延信、《市井人生》中饰演的黎明刚等。他是豫剧生行中顶天立地的"帅派"。

  由于独特的地域、人文环境,中原文化有一个重要的特性就是它的多重性与兼容性。有时,一些看似矛盾的甚至处在两极截然对立的文化特性,却能够和谐组合在一起,即表面上的活泼灵动与根基的坚实厚重能够和谐统一在一起,外在的卑微与内在的坚韧亦可形成和谐的形式表达,还有朴实与典雅、憨厚与狡黠等,都能以和谐的方式组合在一起,构成了中原文化的一种显著特征。

  孟祥礼是中原大地孕育成长起来的艺术家,中原文化的精华神韵亦渗透在他的血脉里。在他扮演的诸多人物中,他亦能深切而自然地把这种"多重"与"兼容"的特性传达出来,既能把血性汉子的阳刚挥洒得酣畅淋漓,又能把男子汉的温情释放得婉转悱恻,粗犷中含细腻,刚直中蕴绵柔。这亦使他塑造的人物形象多了一份丰满与成熟。

一、声腔里,"大江东去"与"小桥流水"并存,显示出艺术表现的丰富性

孟祥礼的成功,首先得益于他有一副好嗓子。因此,他十几岁不经意就考上了宁陵县文工团;1978 年,不费劲又破格上了河南省戏曲学校;1983 年又顺利调入了河南省豫剧一团任主演……自此以后,无论是 20 世纪八九十年代,还是新世纪以来,在他参加的大大小小各类戏曲晚会、戏曲电视栏目、戏曲赛事以及他主演的新创剧目、戏曲电视剧中,那高低不挡、宽厚明亮、收放自如的声腔为他赚足了名气,攒足了人气。细品他的演唱,首先是音域宽广。即高音激越高亢,中音洪亮饱满,低音浑厚扎实,从低音到高音融会贯通,大本腔和二本腔结合得天衣无缝。其次,他有着自然娴熟的吐字润腔技巧,有着纯正地道的中州音韵,行腔归韵的范式追求不艰涩、不拗口。正由于此,才使他不论是抒发高亢、激越、豪放之情,还是表现委婉、轻柔、细腻之情,不论旋律起伏跌宕还是顿挫抑扬,都能显得自如流畅、驾轻就熟,使人获得腔圆音润、字清味纯、声情并茂的艺术享受。正由于此,才能使他在扮演不同性格、不同类型、不同情感的人物时,将大江东去之声与小桥流水之韵和谐共存,将豫剧梆子腔的魅力展现得淋漓尽致。

现代戏《黑娃还妻》是他第一部成名的代表作,也是最能体现他刚柔相济声腔艺术的作品。"晚风吹人人欲醉,卖完豆腐把家回,别看咱模样长得黑,俺白妮可是没说的。只要白妮她喜欢,黑娃再苦不嫌屈。越思越想越得意,云河内洗洗澡冲冲汗泥。"这是他饰演的黑娃上场后的第一段唱,首先慢二八起腔的叫板就先声夺人,"晚风吹人人欲醉"句,他的演唱高亢嘹亮,昂扬激情,撩拨人心。唱到"只要白妮她喜欢,黑娃再苦不嫌屈",腔调浑厚,尾音字喷吐恳切,表现出情浓意浓。末句"越思越想越得意"的挑八度甩腔更是如异峰突起,自由爽朗,激越奔放,黄钟大吕

粗犷与细腻的完美结合 ……… 179

● 《黑娃还妻》剧照

般的嗓门高而不竭、高而不喊,以粗爽豪放的色彩把一个本分、憨厚男子汉的志满意得表达得酣畅淋漓!黑娃唱腔中不仅有激昂豪放,亦有婉转与轻柔。当黑娃发现妻子白妮已心有所属,内心辗转不宁,"那天听妻把话说透,说得黑娃蒙了头,我就是跟她熬白头,苦水总泡她心头。缺恩少爱没甜头,这日子过得也挠头……"整个唱段低回沉稳,委婉柔和,展现的是一个朴实、善良、正直、仁爱的男子汉博大与宽厚的胸襟。

二、自如从容,演出男子汉的七分粗犷、三分温柔

应该说,舞台创造中的自如从容显示出的是艺术家的一种成熟感。自由驾驭人物,准确刻画人物,不造作,不玩弄技巧,人性化地解读人物,多层面地体验人物,才能真正地吃透"这一个",演活"这一个"。孟祥礼在《香魂女》中饰演的实忠,即展现了这种自如与从容,演出了男子汉的七分粗犷、三分温柔,演出了人物内在情感的复杂与深刻。

实忠在《香魂女》中的戏并不太多,但分量却很重,他是戏中的男主角,是香嫂

的主心骨、顶梁柱。首先,他必须演出男子汉的神采和气度。看,实忠为香嫂办厂订货从广交会上回来那神气:"香魂塘畔彩霞落,风吹荷花出清波,钧瓷生意多兴旺,广交会上订家多……"豪放歌声里,有兴奋,有喜悦,有澎湃的激情,充满了男子汉的雄健和豪气。同时,实忠又是香嫂的心上人、小情郎。瞧,实忠与香嫂甜蜜相爱的场景:"那一年风雪夜大雪纷飞封窑场,为送饭把你的手脚冻伤,香香姐一碗热面送手上,我止不住热泪滚滚洒胸膛。"悠扬的旋律中,有甜蜜,有欢畅,有滚烫的心声,阳刚中有柔婉,柔婉中有阳刚,并且,实忠更是香嫂的贴心人。听,实忠与香嫂分离时的肺腑言:"这一走恐日后再难相见,有一事托付你要牢记心间。灵芝儿未成年我不能照看,这是我为女儿攒的一笔钱……"这神态,忍着痛,压着愁,噙着血,含着泪;这腔调,似抽泣,似哽咽,似压抑,似号啕。分明是黄钟大吕,却歌出溪水叮咚,分明是七尺男儿,却演出几分女儿般悲悯柔情,怎不教人悲从中来,潸然泪下!

三、自然真切,演绎出平凡中的伟大与崇高

自然、本真、本色,都是我们传统的文学家、文艺理论家所尊崇的美学品格,也是中华民族理想的美学品格。以自然真切之态,演绎平凡中的伟大与崇高,这是孟祥礼艺术创造中的又一番境界。

孟祥礼主演的《女婿》是以焦作煤矿集团矿工谢延信为生活原型创作的,谢延信是2007年"感动中国"的十大人物之一。这个33年如一日照顾亡妻家人的男子汉是一个集慈爱、孝道、仁义于一身的人物,在人情淡薄、物质利益至上的今天,具有极大的精神感召力;这又是一个极平凡而又普通的人物,没有轰轰烈烈、没有五光十色的人物,因此,在艺术创造中又极具困难度与挑战性。

孟祥礼选择的表演基调是自然真切,用自然、本色、真实、真切的方法使人物平凡中见伟大,平淡中显崇高。所以,孟祥礼的表演没有任何花哨的场面和激烈的动作,他所选择的是平常生活中极琐碎的事情:端汤、喂药、擦屎、倒尿,他表现的是女婿谢延信与瘫痪的岳父、病歪歪的岳母和傻乎乎的内弟年年月月的相守、时

时刻刻的牵挂；他演绎的是憨厚的汉子、绵柔的情怀。

同时，孟祥礼的表演尤为注重展现面对苦难时人与人之间的心灵沟通。如因照顾岳父、岳母、内弟而冷落自己亲生女儿时思念与愧疚的心灵絮语，这里有高腔激越、思绪翻卷，有喃喃低语、悲情涌动，尽情尽性地抒发着人物一腔热望、满腹柔情，给黯然神伤的观众送来无限感慨与感动。然而，真实中有苦涩也有欢乐，在与后妻纯情无瑕的交流中，谢延信也会释放出"灾难中能熬出苦乐年华"的昂扬激情。这种袒露人情操、鼓舞人心智的核心唱段，更是粗犷浑厚，热烈奔放，坦荡荡地道出了普通人的苦乐观，使人们被主人公平凡中的崇高所温暖，所唤醒，所深深地感染与震撼！

大千世界生机勃勃，艺术创造千姿百态。既有"大弦嘈嘈如急雨"，又有"低眉信手续续弹"；既有疏，又有密；既有隐，又有显；浓中有淡，淡中有浓；刚中有柔，柔中有刚。艺术创作总是这样，相互对立，又相互衬托或相互融合，这是艺术创作的高境界。愿富有阳刚之气的"帅派"生角孟祥礼，永远保持那"七分粗犷、三分温柔"，永远演绎出戏剧舞台角色艺术内涵的丰厚多彩！

放下架子，俯下身来，为广大老百姓演出

孟祥礼

　　毛主席在 1942 年 5 月 23 日发表的《在延安文艺座谈会上的讲话》，对党的文艺工作可以说是一个指路明灯，提出了文艺要为工农兵服务的方针，特别强调文艺工作者要深入群众，到最基层为广大群众服务。这个讲话虽说过了 72 年，但它的深远意义至今还在影响、鞭策我们。

　　作为一个演员，我对毛主席他老人家的讲话精神体会很深。不管你的名气有多大，水平有多高，假如你的艺术不接地气，不深入群众，那么你的艺术生命一定不会长久。

　　我是个戏曲演员，在舞台上演出时最喜欢听到下面老百姓发自内心的掌声。以前很喜欢在城市演出，在剧场里演出。因为在剧场里演出很舒服，风刮不着，雨淋不着。吃得可口，住得舒服。可现在，我的观念却慢慢发生了改变，我越来越喜欢在农村的露天舞台上演出了。因为农村的老百姓最需要、最渴望。我们服务的对象不能只是城市的观众，更多的还应多为最基层的老百姓服务。

　　近几年，我调入河南省曲剧团以后，跟着"舞台艺术送农民"的大篷车，到南

● 在乡村演出，与群众互动

阳、商丘、驻马店、漯河、许昌、平顶山等地的100多个乡村演出过，亲身感受到了边远山区的农村老百姓对戏曲深厚的感情。在南召县，有几个老乡能跟着我们一个乡、一个村地连着看，那种痴迷、那种喜爱，让我很受感动。用他们的话来说，一辈子没有看过省团的戏，来家门口了再不去多看几场，那该有多亏啊，以后再想看还不知道猴年马月呢。他们执着的举动和朴实的话语，让我的心里久久不能平静。以前，我们只想着自己，尽可能去条件好的地方演出，根本没有想过到偏远山区为群众演出。假如没有省委、省政府安排的"舞台艺术送农民"活动，我们还真不知道啥时候才能来到这些最需要我们的地方演出呢。

　　我最难忘的，还是在南召县的四棵树乡和云阳镇的农村演出时，成千上万的老百姓围着舞台一圈，房顶上、大树上到处都是人。我们的杨厅长和闫处长以及南阳当地的领导亲身感受和见证了在四棵树乡演出的火爆场面。

最初演出时,我是在舞台上。后来我改变了演出方式,走下舞台,来到场下,走到群众的身边演唱。零距离在群众身边演唱,我看到了老大娘、老大爷们眼里闪着泪花,激动得双手拉着我不愿松开。两段不行,唱三段,还不行就唱五段、六段,老百姓那种最真挚的情感流露,那种最淳朴的叫好声,让我陶醉,让我感动,表演起来也更顺畅,格外卖力。这时候,我才真正感受到了还有比得奖、挣钱更重要的东西。老百姓的认可,老百姓的喜欢,让我很满足,很兴奋,很快乐,很舒畅!

当前,我们国家的改革开放取得了很大成就,我们不能忘了革命老区和偏远山区的人民群众,也要让最基层的老百姓享受到改革开放的胜利果实。人民需要艺术,艺术更需要人民。人民群众就是我们的衣食父母,我们必须永远感恩人民群众。不管时代如何变,我们为人民群众服务的宗旨永远不能变。

我们要放下架子,俯下身来,为广大老百姓演出。不能一说下乡,就派些青年演员下去,所谓的名艺术家从来不去条件差的农村。这样,就会越来越脱离实际,越来越养成官老爷的架子。久而久之,很可能会被人民群众抛弃。

我们文艺工作者,要牢记毛主席的教导:"一切革命的文学家艺术家只有联系群众,表现群众,把自己当作群众的忠实的代言人,他们的工作才有意义。只有代表群众才能教育群众,只有做群众的学生才能做群众的先生。如果把自己看作群众的主人,看作高踞于'下等人'头上的贵族,那末,不管他们有多大的才能,也是群众所不需要的,他们的工作是没有前途的。"

在今后的工作中,我要严格要求自己,按照毛主席的教导去做,成为一个真正让人民群众喜欢的好演员。

戏曲表演中对第一自我与第二自我的思考与实践
——我演《香魂女》中的任实忠

孟祥礼

  关于第一自我与第二自我,我是这样理解的:第一自我就是演员自己,第二自我就是演员所创作的角色的意志。这就是舞台创作的双重性。这一理论来自法国戏剧家哥格兰。哥格兰主张舞台创作中的双重性:既有指挥创作的第一自我——本人意志的存在,又有异化角色的第二自我——演员演绎的角色的存在;既是冷静的创作,又是热情的表演;既与角色合而为一,又要保持演员创作的相对独立性。其实,这是一个跳进跳出的具有辩证关系的创作过程。演员在创造角色时,有时要全身心地跳进角色的情感世界之中,有时要马上跳出角色的情感世界之外,以演员的思维观照观众"我这可是在演戏,你们看我演得多么真实"。跳进跳出,这需要演员有很高的表演技能。此次,我在塑造《香魂女》中任实忠这一角色时,有很多地方,就是在导演的要求下,进行了表演双重性的大胆尝试。比如第四场,任实忠与香香见面,二人忘情地沉浸在久别重逢的情感宣泄之中。

  突然,任实忠问香香:"还记得咱俩第一次见面……"

  香香:"我一辈子也忘不了……"

演《香魂女》时后台化妆

此时,作为演员我必须从角色的此情此景中跳出来,好像是要告诉观众:"听我给你们讲述我们是怎样初次见面的,快看我们那时候多么年轻多么富有激情。"这时,作为演员我就要表现任实忠年轻时的形态和心态。

这一段回忆叙述完了,作为演员我又要从第二自我再跳回到第一自我:"观众朋友,看清了吧,青春的时光多么美好。"就这样始终不忘观众,让观众也始终不忘他是在看戏,并通过理智的思考悟得本质的"真",对"真"作相对主义理解。

为了进一步实践"第一自我与第二自我"的辩证关系,我大胆运用了"反传统、反生活"的创作方法,其目的,就在于强化表演的内力。作为演员,我们往往容易产生创作的惯性,这其实是一种惰性,即被台词所诱惑所蒙骗,不肯在台词内在的张力上下功夫。

比如:第六场,香香被选为致富劳模,名传四乡,作为始终在暗地里帮助她的情人任实忠,盼的不就是这一天吗?剧本要求香嫂疲惫地叹一声,唱:"多少年咱都是低眉顺眼……"如果演员简单地理解香嫂今天取得了成绩,是该高兴,可她已经十分疲惫了,她能有今天实在是不容易。演员这样表现也不能说不准确。但是,只要我们仔细地阅读剧本,就会发现,剧作者在这里给我们提供了一个极为广阔的表演空间和极为深厚的被浓缩了的情感积淀。演员不该轻易放过这一段戏,要冲破对表层生活的理解,深入人物内在本真的情绪发展中来:实忠与香香一见面,二人按捺不住尽情大笑抱在一起。这种近似于狂笑的表演,不是简单地笑出来,而要笑出一种发自内心的胜利者的满足,笑出几十年的辛酸,笑出至今还没有结果将来也不会有结果的爱情,这时演员是要流着眼泪笑的,是一种饱含辛酸、饱含苦涩的笑。这样表演,递给观众的是一杯浓烈的佳酿,带给观众的是一股淋漓酣畅的快感。

我国明代戏剧家汤显祖曾云:"情不知所起,一往而深,生者可以死,死可以生。生而不可与死,死而不可复生者,皆非情之至也。"戏曲舞台上,关键一个"情"字,只要"情"到了,可以违背生活表面的真实。

赴美国学习的感受

孟祥礼

2012年9月26日至10月16日,我有幸参加了由文化部主办的第一期全国艺术院团经营管理人员赴美培训班。在美国短短20天的时间里,无论是精神上还是知识方面,我感觉都有很大的收获。

一、科技含量高、令人震撼的美国文化产业

我们在学习之余,参观了洛杉矶市的美国好莱坞环球影城。说心里话,就是在国内,我也没去游玩过游乐城之类的项目。这次一看,让我终生难忘。

我们一行坐着车一路走来,随着地点的变化,一会儿洪水汹涌,一会儿山崩地裂,逼真地再现了大自然的变幻莫测,让你犹如身临其境。枪炮互射,感觉战争就在身边;直升机随时起降,参与作战,一不小心,被炸得成了一堆废铁,熊熊烈火随即弥漫,看得我们心惊胆战。观看3D电影,更是让人叹服。正在天空中飞翔的小鸟感觉一下子就落在了自己的头上;突如其来的洪水感觉一下子把人淹没了;虽说

● 艺术照

138美元一张门票有点高,但进去后感觉还是值了。不单单是视觉上的冲击力,到处展现出来的高科技武装起来的设备,让人感到强烈的震撼。

二、美国人的个人素质普遍较高

我们每到一处,都能感受到美国人的个人素质普遍较高。他们见到我们都是很友好地点头微笑。走在街道上,没见到有人闯红灯。遇到公交车站,大家都自觉地排好队,依次上车,没看到一个人插队、抢座位。这一点,我联想到了国内坐车的不文明现象,坐车都是抢着上,闯红灯的现象随处可见。看来我们还真得加强这方面的教育,这也是个人素质最好的体现。

三、平等意识强，会享受生活

没来美国之前，确实没有想到美国在人人平等方面有多么好的表现。来了之后，我实实在在感觉到了。比如，在美国的餐厅里，没有包间，全是大厅，无论你是国家政要还是平民百姓，都一样平等。花钱花的一样，座位也都一样。

美国人对工作和生活分得很清楚。工作时间就是工作，认真敬业。工作之余，会充分地享受生活。尤其在节假日，他们会疯狂地去游玩，把一星期的工资给消费掉，让自己最大限度地放松。然后，去重新进入紧张的工作之中。有劳有逸，劳逸结合。而我们却不同，大多数人都是不舍得吃，不舍得花，挣的钱都存起来，有的是为了盖房子，有的是为了养老，钱只有存放在银行心里才有底。细细想来，确实是两者的理念差得太远了。这可能就是两个不同国家、不同传统文化造成的影响。

四、对艺术的执着

对美国文化艺术方面的学习与了解，是我们此次学习班的主要目的。我们在参观中可以感受到，美国艺术家对艺术的执着与认真，是我们国内的艺术从业者无法相比的。美国没有像我们国内文化部、文化局那样的机构，只有几十个艺术家组成的民间协会，也没用经费和编制，是靠着社会捐赠和个人投资来做的。从事艺术的采取的都是聘用制，没有铁饭碗的概念，更无高级职称的束缚，喜欢艺术就足够了。不像我们，都是国家事业单位，为了获得高一级的职称，打破头去争主角；为了获奖，四处托关系。每个人都为级别的高低去竞争，对艺术的追求显得不是那么的虔诚。一辈子都是这样争来争去的，而对艺术本身却没有下功夫去提高，从而失去了原本学习艺术的意义。

五、美国的另一面

美国虽说很富有，但他们的贫富差距也很大，富的可以在世界上排名前几位，而穷的却身无分文。还有，美国人虽说素质高，但他们都是独来独往，没有像我们国内那种暖暖的温情,街坊四邻的关系就像自己家一样,互帮互助,有啥事不需要招呼,都会前来帮忙。逢年过节,亲朋好友相互走动,充分享受到诚挚的友情。

还有,在美国我没有感受到群众文化、娱乐的存在。在我们河南,为了丰富城乡老百姓的生活,省委、省政府每年都拿出上千万资金,让省、市、县的国有艺术院团奔赴全省的各个角落,让最基层的老百姓享受到改革开放的成果,每年送戏下乡的场次都在一千场以上,这种做法可以说美国根本做不到。

还有,在中国,无论在大街小巷、城市乡村,早上起来,到处都是晨练的人们,尤其是老年人,耍剑的、跳舞的、跳绳的、踢毽子的、耍扇子的、练太极拳的,可以说应有尽有。上午、下午,在公园,在河边,一群群戏曲爱好者开心地在唱、在拉,极大地丰富了老年人的日常生活。在美国根本不会看到这些。美国比较崇尚自由和独立性,孩子一到18岁都放飞了,老年人都留在家里。可想而知,他们有多么的孤独和寂寞。所以,尽管美国再好、再富裕,我也不会对它有太多的留恋。再说,吃也吃不惯,更不要说吃好了。还是我的祖国好,在这里工作,在这里生活,我心里踏实。

长期以来,美国在世界上都是财大气粗的,哪个国家有事情都会看到它的身影,啥事都管。原因就是他们国力强大。我们国家就没少吃他们的亏。我们任何时候都要认清形势,了解自身的不足,知耻而后勇,以严谨的精神去学习他们先进的科学技术,来建设我们的国家。只有这样,我们的祖国才会越来越强大,越来越富强,我们的生活才会更好。

用感恩的心为人民而演唱
——"泽华之夜"孟祥礼专场演出暨表演艺术研讨会成功举办

郑红旗

由河南省文化厅主办的"泽华之夜"河南省艺术名家推介工程之孟祥礼专场演出,因为下雨,原定晚上8点开始的演出,推迟至8点50分才开始,可这突然而至的大雨不但没有将热情的戏迷吓跑,反而观众愈聚愈多。

唱支山歌给党听
我把党来比母亲……

一曲由著名豫剧表演艺术家孟祥礼和李金枝联袂演唱的戏歌《唱支山歌给党听》,拉开了"泽华之夜"河南省艺术名家推介工程孟祥礼公益演唱会的帷幕。

接着,孟祥礼不仅表演了他主演的成名作豫剧《黑娃还妻》中"晚风吹人人欲醉"和"黑娃不要妻我要良心"两个精彩唱段,获得中国第六届艺术节大奖、国家舞台艺术精品工程"十大精品剧目"奖的《香魂女》中"香魂塘畔彩霞落"和"地久天长"唱段以及豫剧《女婿》中"送女回家"和"劝导岳母"片段,还通过曲剧、京剧、歌

● 演唱会上，孟祥礼演唱歌曲《母亲》，走下舞台与观众互动

曲等不同艺术形式来充分展示他的艺术才华，特别是现代京剧《智取威虎山》中"打虎上山"一折，淋漓尽致地展示出了他高亢嘹亮、底气十足的深厚演唱功底，让台下观看的多位省内知名艺术家赞叹不已，更是赢得了全场千余名观众的热烈掌声。

本场演出，还突出了培养曲剧后备人才的主题。孟祥礼不仅是豫剧名家，还是省曲剧团团长，他身上还肩负了培养曲剧优秀青年人才的重任。因此，这场演出，他没有请名家来助兴演出，而是在每个节目中间，由刚刚被中国戏曲学院曲剧本科班录取的18名学生分别演出了曲剧《风雪配》《陈三两》《屠夫状元》以及越调《收姜维》等优秀剧目的精彩唱段。这些学生表现出来的潜质，也让广大观众看到了曲剧的未来和希望。

专场演出在场上场下的千余名演员和观众合唱的《没有共产党就没有新中

国》的歌曲声中圆满结束。

面对专程从江苏、安徽以及本省南阳、洛阳、商丘等地冒雨前来观看的热情戏迷，孟祥礼显得很激动：没有广大戏迷、各位老师、各级领导的支持和鼓励，就没有我孟祥礼的今天，因此才有了今天的这场公益演出。我要永远用感恩的心为广大人民群众演唱，以此回报社会，回报人民……

27日上午，省文化厅又举行了孟祥礼表演艺术研讨会。参加研讨会的著名戏曲表演艺术家、导演、剧作家、音乐家、评论家，以及长期关心支持戏曲事业的文化部门领导认为，孟祥礼不仅是一个演唱功力深厚、有一副好嗓子、会唱会表演会塑造人物、敢于创新、有艺术魅力和感染力、深受观众喜爱的好演员，还是一个为人谦虚、有平民意识、人缘好、关心爱护提携青年演员、一心为戏曲事业发展努力工作的好剧团领导，更是一个有爱心、热心慈善公益事业、有人格魅力、乐于奉献的好人。大家还对孟祥礼提出了在艺术上百尺竿头更进一步的期望，希望他能再排演出像《黑娃还妻》《香魂女》那样高质量、高水平的好戏，再塑造出像黑娃那样在舞台上闪光、被观众认可的人物形象，也希望早日把豫剧《玄奘》搬上舞台，并且能在一部曲剧剧目中担任主演。

豫剧名家孟祥礼在答谢各位领导和专家时说："在40多年的艺术生涯中，我为我喜爱的戏曲艺术付出了太多太多。做一名老百姓喜欢的演员，是我终生不变的信念。我清醒地认识到，作为一名演员，不管水平有多高，名气有多大，假如你一直高高在上，艺术不接地气，脱离群众，演出不面对老百姓，那么你的艺术生命一定不会长久。我一定不辜负大家对我的殷切希望和厚爱，我将会沿着这条尽管困难，但意义重大的艰难之路勇往直前。"

蕴含深邃　思逸神超
——从《女婿》中的谢延信看孟祥礼舞台艺术新创造

程林远

　　孟祥礼是河南豫剧园地里不可多得的生行表演艺术家。早在 1990 年 10 月河南省第三届戏剧大赛上,他因唱响一曲《黑娃还妻》而声名卓著,那时我还在省文化厅艺术处工作,就曾为发现这样一位身材、形象、嗓音、表演俱佳的青年才俊而欢欣鼓舞,兴奋异常。24 年过去了,孟祥礼艰难求索,创造了一个又一个崭新的舞台艺术形象,一次次送出响遏行云的动人歌声,演绎了有着不同命运遭遇的新艺术典型。他勾勒出一幅绚丽的艺术创新路线图,其间饱蘸着心力的投射、非凡的追求、执着的精神、不达目的誓不休的韧劲。特别是 1991 年他师承王善朴老师后,受"善调"的耳濡目染、言传身教,有了长足的进步。他谙熟彻悟王善朴艺术流派的旨趣,从根本上掌握了刻画人物的创作方法。今天的孟祥礼基本完成了从积淀到升华的艺术蜕变,如果说《黑娃还妻》中闫黑娃是初出茅庐的成名作,是孟祥礼积土成山的第一峰的话,那么这些年来,他积了一峰又一峰,《女婿》中谢延信形象的塑造是他艺术创造的最高峰,是他刻画人物最为圆熟、饱满,达到轻松自如境界,进入自由王国的成功标志。

一位艺术家的创作历程也像写文章有起承转合一样,孟祥礼已度过了他的成长期、茁壮期,抵达了极盛期。诚然,孟祥礼也演过不少传统戏,但我更看重他在现代戏里塑造的新形象,看重他在艺术画廊里增添的新面孔,这是他的独到贡献。他在现代戏中曾经清晰地传递了不少人物的心声:善良憨厚淳朴正直的黑娃,"闫黑娃不要妻我要良心"(《黑娃还妻》);黎明刚对改过自新重新做人的坚守,犯过罪的人也有对人格的自信与追求(《市井人生》);任实忠既忠诚于钧瓷窑场工作,具备奉献精神,又忠诚于和香嫂的爱情且富于妥帖处置的理性(《香魂女》);农民企业家裴春亮舍自己的企业帮助村民,当村委会主任当支书致富一方的高风亮节与魄力(《春满太行》);等等。但我更为欣赏他在《女婿》中成熟、准确、深刻的描摹。他塑造了一位并没有叱咤风云事迹,也没有豪言壮语,生活在社会基层的矿工加农民的中年汉子——谢延信,虽属凡人小事,但却情如山重义比天高,既可亲又可敬,朴实无华,入木三分,堪称臻于完美的巅峰之作。

孟祥礼扮演谢延信的过程,应该说是一位艺术家对社会生活、对人与人的关系、对人的精神境界开掘的过程。《女婿》中的谢延信在做一种没有结果的苦役,在进行一种有情有义的纠缠。随着剧情的波折、矛盾的迭起、情感的折磨,时喜、时悲、时茫然、时沉思、时无奈,这些艺术视点不断变换转移,引领观众把目光投向了人物精神层面的深处,显现一种深沉的精神力量,让观众感知一种"历尽苦难痴心不改"的平凡而又高尚的生命意义。应该说孟祥礼圆满完成了舞台行动的最高任务,咏唱了一段情义之曲、一段泛爱之曲。

说此角色的创造是顶峰之作,有两点理由,也就是说孟祥礼集中展示了两个侧面的艺术成就,一是表演方面,二是歌唱方面。

先说表演方面。

观看《女婿》的整体艺术感觉,主角不是孟祥礼而是谢延信,剧中人物情状逼真、笑语欲活,正像斯坦尼斯拉夫斯基说的"演员死在了角色之中"。在导演的整体构思及启发指导下,孟祥礼调用他过去扮演一系列人物的经验、技法,打造一种既平实又空灵的审美效果。

《女婿》中的谢延信在妻子去世后仍以女婿的身份留在瘫痪的岳父身边侍奉,无怨无悔,不是一年半载而是几十年,民间有句俗话"床前百天无孝子",足见难能可贵。这个角色扮演起来难度不小。剧情时间跨度大,心理历程长,舞台事件多,不断冲击人物的心灵,由一青年农民演到一中年煤矿工人。一个七尺男儿下井挖煤之余整日蜷曲于斗室,为瘫痪的岳父擦屎端尿,赔笑承欢,劝解安慰,人物心绪的波涛基本处于沉重、紧张、愁苦、压抑之中,深情悲凄戏份较多,轻快欢愉戏份较少,要求演员进戏要快,情绪要贯穿,要沉下去且不能有夹生饭。面部表情与形体姿态都要捕捉准确,对角色的格调要定准,角色的情感线要找准,要细心琢磨,画好一张人物的心绪图谱,并寻找与之对应的表情动作,进行合理的调度铺排。孟祥礼充分吃透剧本,抓住剧作家提供的接二连三的戏剧冲突,采用递进式、排比式的表演手法,在规定情景中演活了人物。

第一场一开幕,回答亡妻四问时,谢延信眼神中流露出善良与真诚;伴唱"五年一梦一梦五年"时谢延信神态迷茫、无助;当他自己唱到"最难忘梦里亡妻那双眼"时,表情的深沉含蕴凝重哀戚,一下子把观众的心给抓住了。接下来让观众跟随富有真情实感、境遇变化复杂充满跌宕的谢延信去哭,去笑,又无奈又镇定又怨尤又思索。谢延信与年纪幼小的女儿分离时的哭,岳父怕他再婚求他不要离开这个家,"你一走这个家就房倒屋塌"时的哭,当他发现女儿左眼受伤而基本失明时的哭,这三哭,哭得如泣如咽、悲凄感人。谢延信搬来躺椅背着瘫痪的岳父到院子里透风时那充满慰藉的笑,听了天上掉下来个谢芬香口无遮拦直言表白自愿与其共同生活时的意外惊喜,得知矿工会干部给自己操办与谢芬香婚事时的欣喜若狂、满台飞奔、高声哼唱,夫妻二人回到滑县老家如释重负的松弛、畅想未来憧憬美好前程的温暖、热血奔涌洋溢幸福的笑,这四笑,笑得轻松舒适自然得体。通过孟祥礼的表演,我们还看到,回到老家离开了岳父家的谢延信情何以堪,心何以安,仍无时无刻不在惦记着岳父的病痛甚至从梦中惊醒,"咱爹咱娘都长在这儿(指心窝)了,你叫我放下,那不是从心上剜我的肉一样疼啊!"……这一切纷繁的情感变化,孟祥礼都表演得真切细致入微,包括人物脸上的表情、站姿坐姿及行走的姿态都经过了设计、筛选与锻造,充分显示舞台主人公是一个有血有肉的人,张扬着一种"水德""上善若水"的高尚精神。谢延信心中点亮着一盏灯,一种至大则刚的正气充塞于天地之间。至于孟祥礼表演时的放松自如不露斧凿之痕,则是他表演功底坚实功力娴熟的体现。年纪不大的谢延信脸上充盈着年轮堆满了沧桑,

● 《女婿》剧照

这每一道皱纹里都写满了戏,让观众在欣赏之际有咀嚼的空间和无穷的回味。

再说说歌唱方面。

孟祥礼是一位杰出的实力派唱将,擅长用唱来刻画人物。他的唱不唐(喜成)、不王(二顺)、不刘(忠河),而是较完整地掌握并发扬了其师王善朴的"善调",呈现一种新的唱派风貌。孟祥礼在声腔流派艺术的选择上表现出理性的自觉。他的声音形态往往表现为音域宽广、共鸣好,酣畅宏阔与细微轻柔过渡通顺,真声与假声转换无痕。他将"善调"的基本法则与自己的嗓音条件进行融合贴近,精于协调韵味与技巧的关系,把唱腔技巧化入声腔韵味中,技巧通过韵味来体现,牢记用心唱来进行诉说性的歌唱阐释,不卖弄、不秀声音,歌唱艺术的创作方向重在寓情于声,发于内而形于外,文从情来,腔随情转。

孟祥礼的演唱一戏一个样,一步一台阶。如果闫黑娃的唱还有些青涩拘谨的话,那么,黎明刚、任实忠的唱就多了几分跳脱与灵气,到演唱谢延信时则进入了逸气纵横、炉火纯青之状态。

《女婿》中谢延信的唱分量挺大,孟祥礼有幸遇到为该剧作曲的音乐家汤其河。汤有很巧妙的音乐布局,有师古能化、陈中出新的旋律安排,让孟祥礼唱起来如鱼得水。表演艺术家与作曲家一致认为创新应源于传统,在声腔艺术创作上共同皈依于豫剧音乐传统,既不落窠臼有独到之处,又在"豪华落尽见真淳"处努力追求字字出情,妥帖入微,他们在谢延信声腔造型方面的合作是出色的范例。

谢延信第一场的第一段唱"最难忘梦里亡妻那双眼,含泪看我整五年……"孟祥礼多用轻声气声处理,音调缠绵、感情凄恻、涵咏味浓、楚楚动人。第二段唱"岳父声声吼,如雷击当头,虽与他们非骨肉,有缘结亲情义投,为了情不能走,为了义更得留,更为亡妻情意厚……"唱得款款落落、顿挫曲折、不疾不徐、韵味隽永,由轻到重由弱到强字字声声印入听者心中。谢延信送年幼女儿回滑县老家交奶奶看管前有一段较长的唱:"孩子听话孩子乖,爹抱孩子泪满腮,刚满月娘就死儿离开娘的怀,哪料想咱爷俩也要分开……"孟祥礼用颤音哭音,唱得若断若续掩掩抑抑,那悲切、那痛苦、那无奈、那叹息打动人心,让观众也随之潸然泪下。谢延信听了谢芬香意外的表态,被突如其来的幸福感动而异常激动地唱"她口无遮拦言语快,听得我又惊又喜又发呆,拍拍胸口良心在,不说婚嫁先摊牌……"这段唱是剧中人物一扫低沉,首次由愁变喜,被始料不及的好事冲击得开怀欢笑,边笑边唱、边唱边笑。孟祥礼采用假声上滑、挑扬上旋的一串清丽清新的花腔,整段戏唱得雄奇秀媚突兀峥嵘,既有苍然之色又富渊然之光。谢延信辩解岳母"不公道"之说、劝解岳母的大段戏,可以说是重点唱段,"人世间谁家都有难念的经,灾难中能熬出个自在逍遥",孟祥礼的唱腔处理采用欲擒故纵的手法,多控少放,吞吐恳切,字字珍重,靠轻柔华美的小腔、润饰多技巧性强的丽声取胜,达到娓娓叙说、由表及里的效果。谢延信与谢芬香夫妇在老家那段如梦如痴的对唱是全剧情绪最跳跃的部分,也是主人公最放松最激动最心醉的时刻:"芬香呀,6年来吃了不少苦,今天我要好好报答你,你想干啥我跟着你,我现在就骑上自行车去赶集,春播夏种开花美,秋收果实肥,夫妻干活不觉累,我会让你梦想成真吐气扬眉,黄河故道歌声飞……"孟祥礼在这段唱里混合运用嘹亮的龙音(立音)、浑厚的虎音(膛音)以及脆音、钝音，不惜浓墨重彩，句句精雕，如天风海涛如金钟大镛，若决堤江河若山泉叮咚，既痛快奔放又秀逸轻盈，显尽其歌唱技巧的完整性、分寸感与声情的感染力。

全剧的演唱，充分彰显了孟祥礼声腔状态的丰富性多彩性及驾驭能力，摆字不求其巧，所求在于大方平妥；润腔不求其俏，所求在于气韵悠扬。他着力用歌声唱出谢延信的善良、真诚，唱出谢延信的淳朴、忠厚。孟祥礼天生一副高浑明亮的好嗓子，若要排山倒海可随口就来，但他因人物身份、人物心境而设腔，科学辩证地将谢延信的唱多用柔弱少用刚健，摒弃浮浅，追求恰到好处，表现了人物的隐忍、心酸及清越高远，这不仅体现了准确性，更体现了深刻性。到了情绪激烈或感情迸发的时候，孟祥礼则信手拈来昂扬奔涌，气满神足，唱得浩浩荡荡、淋漓尽致。

孟祥礼在《女婿》中扮演的谢延信给人留下了难忘的印象，难怪有人称赞："卓尔不群孟祥礼，发扬'善调'建奇勋。"

半个多世纪以来，豫剧艺术圈子"阴盛阳衰"，甚至有人说"一窝旦吃饱饭"，在这种情势下，笔者渴望能更多涌现像孟祥礼这样成熟的游刃有余的生行表演艺术家，作点改变，将是豫剧的幸事。

其实，《女婿》一剧已是2008年的事了，今日看来仍觉新鲜。6年来，艺术造诣发生飞跃的孟祥礼已硕果累累、遐迩皆知，当刮目相看。如果让今天的孟祥礼再来演绎谢延信的话，他肯定会有更多更深的体悟，会有更多惹人注目的创造！

孟祥礼印象

姚金成

算起来我与孟祥礼相识整整 30 年了。那是 1985 年初,我刚从上海戏剧学院进修结业回来,被借调到省戏剧研究所工作。省戏研所与省豫剧一团同一个院子。戏研所没有职工食堂,就在省一团的职工食堂搭伙。当时省一团刚从省戏校实验剧团转过来一大批优秀青年演员,加上原先的班底,一时百花争艳、才俊如云,女有汪荃珍、王惠、王玉华、马兰、魏俊英、李明、李锦利、范静,男有孟祥礼、李斌、杨国民等。我不断听到一些戏剧界老同志指指点点介绍评点这批拔尖的青年。说到男演员,第一个就会说到那个虎头虎脑、憨厚爽朗的小伙子孟祥礼,说他人才难得,嗓子如何好,身上功夫如何好,将来一定能唱响唱红。

但那时一团正在杨兰春老师主持下加工修改传统戏《抬花轿》,准备去香港参加地方戏曲展演。《抬花轿》这个戏原来叫《香囊记》,是个生旦爱情戏,孟祥礼工的是老生行,没他什么事。赴香港演出后这个戏声名鹊起,大红大紫,但孟祥礼是老生行,在那一波新闻炒作的热潮里,他显然是被"爱情遗忘的角落"。

不过,"是金子总会发光"。1990 年河南省第三届戏剧大赛,省豫剧一团隆重推出了现代戏《黑娃还妻》，孟祥礼一下子就脱颖而出，吸引了整个剧坛的目光。《黑娃还妻》是张芳的发轫之作，它写的是20世纪80年代中国农村生活，故事曲折感人，憨厚善良的黑娃两次"还妻"，其心灵的挣扎和精神的升华令人感动。特别是孟祥礼金子般的嗓音，唱腔高亢明亮、醇厚圆润，像一坛陈年老酒那样醇香绵长，沁人心脾。他的表演朴实自然、形象生动，在真实而鲜明的性格刻画中显现出艺术的美。特别是"闫黑娃不要妻我要良心"这一核心唱段，充分展示了他的唱腔风采和表演才华，给人们留下了难忘的印象。那时孟祥礼刚刚30岁，可以说是一夜成名。他饰演的闫黑娃两度忍痛还妻，表现出了上世纪80年代改革开放后河南新一代青年农民全新的道德观和高尚的精神世界。孟祥礼塑造的善良淳朴、勤劳能干、外憨内精、拿得起放得下的河南青年农民新形象广受赞誉，随着被拍成豫剧电视剧《黑娃的婚事》，"黑娃"成了孟祥礼的代名词。

1992年，省豫剧一团排演了我的两个古装戏剧本，我记得在《金殿风云》中，孟祥礼饰演了一个州官。这是一个配角，满打满算也就是一两个小唱段。但他一出场，一开口，那气势、那声腔都非同寻常，完全是一个角儿的范儿。我心里想，这个角色实在委屈这位老弟了。

90年代中后期，河南省戏剧界由于在全国戏剧赛事中一直没有拿到过最高奖，备受各方诟病，河南省文化厅感受到了空前的压力。1999年10月份，我根据周大新的小说改编创作的舞台剧《香魂女》剧本，被文化厅确定为冲刺第六届中国艺术节大奖的重点剧目。文化厅领导的指导思想是凝聚全省戏剧界之力，通过排演《香魂女》为河南戏打一场翻身仗。《香魂女》的所有演员都不拘一格，通过"海选"，由专家组投票确定。其中的男主角任实忠最终选定了孟祥礼。

在《香魂女》中，任实忠既是女主角香香的情人，又是她钧瓷事业的主心骨和顶梁柱。他与香香的恋情是一段苦涩而沉重的地下恋情。香香是一个过去豫剧舞台上从没有出现过的人物形象。她是一个身处变革年代、自身充满深刻矛盾的复杂人物。她凭靠技术和劳动已经脱贫致富，获得了经济上的自主权，而且当了劳模，名扬四方，具有了相当的社会地位；但同时她又被一桩旧时代的错误婚姻所绑定，遭受了家庭暴力，忍着屈辱还要"挨打受气装笑脸，两副面孔度时光"。她向往着与实忠真诚的爱情，却又不敢轻易迈出前进的脚步，为了"贤妻良母好婆婆"的

● 《香魂女》剧照

所谓"好名声",使一段本来可以正大光明的爱情陷入了"偷情"的尴尬。这里,实忠这个人物形象是刻画好香香的重要基础。他的见识和才能,尤其是其正直、宽厚、敢于担当的优良品质,都是与香香这段畸形恋情能够得到观众理解同情的基础。如果这个基础不牢,香香这个人物形象就很难得到观众的认可。孟祥礼把任实忠这个人物表演得饱满到位。在香香成为闻名全县的劳动模范以后,任实忠担心再和香香来往会影响香香的社会形象,决定主动割断情缘,远走天涯。孟祥礼把任实忠内心的矛盾痛苦表现得非常真实,两个人最后的分别,特别是门里门外告别的唱段,可以说是声情并茂,催人泪下。《香魂女》一剧在 2000 年 10 月的第六届中国艺术节上,一举夺得了大奖。孟祥礼也因此被省政府记了一次大功,实现了他艺术上的又一次跨越。

2008 年,孟祥礼在现代戏《女婿》中饰演男主角谢延信,戏一公演就引起了戏剧界和新闻界的广泛关注。谢延信是 2007 年度"感动中国"十大人物、全国道德模范,他 33 年践行承诺,不辞辛劳照顾瘫痪岳父的善行,引起了社会的强烈反响。把他的事迹搬上豫剧舞台,既是戏剧工作者的使命,同时也是个严峻的挑战。为了演好谢延信这个人物,孟祥礼继承了豫剧三团创作现代戏的优良传统,下到焦作矿区体验生活,和人物原型交朋友,观察揣摩生活中谢延信的一举一动,了解他真实的内心世界。孟祥礼被真人真事所感动,在舞台上声情并茂地塑造出了一个真实可信、大孝大爱、乐观向上、任劳任怨、善良无私的青年和中年两个时期的谢延信。他那刚劲优美、酣畅淋漓的豫剧男声唱腔在这个戏中发挥得淋漓尽致,赢得了专家和观众阵阵热烈的掌声。他抱起睡在大洗衣盆中的小女儿变英时的那段唱"孩子听话孩子乖,爹抱孩子泪满腮"把观众给唱哭了,把观众的心唱碎了。他在背出瘫痪的岳父晒太阳给他们唱戏解闷时来了一段戏中戏,他把豫东红脸戏的唱腔、豫剧丑角高(兴旺)派的唱腔、豫剧现代戏王(善朴)派的唱腔放在一起大联唱,非常符合剧情需要和人物性格,具有强烈的剧场效果,增加了整场戏的喜剧色彩,同时也展现了孟祥礼多种声腔艺术的天分。在劝慰岳母时演唱的"可别说咱不如别人不公道,也别说这洞房花烛一团……穿皮鞋穿布鞋都得脚尖朝前跑,灾难中能熬出自在逍遥"大段抒情戏,充分表现了谢延信的乐观精神,给全剧增加了不少亮色,使观众压抑的情绪得到了缓解。在这个戏中,孟祥礼的表演细腻传神,在真实中彰显了艺术的美。例如在劝慰岳母的大段唱中间加上了一个甩双臂倒退走圆场的大秧歌动作,把谢延信的宽阔胸怀和与世无争的心态表现得淋漓尽致。他演的青年时期的谢延信的音色比较洪亮一些,举手投足都比较有劲,演中年时期的谢延信音色就变得沧桑了一些、深沉压抑了一些,反应也有一些缓慢,充分表现了他在塑造人物形象方面的细致用心和功力。该剧在各地巡演受到了观众的热烈欢迎,并在河南省戏剧大赛上获得骄人成绩,成为孟祥礼又一个代表作。

  2010年,孟祥礼调入河南省曲剧团担任团长。他性格热情豪爽,办事有板有眼,决策明快干练。他一手抓创作,一手抓创收,成果连连,团里人心大振,使曲剧团呈现出了可喜的大好局面。但他并没有忘记豫剧艺术,正在憋足劲筹备着推出新的重点作品。作为老朋友,我祝愿祥礼再出几部豫剧力作,再塑造出几个丰满感人的艺术形象,为中原戏剧艺术增光添彩!

朴实大方,热情洋溢
——浅谈孟祥礼的演唱艺术

朱超伦

朴实大方,热情洋溢,这是我对孟祥礼为人作艺的总体印象。如果追溯我跟孟祥礼认识、交往、合作的过程,还得从《黑娃还妻》说起。在观看《黑娃还妻》之前,也听说过孟祥礼,知道他是豫剧演员中的佼佼者。可是,他的演出,一次也没有观看过。说实话,作为一个豫剧界的老人,我很想认识认识这个年轻的新秀。天赐良机,1990年,当时的河南省豫剧一团,要为孟祥礼排演一出现代戏《黑娃还妻》,邀请我去看戏。我当然一口答应了。原因是:(1)当时排一出现代戏很不容易,我是现代戏剧团的人,很愿意多排现代戏;(2)有众多名家参与创作,对我也是一次学习的机会,不可轻易放过;(3)借这个机会,可以认识认识孟祥礼。

《黑娃还妻》的演出很成功。这固然与剧本的新颖有关,但更与孟祥礼的演出有关。剧本《黑娃还妻》着意刻画的是黑娃这个人物。剧本为黑娃这个人物设置了很多情节,这为孟祥礼的表演奠定了良好的基础。但是,正是孟祥礼非常到位的精彩表演,为剧本增了彩,使憨厚朴实的中原汉子——黑娃这个人物活灵活现地站立了起来。首先,孟祥礼的自然条件很好,高高的个子,方方正正的国字脸,挺直的鼻梁,明亮的眼睛,宽厚的声音,稍稍迟缓的动作,都为表现黑娃这个中原汉子的憨厚、朴实,提供了良好的条件。但孟祥礼也绝对不是自然主义的本色表演,而是不卖弄、不夸张、不矫情,恰如其分地利用了自身的良好条件。这是真正的艺术创作。更为难能可贵的是,孟祥礼充分地发挥了他那无与伦比的优势:好嗓子。他的嗓子是那样的松弛圆润,宽厚有味儿,而且,高低不挡,转换顺溜。在演唱中,你根本分辨不出哪是真声,哪是假声,两者结合得是那样的天衣无缝,顺畅自如,真真是难以遇见的天籁之音!他这种演唱,不仅是一般的好听,也为刻画黑娃这个人物形象,起到了不可替代的艺术效果。看了孟祥礼的这一次演出,我被感动了。我很高兴,因为我真正地了解了、认识了孟祥礼。同时,我也暗中产生了一个想法:孟祥礼这样好的年轻演员,能把现代戏演得这样好,要是能到我们专演现代戏的三团,该有多好!

心想事成这种事儿还真有。1998年,孟祥礼真的调到了专门演现代戏的河南豫剧三团。当三团排演《香魂女》时,孟祥礼也参与了排练,虽说不是主角,但也是一个主要角色。通过《香魂女》的排练,我对孟祥礼的演唱艺术有了更深一步的了解。

戏曲演员塑造人物形象的主要手段之一,就是唱。所以,戏曲演员,首先得有一副好嗓子,这是必要的条件。但是,仅有好嗓子,不会运用,不会控制,那也是白搭。戏曲行里,不乏这样的例子。这就像一个战士,手里有一杆好枪,但是你掌控不好,瞄不准,射击技术差劲,你的枪就起不到应有的作用,可惜了。

孟祥礼有一副很难得的好嗓子,更为可贵的是,孟祥礼经过良好而严格的训练,他自己又极其用功地琢磨演唱技术,注意吸收别人的演唱优点,克服自己的演唱缺点,因而,他能把他先天优异的嗓子发挥得淋漓尽致,运用得恰到好处,从而形成了自己高亢明亮、宽厚坚实的演唱风格。

在我看来,孟祥礼之所以能形成如此鲜明、个性独特的演唱风格,应从以下几方面来探讨。

第一,他的气息运用非常正确。传统戏曲对演员的演唱基本功训练一般会按照三个步骤进行:练气、喊嗓、调弦,而且得有机地结合起来进行。这三者之所以把练气排在首位,是因为气息是发声、歌唱的原动力。一般情况下,唱腔的强、弱、快、

● 2005年,《香魂女》在上海展演时,上海市委宣传部副部长陈东接见编剧和主演

慢、顿、连、疾、徐、含蓄、奔放、婉转、顺畅、悲愤、欢快、跳荡、平缓……这些演唱效果和情感色彩,都与气息的运用和掌控有密不可分的关系。字随气而出,气由情而生。只有气不断,音才能紧相连。气不断音相连,才能保证意不断情相连。即使有时候会出现事实上的气断的现象,也要使用艺术手段,处理得气断而意不断,气断而情相连。气是歌唱的根本,孟祥礼抓住了这个根本,巧妙地运用了这个根本。因此,在他的演唱中,绝对不会出现少气无力、腔断字虚的现象,而处处都是宽口满音,腔腔送到底,字字听得清。孟祥礼的演唱情真意切,感人至深,绝非溢美之词。

第二,孟祥礼的发声方法科学。孟祥礼没有凭借他的天生好嗓子而任意挥洒、吼叫、要好儿,他不断用高标准来要求自己。这可以以我们合作的《香魂女》为例证,加以说明。他在《香魂女》中扮演的角色不是主要角色,没有自己的大段的核心唱段。他的唱段,不是对唱,就是重唱,要么就是四六八句的小唱段。这样的唱段,都是围绕着女主角的唱段设计的。就是说,是陪衬,是为主要角色女演员服务的,不能以自己为主,不能突出自己。如果是素养不高的演员,特别是演唱艺术素养不高的演员,就会不用脑子,跟着女演员走就是了。但是,孟祥礼不是这样。他对每一小段唱、每一句唱,都会认真地研究、琢磨、体味,把意找准,把情唱足。在处理高、中、低音时,高音不飘,低音不散,都很饱满。在处理高、中、低音的转换时,更是转换得自自然然,和谐顺畅,听来舒舒服服。所有这些,又都是为主要角色的演唱作配合。这种配合,会使得对唱、重唱显得更和谐、更美好、更动听、更感人,为主要演员的演唱增添恰当的色彩,而不是突出了自己。这一方面是孟祥礼艺德高的表现,另一方面则是孟祥礼运用科学演唱方法的美妙结果。

通过以上分析,我们不难对孟祥礼的演唱艺术风格做出以下结论:气息饱满,声音圆润,明亮宽厚,朴实大方,情真意切,热情洋溢。

最后,我还想再进一言,出个"馊"主意。孟祥礼在我们三团许多年,我们的关系也不错。孟祥礼是我们的主要演员,是我们三团的副团长,是豫剧界的代表人物之一。但是,铁打的营盘流水的兵,孟祥礼现在又去河南省曲剧团当团长了。虽然曲剧对孟祥礼来说是个新领域,但他在上任不太长的时间内,就已经在那里干得风生水起,很有成绩,很有建树。孟祥礼的豫剧唱得当然了不得。不过,听了孟祥礼演唱的"小苍娃我离了登封小县"等曲剧名段之后,你又不得不说,孟祥礼的曲剧也唱得十分不得了——不仅保持了豫剧的演唱风格,更增添了几分风趣、幽默的味道。条件好,又用心,取得这样的成绩,是自然而又必然的,不必奇怪。可以预见,不久的将来,只要他愿意,曲剧界将会出现一位崭新的男演员,而且,还会很快地名噪一时。如果不信,就请你拭目以待。正是基于此,让我"心驰神骛,思接千载",想到了戏曲界曾经有过的一种所谓的"两下锅"现象——一出戏中,两个剧种同时出现,你唱你的,我唱我的,互不干扰,互相帮衬。这当然需要演员有功夫,能够昆乱不挡,运用自如。当然,这种现象已经随着戏曲艺术的发展被淘汰了。但是,时至今日,这种现象依然在某些剧目中保留下来了,比如京剧的《小放牛》。因此,我大胆地想,能不能为孟祥礼量体裁衣,创作出一部可以让他"两下锅"的剧本,以充分发挥他的演唱长处?初看起来,荒诞不经。但是,不妨一试。或许是一条崭新的路子,也未可知。你说哩?

我和祥礼的忘年交

吴心平

我有幸应邀参加河南省艺术名家推介工程——豫剧骄子孟祥礼的专场演出和表演艺术研讨会。当天下午从商丘搭乘 2 点 40 分的大巴车抵郑后,我徒弟李春景接我直奔演出场地,与祥礼打了个招呼就坐在观众席上急盼着开演。因为这些年来我和祥礼虽不常往来,但也经常在电视上观看他的演出。无论他的专场晚会,还是他塑造的众多栩栩如生、感人至深的英雄人物形象,都是通过电视屏幕看到的,近距离观看他的演出几乎没有。这次终于等到了机会,我是万万不能放过的。

开演的时间越来越近,观众席上坐满了黑压压的人群,省里的一些专家名流和领导也都陆续到场。开演铃声响起,忽然天公以迅雷不及掩耳之势下起了瓢泼大雨。暴雨驱散了人群,我也跟着躲到近处的房檐下,心想这下完了,估计今晚的演出要泡汤,我的心也凉了半截。谁知夏天的雨来得猛去得也快,说停就停了。我悬着的一颗心也慢慢地放下了。渴望着祥礼专场演出的人群并没舍得离去,他们从各个角落里又慢慢走了出来,简单地拍打一下被雨水淋湿的衣衫,擦一擦被暴雨冲刷的座位,又坐了下来,静静地等待着演出重新开始。

● 《女婿》剧照

　　舞台上,祥礼带着员工忙着扫除积水,整理布幕,检查线路,以最快的速度进行演出的准备工作。铃又响了,灯又亮了,乐队奏响了开幕曲,演出拉开了帷幕。我两眼紧紧盯住舞台,不放过每个节目的起承转合,不放过每个人物的眼神和细小动作,聆听着舞台上每一句唱腔,不放过唱腔中的每个音符。看完了孟祥礼的专场演出,我松了一口气,细细地品味着,揣摩着这场演出给我带来的享受。祥礼天生一副好嗓子,关键是他那么会用,那么会唱。他不但会唱豫剧、曲剧,还会唱京剧,更会唱歌,而且戏和歌都唱得那么好,唱得那么让人爱听,让听的人都愿跟着学,这就很难得了,更难得的是他能用声腔艺术塑造各种类型、各种特点的人物形象,来启迪观众,教育观众。这就要求演员不但要有扎实的基本功,还要有较高的文化素质和丰富的生活阅历,要有良好的思想品格和高尚的道德情操。

　　如他所刻画的人物谢延信的孝道忠厚,黑娃的朴实善良,我总想着这些人物身上都有祥礼自身品格的影子,所以让人看后觉着可亲、可敬、可爱。他塑造的杨子荣英俊、挺拔,小苍娃善良、幽默,都给人留下了深刻的印象。祥礼深厚的表演基础和高超的戏曲演唱技巧,也使得他唱的歌更具表现力和穿透力。这是一般歌手所不及的。

在第二天的研讨会上,众多的音乐家、导演和表演艺术家都对祥礼的表演、唱腔、人品以及社会活动等各方面给予很高的评价,我就不再赘述了,倒是想多说几句 30 多年前我初识孟祥礼时一些还不为人知的小事。

上世纪 80 年代初,祥礼从省戏校毕业。因为他是宁陵人,早听说他是一棵戏曲好苗子,所以我就想办法走门子、托关系把他拉到了我们商丘地区豫剧团。在我的记忆里,那时的孟祥礼是虎头虎脑、潇洒英俊、一脸稚气的小伙子。一天到晚总是无忧无虑满脸笑眯眯的,见人不笑不说话,对人随和,办事伶俐,精明能干,他和同龄的同事相处都非常融洽,对每个老师都非常尊重。平时非常勤奋,练功非常刻苦,每次干活都非常卖力,我们巡回演出,装车卸车、装台卸台,这些义务劳动的活他都抢着干,从不讨嫌偷懒,但吃饭他总是排到最后,坐车他总是最后上,有座就坐,没座就站着,从不抢位占位,所以我们团老老少少、男男女女都喜欢和他交往,人缘好得很。因此,我就暗下决心一定要把他收为我唱老生的接班人。可就在这个节骨眼上,省里要调他去省团,我心里真是不舍,毕竟省里的条件要比我们优越,总不能因私情耽误他的大好前程,所以我是含泪放人。

是金子总要发光的。一晃 30 多年过去了,当年一棵小苗如今已长成参天大树。祥礼已成为我省戏曲战线上的领军人物,为此我也由衷地感到高兴和欣慰。

最近宁陵举办第二届戏迷擂台赛,邀我去当评委,再次和祥礼相遇,让我对他又有了新的更深一步的认识。他现在是省曲剧团团长、省政协常委、文化部评选的优秀专家、全国文化系统先进工作者、国家一级演员,曾受过党和国家领导人的多次接见,可以说是响当当的知名人物,但祥礼仍像往常一样平易近人,没有一丝一毫的架子。那天尽管下着小雨,听说祥礼回来了,周边还是来了很多群众,其中不少是老年人,他们虽是来看擂台赛的,但更重要的是想听一听孟祥礼的精彩演唱。祥礼不负众望,唱了一段又一段,只要群众提出,他是有求必应。不少热心的观众拉着他照相,他也是来者不拒,不分老少,不分男女,谁来就跟谁照,没表现出一点厌烦之情,充分体现了他对宁陵家乡的亲情。

他从小就在宁陵长大,儿时的同学自然不会少,几十年过去了,他现在是文艺圈里的名人,回家了,来访的学友自然不少,送走一批迎来一批,喝酒应酬一场接一场,又体现出了他对同学的友情。

比赛结束后,领导留我们吃晚饭。因为我去了,祥礼又暂缓与学友的相聚,特意陪我,充分体现了他对长者的尊敬,使我感受到了他的亲情。

几件小事使我对祥礼的认识又有升华,他把乡情、友情、亲情看得很重,这一点让我很感动。他名气大了,身份高了,但他仍把自己植根于群众之中,这是一般人所做不到的。

祥礼经过几十年的拼搏和努力,在戏曲事业上取得了丰硕的成果,党和人民也给了他很多的嘉奖和荣誉,他是当之无愧的,同时责任更大了,担子更重了。真心希望祥礼为戏曲事业的传承与创新,做出更大的贡献。

祥礼,难得的梨园"一把伞"

齐飞

真正的爱是奉献,而不是索取。

真正的美是创造,而不是炫耀。

真正的艺术家,无论是站在演出的舞台上,还是站在生活的大舞台上,都会赢得人们的掌声。孟祥礼做到了,也得到了。

祥礼,从乡下走出来的农家娃,成长为著名的表演艺术家,虽然有天赋聪慧的因素,但更多的是他后天的生活磨砺、父辈和老师的教诲、传统美德的熏陶,铸就了他良好的思想品德和宽阔无私的胸怀。和他认识和交往过的同人朋友,都感觉到他至今仍保持着乡下人那种纯真与善良、热诚与忠厚、勤奋与包容的性情。在他从艺40周年的座谈会上,都说祥礼"戏好""好人"。

说一个演员的"戏好"是很平常的话,说一个人是"好人",可就不那么平常了。"好人"是要具有较高的思想水准、无私的奉献精神、一贯的良好表现和感人作为才能被公众认可的。一个人做一件好事不难,难在一辈子做好事。而好人恰恰就是任性地一辈子与人为善而不改变,一辈子助人为乐苦也甜,几十年演好戏做好人

小品《戏迷招亲》，孟祥礼演唱四平调

是立身之本不动摇，这就是孟祥礼。

在他从艺40周年座谈会上，南召县夕阳红老年公寓理事长李伟大嫂抢着要说几句话。她话未出口泪如泉涌，叙述了在敬老院最困难时祥礼对敬老院的义演资助和逢年过节去看望孤寡老人的感人情景，在场的人无不为之动容。他步入省戏校学习的启蒙老师谈起他，不是说他在校时如何刻苦学习，他如何尊师守规，而是夸赞他离开学校之后对他们的看望和关怀，尤其是在他成名之后还一直没有忘却恩师的栽培与厚爱，这就是一个人的品德和良心。而对演艺圈子的同事和朋友们，他则是有求必应，有事必帮，宁可吃尽千般苦，不让求助者失望凉了心，是实实在在的古道热肠。故而，戏说他是梨园"一把伞"，把风雨留给自己，把方便和温暖送给了别人。

记得1998年，我为《梨园春》春节晚会编导一个小品《戏迷招亲》，祥礼扮演老戏迷的二儿子，他总是准时到场，总是拨打电话催促尚未到场的演员，结束后总是把顺道的演员送回家，充当了剧务的角色，自找了他分外的差事且尽力尽心。这些平凡小事反映出了一个人的素养和美德。

在播种的春光里，谁的担子挑得最重，谁的手茧结得最厚，谁的汗水流得最多，到秋天必然得到最丰厚的硕果。祥礼就是这种靠付出获得丰收的耕耘者。如前所说，他有一定的天赋，首先是有一副金声玉振的好嗓子，加之能唱、会唱又善唱，无论是《黑娃还妻》还是《女婿》等，都充分展示出了他声腔艺术的魅力。即使来一段《李双双》中"走过一洼又一洼"，或是《朝阳沟》中拴保的唱段、被誉为"红脸王"的唐玉成的豫东调，他都能做到吐字清晰，声随字出，高音清脆明亮，低声醇厚韵展。激情时如大江东去，细吟时如潺潺流水，收放得当，十分动听，从而表达出人物情感，令人称道。特别值得提及的是，这位豫剧出身的科班生，如今任职省曲剧团团长，唱起曲剧也那么自然娴熟，地道老成。他的一段戏曲联唱，把豫东豫西调等多个流派和越调、曲剧等多个剧种的经典唱段联为一体，唱得如行云流水、平稳自如，总能博得观众的阵阵掌声。豫剧男生有如此不凡演唱功力的在河南剧坛屈指可数，祥礼就是其中的佼佼者，不愧为豫剧骄子、梨园才俊。

走平路，众人都能勇往直前，攀高峰，方能显出谁的志坚。祥礼正值大好年华，如今又逢文艺春光旖旎之时，人格的提升、艺术素养的提高是祥礼继续努力奋斗的目标，祥礼也必将实现成为受人民尊重和爱戴的德艺双馨的艺术家的美好梦想。

祥礼，我已为你准备好了鲜花。

豫剧名家孟祥礼表演艺术研讨会纪要

时间:2014年8月27日上午
地点:建业总部港B座4楼会议室

李霞(河南省文化厅副厅长):
尊敬的各位领导、各位专家,大家上午好!

今天,我们在这里隆重地举行河南省艺术名家推介工程——豫剧名家孟祥礼表演艺术研讨会。天公不作美,从昨天早上到今天下了两场雨,可能交通不太便利,有些领导、专家还在路上。首先非常欢迎各位领导和专家的光临,同时也感谢大家冒雨前来参加孟祥礼的表演艺术研讨会。

第一项,我先介绍一下与会的专家、领导和新闻媒体的朋友。

河南省文化厅老厅长孙泉砀,原河南省文化厅巡视员董文建,原河南省文联巡视员王洪应;

中央电视台海外中心主任编辑方成；

省委宣传部文艺处副处长张邯，省文化厅艺术处处长闫敬彩、副处长解冬；

河南豫剧院院长李树建，书记汪荃珍；

河南豫剧院副院长、二团团长丁建英，河南豫剧院副院长、三团团长贾文龙，河南省越调剧团团长申小梅；

河南省戏剧家协会驻会副主席、秘书长，国家一级编剧陈涌泉；河南省音乐家协会驻会副主席、秘书长，国家一级作曲李仲党；

河南省文化艺术研究院副院长吴亚明，著名作曲家方可杰，著名导演罗云、李云，著名戏剧评论家马紫晨、刘景亮、谭静波，著名剧作家姚金成；

著名作曲家朱超伦、耿玉卿、赵国安、汤其河；

著名剧作家齐飞、王明山、张芳；

著名豫剧表演艺术家王善朴、杨华瑞、吴心平；

著名导演任志玲、李杰；

此次演出和研讨会的承办单位，泽华文投董事长白春杰先生，以及孟祥礼在企业界的朋友；

曾经教过孟祥礼的老师代表张本先、陈安福先生；

河南省曲剧艺术保护传承中心的领导班子成员孟祥礼、常松、杨帅学、张付中，洛阳市曲剧院院长刘联合。

新闻媒体：

《中国文化报》；

河南卫视；

河南电视台都市频道；

《河南日报》；

《大河报》；

《郑州日报》；

《郑州晚报》；

河南文化网；

《魅力中国》杂志社。

"河南省艺术名家推介工程"是省文化厅2011年发起的一项艺术人才培养和宣传推介的工程。到今年为止,我们相继推介出15位艺术名家。这些艺术名家涵盖了音乐、编剧、导演、表演领域的艺术家,同时还有摄影艺术家。我们这一项工程目前在省内外,特别是在北京的艺术领域里面得到了广泛的认可和高度的评价,认为这项工程对我们大力推介河南的艺术名家,提高河南文化的影响力,都起到了很大的推动作用。

前不久,省委组织部召开了全省的人才工作推进会,我们今年上报到省里面的人才工程有两项工作,其中一项就是河南省艺术名家的推介工程,另外一项是我们中青年艺术人才的培养工程。艺术名家推介工程长期以来得到了在座各位专家和领导的大力关心和支持,我们今天在座的很多是推介工程已经推介过的名家,很多是长期以来参与我们这项工作的专家、评论家、艺术名家,因此对今天与会的各位专家,再次表示衷心的感谢!

我们这个名家工程是在董文建厅长主管艺术工作时主抓的。每一位名家在推介的时候,是按照"四个一"运作的。一是个人的作品展演活动,二是一部专题片,三是召开一个推介会、研讨会,四是为每一位名家出一本书。我们的书现在已经出10本了,书的质量很不错,总结概括了每一位艺术名家的艺术人生,这套丛书非常好!而且在"四个一"的过程当中,咱们在座的各位专家,有的是写文章,有的是帮助组织,参与了很多的工作,所以说这个推介工程如果没有在座的专家、名家们大力的支持和配合,我们这个工程也不会实施得这么顺利、这么好!下面,我们正式开始推介会的议程。

第一项,由厅艺术处的闫敬彩处长宣读贺信。

闫敬彩: 孟祥礼表演艺术研讨会,包括昨天晚上的演出,很多单位和个人知道以后,都对这个活动,包括对孟祥礼本人已经发来了贺信、贺电,我选其中两个念一下。

第一个是中国艺术研究院特邀研究员、辽宁剧协副主席徐培成先生发来的贺信。

河南省文化厅：

欣闻豫剧名家孟祥礼表演艺术研讨会在郑州隆重召开，谨致以热烈的祝贺！

孟祥礼是豫剧同代演员中的佼佼者，曾在一系列剧目中塑造了不同行当、不同性格的人物形象，如《辕门斩子》中的杨延景、《黑娃还妻》中的黑娃、《香魂女》中的任实忠、《女婿》中的谢延信等。他的表演朴实自然，情感饱满；唱腔真假嗓转换自然，字正腔圆，声情并茂！是一位深受观众喜爱的表演艺术家！

贵厅为孟祥礼召开表演艺术研讨会，既是对他以往艺术创作的总结，也是对他未来蓝图的规划，具有重要的意义！

河南省文化厅实施的"河南省艺术名家推介工程"是一件意义重大的系统工程，为全国艺术同行树立了典范，做出了榜样，这种推出艺术名家的措施和气度，值得效仿、宣传、弘扬！

最后，祝孟祥礼表演艺术研讨会圆满成功！

中国艺术研究院特邀研究员、辽宁剧协副主席 徐培成

2014年8月26日

我们省里的专家袁文娜老师也发来了为研讨会和专场演出写的一首诗，祝贺孟祥礼专场演出暨表演艺术研讨会圆满成功：

天生歌喉震四海，
四功五法练成才。
各种角色放光彩，
亿万观众乐开怀。
勇往直前莫懈怠，
万马奔腾迎未来。

袁文娜

2014年8月26日

发来贺信和贺电的单位还有河南省政协、河南省慈善总会、中国戏曲表演学

会、商丘市演艺集团、鹤壁市牛派艺术研究院、漯河市豫剧团、郑州市豫剧院、郑州市曲剧团、南阳市曲剧中心、洛阳市曲剧院、平顶山戏剧研究中心、许昌市戏曲艺术发展中心等。

发来贺信贺电的个人有：河南省文联书记吴长忠，中国戏曲学院副院长周龙，国家话剧院国家一级演员刘佩琦，中央歌剧院国家一级演员王威，中央芭蕾舞团交响乐团团长李对升，中国歌剧舞剧院舞剧团团长、一级艺术指导许宁，中国东方演艺集团文化创意公司总经理、国家一级舞美设计吕虹，河北省演艺集团董事长张雪燕，浙江话剧演艺集团董事长、国家一级演员王文龙，哈尔滨话剧院院长助理、国家一级演员杨丽萍，海南省歌舞团团长、一级编导彭煜翔，青海省藏剧团团长、一级编剧仁青加，贵州省花灯剧院有限责任公司党委书记、董事长、院长、国家一级演员邵志庆，新疆生产建设兵团豫剧团党委副书记、团长、国家一级演员徐爱华，湖北省京剧院国家一级演员江峰，中国传媒大学戏剧戏曲研究中心主任、国家京剧院一级演员袁慧琴，湖南艺术职业学院党委书记、教授鲁雁飞，宁夏艺术学校副校长、国家一级演员王玉梅等。

让我们对以上发来贺电、贺信的单位和个人表示衷心的感谢！宣读完毕！

李霞： 会议进行第二项，请大家观看河南艺术名家孟祥礼宣传片。（略）

李霞： 进行会议第三项，请与会的领导和专家合影。（略）

李霞： 会议进行第四项，会议开始发言。

李树建： 尊敬的各位领导、各位前辈、各位老师，今天是祥礼的研讨会，也是我们所有豫剧演员的研讨会。各位领导，特别是专家对我们戏曲演员非常关心和支持，我也代表我们戏曲演员对各位专家、各位老师表示衷心的感谢！

今天看完孟祥礼的专题晚会和宣传片，我很受感动，也很激动。我虽然得了几个奖，演了几台戏，但看了祥礼的宣传片，我自愧不如。我和孟祥礼同志在一块儿工作了两年，祥礼到二团当团长助理，第一次带团下去演出的时候,天气非常冷,孩子们冻得受不了时,祥礼立即打电话给朋友,他的朋友冒雪驱车几百里给孩子们送去了军大衣,孩子们都非常感动。这是祥礼对下一代的关心和爱护。这是第一。

第二,孟祥礼带着学生们去新密比赛,他掏钱让孩子住宾馆,自己却住到了浴池里面,这体现了孟祥礼同志的人格魅力。祥礼到曲剧团之后带来了效益,在全省文艺团体里获得了好评,他把自己几十年的志愿用到了河南文艺团体,我对他表示崇高的敬意。

另外,祥礼搞了很多的活动,我看了宣传片很受感动,这一点他是我们全省演员学习的榜样,下去以后剧协要宣传孟祥礼的这种精神。他是一个慈善家。

第三,中国戏曲学院曲剧本科班相当于曲剧界的黄埔军校。当年中国戏曲学院创办豫剧班招收学生,我和建英同志整整努力了半年,最后才实现了。这一批学生现在回来以后,文化厅很重视,以他们为班底成立了青年团。招收曲剧本科班,是祥礼同志为曲剧事业做出的巨大贡献,这一点是我们戏剧界学习的榜样。曲剧作为一个地方戏,他做通中国戏曲学院院领导的工作,又做通教务处、表演系方方面面工作,最后成立曲剧班,他功不可没。

第四,这个晚会弘扬主旋律、传播正能量的节目非常多,很重要,很受教育,很受启发。

第五,节目内容非常丰富。

第六,祥礼同志的演唱功力非常深厚,在全省目前的男演员里很少有人能与之相比。这个活动搞得非常好,我代表河南豫剧院,向孟祥礼这次研讨会表示衷心的祝贺。

赵国安:我想谈谈我和孟祥礼的缘分。他是省戏校毕业的,我当时是那里的教师,虽然当时没有教他,但是后来到一团我们两个又走到一块了,他给我的印象非常深刻。尤其是排了《黑娃还妻》之后,我们合作这个戏,我才全面认识了孟祥礼。

孟祥礼天生有"三子":好嗓子、好样子、好肠子。

他的嗓子好大家公认，我从事音乐创作以来，很少遇到这么好的嗓子，其音域之宽是一般的男生达不到的。而且，他并不是只有一道腔，而是真声假声都有，上下通透，表现力非常丰富，具有很强烈的爆发力。他的音色上有一种磁性，大家都非常喜欢听他唱戏，不但专业的人士喜欢，还有很多老百姓都喜欢听他唱戏。好样子，就是孟祥礼天生一表好相貌，扮相更好。说他有一副好肠子，是说他有一个好心肠。我和孟祥礼虽然是师生关系，但是他很多地方值得我学习。不管是他当团长还是不当团长，这个人非常讲义气，不管是领导还是单位同事，甚至包括一般的观众和老农民，他都有朋友，都能说得来，他没有一点架子，谁有困难他都愿意帮助。我觉得这是天生的。但是他的成功与后天的努力也是分不开的，因为他勤于学习，善于钻研才成功的。孟祥礼现在豫剧唱得好，曲剧唱得好，越调唱得也好，还能唱歌，京剧唱得也很好，京剧的快板是非常难唱的，昨天晚上演唱的京剧选段中，后面的快板孟祥礼能拿下来，证明他下了很大的苦劲儿。从这方面可以看出孟祥礼在后天努力上下了很大功夫，才有了今天的成绩。

　　我希望孟祥礼在今后的豫剧道路上越走越好，希望他能把曲剧团带领好，希望他自己也能排出更好更高水平的戏奉献给大家，这也是观众和专业人士所期待的。

杨华瑞：在大家面前我是个老小学生，现在我想说几句，也是替善朴发言，说的是我们两个人的意思。

　　我在想一个问题，祥礼为什么没有更多的人关注呢？他做了很多的工作，可很多评论不提他，这一点我很有些不解。他是一个低调的人，但是他做的事很高调，他的事迹很低调，如果不是这一次推介工程，孟祥礼还不能唱得这么响，这一炮打响了。对于推介工程，我以前不是太理解，通过推介工程我拜读了很多东西，像杨丽萍厅长的总序，我才理解这个工程的伟大，功在当代，利在千秋。昨天我亲眼看了祥礼的晚会，确实是这样。杨厅长说旨在推介河南的领军人物，总结和传播他们的艺术成就，激励文化艺术工作者百尺竿头，再上一层楼，引领河南文化艺术人才队伍健康成长,是对河南省艺术界各领军人物的系统总结和展示。这个工程很系统,而且这些领军人物都做到了,他们是当代的领军人物,其他的人物一代一代都过去了。

昨天下雨了,还有那么多观众,这说明平常祥礼有观众缘、很有人缘。我和善朴两个人在家里聊天,聊到祥礼的不少话题,就聊一点写一点。

祥礼的角色来回变,他什么都唱过,于是,我们就给文章起了个名字:"是金子放在什么地方都发光"。在戏校有几大演员,男生少,有点阴盛阳衰。凡是戏校里面有汇报演出,王善朴就去看,虽然没有孟祥礼的名字,但是他在男生当中是拔尖的,所以王善朴就对他很有印象。后来孟祥礼到剧团演了很多角色,特别是黑娃,黑娃就是孟祥礼,孟祥礼就是黑娃,黑娃能代替他,他能代替黑娃,刻到观众的心窝里面了。后来他又演了很多戏,我只是说黑娃是他最好的代表作。他一出来,大家都说他压台,他有魅力,很多的角色他都适应。后来更有缘到三团,到三团以后他与大家合作很好,而且很出力,把剧场搞得很活跃,观众也很支持。

到后来,更深的印象就是有一段时间戏剧受到冷落,这个时候孟祥礼没有放弃,不仅把青年人的积极性调动起来了,把老年人的心也温暖了。他到基层,群众对他更熟悉了。在戏曲最冷落的时候,他的劲儿来了,戏曲联唱是他创造的。那一段给我们老演员的心也温暖了,跟着他参加了很多活动。

为什么说祥礼和善朴是师徒缘分呢?孟祥礼到三团接三团唱腔的基本东西,他想认善朴为师傅,善朴说无功不受禄,就谢绝了。后来中央的领导来了,选择唱拴保的人,善朴以师辈的名义上去参加,他们在前边唱,他在旁边学,从那以后善朴想接受这个学生。接着,在几个老同志的推荐下,就在登封的朝阳沟举办一个小型的拜师会。他平时的朋友多,到正经事的时候办得很正经,幽默的时候很幽默。他这个人该幽默的时候,放得开,该严肃的时候又很严肃。他很尊重领导,相信领导,而且不卑不亢,敢担当,该给同志办事的就办事,他有男子汉勇于担当的精神,他到三团以后也出了很多力。

后来他到了曲剧团,很多人为他遗憾,觉得他到曲剧团是豫剧界的一个损失。但是他自己没有觉得遗憾,好像还很轻松。以前曲剧团里面有一些矛盾,他去了以后都很好地调整了,昨天我看曲剧团里面团结一致,这些以前是做不到的。我觉得,他这个班接得不错,特别是在传承方面,在曲剧团昨天的晚会上,传承的精神非常明显。特别是最后学生唱《母亲》的时候,我也感动了。他自己是一个大孝的人,我们在老年公寓住,他经常去看望我俩。他每到九九重阳节就去免费给老人演唱,老人们都说善朴你俩有这样的好学生真幸福。我们感动,我们的子女都做不到。老人们都替我们感动,我觉得也是我们的福气。

他的母亲也老了,他的父亲痴呆了。为了给他父亲找合适的公寓,他带着老父亲看遍了郑州所有的公寓,让老父亲看看,老父亲觉得哪里好就住哪儿。这一点我非常感动,觉得他演的《女婿》就是演他自己的孝心。

昨天下着大雨,我以为观众会走的,却发现观众都在那里等,这就是祥礼的人格魅力。今天他把他的启蒙恩师张本先老师也请来了,这就是他不忘本!善朴与他的启蒙恩师一见面,觉得他的功劳非常大。

齐飞:我算了一下,今天到会的领导、专家40人之多,我大老远跑来不说两句太亏了。

我觉得,这个推介会从本身意义上来讲,确实值得认真去总结,是对一个艺术家艺术的总结,对人格的评价。

第一,对人物的宣传。外省的人对我们的推介会非常羡慕。以前,我们评价艺术家都是故后去总结,有点太迟了。现在我们对正是年富力强的艺术家进行总结和推介,本身就是对他们的激励和助推,我觉得这个非常好!所以我们才能排出来一台又一台好戏,在全国得了一个又一个大奖,这与我们对名家的推介工程分不开,而且他推介了之后,下面排着队,这个举措是值得称道的。

第二,其他的一些艺术家,一般是喊我的我都到了,大部分我都参加了,孟祥礼给我一说,我准时到。我觉得,孟祥礼身上最难得的是平民意识,不管当演员还是领导都一样。为什么说他人缘很好呢?我第一次和他排戏是1998年,从那时和他接触以后发现,他本身是一个演员,但是他完全承担了一个剧务的职责,太热情了。所以随后的一些善事活动，不管路多远，多困难，我随叫随到。我们有些艺术家有了一定的成就以后，就难免有些架子了，而且态度上、着装上都有变化了。我们院里面一个老邻居没当科长以前一个样，当了科长又一个样子。等我们有了一定社会影响力以后，一定要保持自己的本色，这样才能提高和进步，这一方面在孟祥礼身上表现得很充分。

我想用四句话概括对孟祥礼的总结，写得不好，但想给大家念念：

粉墨春秋四十年，
众夸祥礼好人缘。
德艺双馨艺术家，
天道酬勤再登攀。

姚金成：我和祥礼认识30年了，我们原来住的是一个楼，我对他的艺术，对他的为人，印象非常好。孟祥礼在我心目中就是典型的河南汉子，形象淳朴厚实。他的嗓子是金嗓子，他在舞台上也是河南人的形象。他对人热情、豪爽，这是大家有目共睹的。很多观众对他热情痴迷，我感觉他声音的爆发力和感染力太美了，我听唱《红灯记》太多了，但是他的声音一出来大家就觉得很感动。我看录像，大特写对着他的眼睛，非常纯真。我发现他的表演真是太好了，这一点证明他确实是出色的表演艺术家，这是他的艺术感染力对我的震撼。

另外，我看到观众对孟祥礼的歌唱艺术的热情和痴迷，我想到一个关系，联系到整个河南豫剧艺术与观众的关系。我们河南的戏剧艺术被全国很多省份羡慕，从某种角度说，我们称第一是无愧的。我们观众土壤的深厚是外省很羡慕的，这个深厚的观众土壤是我们艺术在成长的过程中，一代一代艺术家的艺术感染、培育的结果。艺术家与观众的关系，是一种互相激荡、互相培养、互相加强、共同成长的关系。为什么土壤这么深厚呢？是因为有这一代一代这么优秀的艺术家，他的艺术你一介入就会被感动，你就喜欢他，这样一传十、十传百就形成了。我去过很多省份,他们的观众和艺术家的关系不是这么热。为什么没有这么热?土壤深厚不是自动的,不是天生的,它的深厚就是一代一代艺术家感染的结果,像孟祥礼背后有很多粉丝喜欢他,其实他也是一代艺术家杰出的代表之一。艺术家一代一代的培育,使我们的土壤越来越深厚,当然还要出好作品,如果不出好作品,不出好的艺术家,土壤就越来越薄。

另外,孟祥礼是一个戏曲活动家。他到曲剧团以后,我已经感觉到曲剧团的气氛那么热,大家热气腾腾的,他和观众及领导的关系都是热气腾腾的,这说明他不仅有艺术感染力,而且做人也有吸引力。作为一个戏剧人,我对祥礼兄弟对艺术做出的贡献表示感谢!

马紫晨:在总编陈静的支持下,我在《魅力中国》连着发了两篇比较长的评论文章,其中有一篇是评论孟祥礼的,题目是"评论家们,请关注孟祥礼!"这是一种呼吁。我写评论文章有自己的侧重点,我就看他有没有对前辈、对老师超越的地方,你只要有超越的地方,你找不找我,我都会写的。我有一个观点,比如师生关系,你对老师的学习就是学习,你永远学不到老师的东西,正如不想当元帅的士兵不是好士兵,不想超越老师的学生不是好学生。王善朴和我是老同学,我跟他说孟祥礼对你有超越的地方。

1980年举行一个豫剧流派调研之后,我连续发了三篇大的文章。第一篇就是《论豫剧五大名旦的唱腔艺术风格》,第二篇是《戏曲流派的诞生和形成》,都是有针对性的。第一个为五大名旦记谱发表的是我,所以我们的关系是无话不说的关系。当时,我发了对五大名旦的艺术唱腔评论之后,王南方就拿我的这篇文章让五大名角都看了,他回来给我说,五大名旦对这篇文章非常满意,别的评论都没有你评论得准确,我说下面还有一篇文章,是《试论五大名旦唱腔不足和缺憾》,不知到时候五大名旦看了会不会接受。我认为,凡是有修养的艺术家都能接受。任何一个伟大的艺术家,就像一个文人一样都不可能是十全十美的,再大的艺术家也不能说他没有不足之处。如果大家都是捧,没有人提出毛病怎么能行?比如当时就遇到了一个问题，我和香玉当面探讨了。我说我给你提两条，"一家人"的"一"张口不好，牙齿张不开，而且"一"什么？意思不明确，你是不是先扔出来三个字"一家人"，用"人"来拖长音？她说对。还有一个"大快"，我说你大快什么？肉吗？我说你一下子扔出去四个字，"大快人心"。别学那个"西门外"一个"西"一阵锣鼓之后才出一个"门"字，别学那个。从我说了之后，三个字都出去"西门外"。我说常香玉你最大的贡献是流水、二八这两个板式混成之后，这两个板式不分了，这个很好。她说，你给我的学生说，我们改。我给她一个弟子说了以后，她说：马老师，我不敢。

在这一点上，孟祥礼有优点，他敢于突破。比如我在给一个曲剧名家立碑的时候，祥礼唱了一段《小苍娃》，当时年龄最大的马骐、刘卫生一听都说很好，比海连池强，强到哪里了呢？至少是嗓子，嗓子是天生的，没办法，唱法上他没有说的。包括那一天我看《卷席筒》电影都是那样，这一点我要鼓励他。

朱超伦：孟祥礼是在1998年调三团的，1995年我就退休了，但是我们的老团长董文建又返聘我了，这个时候我和孟祥礼接触了。接触时间也不算太长，一直到《香魂女》排成。

我的总体印象是，孟祥礼这个人为人亲切平和、低调，是个有爱心的人，这个人的性格随和、平实。人总是要为自己的成就露头，这个是人性，谁都想往高处走，哪一个艺术家不想让自己出名啊！这个是人的共性，但是我感觉孟祥礼没有太锋芒毕露，不是像有那么一些人，每天在想自己的事，那也没什么错。为自己的名利去拼搏，有些方面讲也对，但是陷入这个深渊里面就过分了。但孟祥礼从来就不是这样。他想自己的事时，没有妨碍别人，而且往往是在有好事的时候，并没有一直往前冲。比如这次拍《香魂女》电影，本来是他原创的男主角，后来换人了，但是他很平和，从这一点上看，我就觉得这个人不错。

孟祥礼的为人低调、平和。从这一点上说，我对他这个晚辈非常器重，甚至非常佩服。我虽然是一个老头，但是老头也可以佩服青年人，这个是他的人格品德，难得这种性格的平实,一定要保持住。还有一点是,他当群众的时候架子不散,当官的时候架子不端,他一直就这样,这也是很难得的,这也是人的品德。这是人格上我对他的看法。

从艺术上说,孟祥礼嗓音的高低音过渡很自然,他的高低音没有空虚的感觉,往往人唱高音的时候很容易干,控制不住,但是孟祥礼没有,而且他的高音和低音过渡中间没有坎儿,他的声音很贯通,音色也比较统一,往往到高音的时候,马上有一个转换的感觉,他这个声音很通顺,我感觉是难得的,这是我们的宝贝。我们豫剧本身声音就高,但是高的中间能不能创造一个好的声音,这是对我们的挑战,但是像祥礼、文龙这几个人确实给我们豫剧的男生起到了带头作用,所以我感觉很可贵。我想祥礼、文龙你们应该在自己实践的基础上建立一些理论性的东西,怎么样把大小声音嗓子很通顺地过渡过去,要讲究一点理论。我们要把理论队伍建立起来,不但我们河南的戏演得好,我们的理论也要上去。

再者,我有个建议,孟祥礼本身从小学豫剧,现在调到曲剧团了,这个人有领导天才,我们文化厅的伯乐慧眼,知道孟祥礼是好的领导,学豫剧的到曲剧团了,本来对我们是一个遗憾,但是任何事情都是双面的,也可以转化啊!所以我有一个小建议,将来剧作家能不能给孟祥礼打造一个"两下锅"的豫剧,曲剧团搞一个戏,豫剧、曲剧都搅进去,豫剧保持你的本色,曲剧也能搅进去,这样会更好,如果有这样的剧目,我想这是一个创造,对孟祥礼在艺术上也是开拓,也可能对我们河南戏剧这种艺术形式是一种发展。

汤其河:作为河南省艺术名家推介工程系列活动之一,我省著名豫剧表演艺术家孟祥礼推介工程今天举行,我表示热烈的祝贺!感恩、接地气、传承艺术、传播正能量,是豫剧骄子孟祥礼在艺术实践中的具体体现,他通过不同的剧种、不同的艺术形式、不同的唱法,展示了他的天赋艺术才华。

祥礼到了该收获的季节。他用孜孜不倦的追求、不断的努力,累累硕果演绎人间真情,弘扬民族文化,把中国豫剧这一祖国瑰宝发扬光大,给天下民众送去无限的快乐和享受。

吴心平：早些年，祥礼跟了我一段时间，我把他留在商丘，从他到省里面以后就没有系统地看过他的演出，昨天看完他的演出之后，我的心情非常激动，看着祥礼从一个学生成长为一个艺术家，特别是从农村过来的人，可以想象到他在背后下了多大力。

祥礼有一个得天独厚的好嗓子。然而，并不是每个有一副好嗓子的人就能唱好戏。不管是唱京剧、豫剧，还是曲剧，他都有用不完的好嗓子。他不但会唱，还会表演，会塑造人物，这个也是难能可贵的。不管是什么戏，在他身上非常感人。昨天有几个地方我都想掉泪，那个唱腔确实感人。可以感觉出来他是用心去唱，不是用嘴去唱的。只有你自己动心了，观众才能动心；只有你自己感觉上去了，观众才容易感动。从演戏过来的人都能体会这一点。昨天我看了祥礼的演出之后，感觉他背后不知吃了多少苦，受了多少累才换来昨天成功的演出。

祥礼会当官，他当领导之后大家都说他是好领导，特别是作为一个演员当领导更难，为什么？往往有些演员当领导都是为自己考虑，但是祥礼是围绕整体转，不像有些人当团长之后为自己。他是为团体，为大家着想。要说的话很多，总之很激动，为孟祥礼高兴，为河南又出来这样一个艺术家感觉很自豪，我作为祥礼的好朋友、老师也感觉到非常光荣。

李伟（省人大代表、南召夕阳红老年公寓创建人）：从1983年到现在，我照顾了多名孤寡老人和贫困学生，在我最困难干不下去的时候，孟祥礼团长去了，他给了我最大的帮助。我自己投资400多万元，借款办了这个老年公寓。我们那里现在有60多个人，有不少是抗美援朝的老战士。我当时维持不下去说要卖了，孟团说，大家都有老的一天，你不要卖，只要我孟祥礼不死，每年我都来看他们。他把自己的小轿车给了我,又带着他们团里的人去。我在这里深深地感谢孟团。去年下雪的时候,他不让团里的人去,他自己带着家人来了,他给老年人送了很多年货,他把小爱变成大爱。要不是他,我就把这些老年人都送走了。再次感谢孟团!

罗云:祥礼在研讨会上把他的启蒙老师请来了,把他在戏校的老师也请来了。现在他已经没有用到他们的地方了,祥礼还能把给他导过戏的导演和剧作家都请过来,我认为这就是生活当中的孟祥礼,这是一种感恩的精神,这种精神化为人文情怀,这是来自于他的生活和良心。

当初,他调到了省豫剧团,像当前活跃在舞台上的很多演员,那是群星荟萃的一拨人。而在这个时候我排了一个戏是《真假驸马》,当时一看到孟祥礼这个人,高高的鼻梁,高高的身躯,大大的眼睛,炯炯有神,感觉这个小伙子了不得。我们可以把李树建作为帅派的人员,我想把祥礼作为既有豪放之气,也有婉约之情的演员。另外,我又给他排了一个《红灯记》,铁路上资助的,由他主演。但是孟祥礼饰演的李玉和给我的感觉不一样。1975年我给常香玉大师排折子戏,是全国的会演节目,集中了7个月,任安华唱得非常好,孟祥礼有别的风采,关键是他既能唱,又能表演,他的身段功很扎实,特别是戴着铁链,任安华具有英雄本色,孟祥礼更质朴。孟祥礼的风格到底是什么呢?总结一句话就是:质朴醇厚,朴实大方。这一点,作为一个须生演员是非常难得的。

王明山:孟祥礼应该说人如其名,姓孟叫祥礼。大家谈了这么多事,我突然想到祥礼的名字起得非常好,做人可以用名字代替。

昨天演出前的小雨,我说太好了,现在我们很多地方都缺雨。可说是给我们老百姓下了一场祥雨。祥礼的做人、做事就是这样,敬老院的老人们干

● 孟祥礼在研讨会上与汪荃珍、齐飞、陈安福、唐静波合影留念

涸的时候你就是祥雨。观众需要看戏的时候，会送去他们喜欢的戏曲。我说祥礼应该叫祥雨。

孟祥礼演唱有自己的风格和魅力，在河南艺术家里面他有独特的光芒，他演唱的每一个角色，都是别人的演唱代替不了的，包括别人演过的东西，他唱了以后有他自己的风格。

孟祥礼做人非常厚道，知道礼节，各方面都很好。

1996年我们两个认识，那时候想把孟祥礼调新密当文化局副局长，兼剧团团长。当时他问我来不来，我说千万不要来。从那以后和祥礼我们一直都是朋友。有些人做不到，逢年过节祥礼给我说，哥，人家送的芥菜丝儿你要不要？我说要。哥，人家送的烟你要不要？我说要。他说，哥，人家给的羊肉你要不要？我说要。我把老岳父接来吃他送的羊肉，第二年过年，我老岳父还想起来孟祥礼送的羊肉很好吃，我岳父在去世之前还在说，祥礼送的羊肉很好吃。从这一点，我觉得他这个人非常好。

这一次文化厅要选人入河南名家，我说孟祥礼可以，他具备这些条件。

耿玉卿：我只想说两点意思。第一，我对孟祥礼很仰视。孟祥礼下面要搞曲剧和豫剧，我正在和孟祥礼搞《玄奘》，我们再努力创造一个角色，再努力让孟祥礼往前走一步。

第二，孟祥礼打算把豫剧搞好后，再搞一个曲剧《玄奘》，这样就满足朱超伦老兄的要求了，孟祥礼之所以敢这样做，是因为他就是会唱。适者生存有本事。

刘景亮：孟祥礼给我的印象是一个最具实力的演员，可能来自一个方面，大概30年前，我看他的演出，能看到孟祥礼的眼睛会放光。我听他的唱腔，他高音能上去，在低音中不失韵味。

他演的一些角色，黑娃是一个内心非常丰富，而且一直压抑着内心的人物，把这个人物演好了，说明他的内心刻画力非常强。谢延信没有像传统戏那样的因果链结构，他是靠场面的积累来塑造人物，孟祥礼能演得那么生动，让观众有兴趣看下去，这个非常难得。

刚才大家都说了，孟祥礼什么派，孟祥礼是一个帅派，如果他沿着这个走下去，弄两出好戏，可以到全国的平台上去竞争。

昨天晚上7点15分时，我一看座位已经坐满了人，十排人都坐得满满的，离演出还有40多分钟，已经有差不多600人了，后来下了一场雨也没有把人吓走，所以我对孟祥礼的实力很佩服。

我对他有遗憾，也没有遗憾。我不遗憾的是他在艺术上做了大量的贡献，我遗憾的是他没有沿着帅派多搞几个戏，但是孟祥礼现在着手还不晚，搞几个帅派的戏到全国平台上去竞争。

陈安福：刚刚很多老师和专家都做了发言。

我是孟祥礼在戏校的专业老师，是1978年的班。当时"文革"结束以后，传统戏也开放了，各地区剧团青黄不接，需要接班人，那个时候的年轻演员比较贫乏，尤其是男演员能唱的非常少。省戏校打报告，省文化局特批成立了一个78班，招的学生都是大龄青年，孟祥礼进校的时候是18岁，嗓子都变了。我是教唱念的，当时，他的嗓音底功好，变声后期高音上不来，尤其是真假音结合上不来。

记忆犹新的是第四学期排《三哭殿》一剧时，我们选派孟祥礼这一班排一场戏。现在看起来那个时候他们是强强联手，都是现在的名角。孟祥礼是以大本嗓为主，他的二本嗓发挥不了优势，他在这方面非常刻苦地学习，通过《三哭殿》解决了他的真假音结合问题。这个学生非常刻苦，他有他的今天，是与他以前的刻苦磨炼分不开的。在学校里孟祥礼有很多感人的事情，为什么他现在对慈善方面很重视？因为他年轻的时候就有同情心。我们建校50周年的时候，三团有一个同学的孩子有先天性心脏病，孟祥礼就主动帮助他们。孟祥礼所做的点点滴滴，与他心中的大爱是分不开的。

今天非常荣幸来参加孟祥礼的研讨会，心里也非常激动。昨天的演出，他有些唱段是含着泪唱完的，可以看出我们在学校对他的培养、付出，在今天得到的成果、成绩，我心里面感觉非常欣慰。

张本先：那个时候还是人民公社，我到公社里面去招生。祥礼还很小，才11岁。当时考了十几个都没有相中，这个小孩在旁边站着。他说不会唱，我说你喊几声。他就唱了一首歌，我一听他嗓子通亮，孩子长得又漂亮。我就问他喜欢唱戏不，他说喜欢。就这样他跟着我，让他到团里面了。他从小就爱学、爱练，对每一个人都非常诚恳直爽。我先给他排了一些小折子戏，演出的时候，也受到了县里的领导和很多观众的好评和欢迎。后来我一看这个孩子嗓子好，长得也漂亮，放在县里面有点屈才了，就鼓励他考学，结果他就考上了省戏校。通过他自己的努力，也通过各位领导、艺术家对他的帮助和支持，他取得了很大的成绩。在此，我表示非常感谢！祥礼给我们商丘争光了，也给我们小县城争光了，我心里非常自豪，非常高兴。谢谢大家。

张芳：近来我一直在上海，接到祥礼的邀请之后，我非常高兴。

第一是感恩，第二是学习。

为什么说感恩？24年前，我是在一个城市里写出了剧本《黑娃还妻》，也没有人看得起。拿到省豫剧一团，没有想到他们看上了。我感觉这个剧本能够出来，得益于文化厅能够看得起它，另外还有各个方面大师们的扶持，最关键的还是祥礼。他作为一个演员，40天的时间内不分昼夜，刻苦排练。白天导演排练，夜里自己加班练。在开封演出的时候，幕后一声唱赢得了满堂彩，这个效果是剧本不能达到的。后来又把《黑娃还妻》拍成电视剧。到北京审查的时候，听到孟祥礼的唱腔后，那一层楼的都拥过去看样片。这就是演员的魅力，所以我要感谢孟祥礼成全了这个剧目。我给他写了一篇文章叫《黑色的启蒙》，这是我要说的感谢，感谢孟祥礼，感谢大家，感谢各位领导。

第二，学习。我要向孟祥礼同志学习。祥礼之所以能够达到这么高的艺术境界，为什么？他为人本真朴实最重要。这个本真朴实，可能对孟祥礼来说是很轻易就有了的。有了这个以后，他就能够轻易地通达艺术的最高境界。于是，他的情感很容易注入人物的身上，他可以和他们的神灵交流了。他的成功得益于最朴实的东西，就是具有普遍价值的人类情感，祥礼占据了，所以他能够成功。这些东西都是我们需要学习的。我由衷地期望孟祥礼能够塑造更多艺术上的经典人物。

李云：参加祥礼这个研讨会，我首先是感到骄傲！因为他是我们78班出来的骄子。我作为78班的班长，代表78班衷心地祝贺祥礼取得巨大的成绩。祥礼为我们78班争得荣誉和骄傲，为此我也很自豪，向祥礼学习致敬！

申小梅：我一直是孟团的崇拜者。昨天看了他的晚会以后，我真是佩服极了，对他也更加崇拜。他为人心善，我一九九几年就跟着孟团长演出，从他身上学习了很多优点，他带着我们慰问孤寡老人都是公益活动，他一直是我心中的榜样。从戏曲上说，他对艺术十分执着，精益求精。他无论是在三团、二团，还是调到了省曲剧团，到哪里都发光发热。他来到曲剧团4年了，没有给自己排过一部戏。像他这么优秀的人才放弃了自己的艺术，不为自己着想，而是为了我们曲剧的事业发展做贡献，是多么的可贵啊。其他人会想着怎么排自己的戏，而他全是为了曲剧的发展。现在曲剧团从演员到领导班子，非常团结。我就感觉着曲剧和越调亲，我不断地听到大家对孟团长的赞扬声，他风清气正地带着曲剧团往前走。我们在渴望、等待着他的新作品闪亮登场，谢谢孟团长为戏剧事业做出的巨大贡献！

方可杰：希望祥礼老弟继续打造和领衔主演豫剧，更希望你推出领衔主演的河南曲剧。

任志玲：我说说和孟祥礼在《黑娃还妻》合作中两件难忘的事。孟祥礼给我的印象是淳朴、真诚，不张扬，这是非常难得的。我和他合作的时候，他还很年轻，在塑造现代戏角色上，应该是第一次。因为张芳的本子具备了非常戏剧化表演的素材，所以当时不管是从身段表演，从声腔，从整个舞台的体现，尽量追求地地道道的农村舞台戏。那个时候，刘均和张芳没有现在条件这么好，七八月份，天热，他们经常是躺在路边，共同探讨这个角色。那一段的合作，我觉得孟祥礼付出了非常大的努力，后来《黑娃还妻》不管是在开封参赛，还是到各县演出，都受到了好评。可谁知道孟祥礼在排练期间流了多少汗啊。

当我们把戏排好之后，王惠怀孕了，没有办法演出，我们又换了谷秀荣。孟祥礼给我最大的印象就是不张扬，非常诚恳，这是一个艺术家特别难得的，所以我们在下面看戏的时候常常会有一种体会，观其戏见其人，我们会感觉到这个人的层次、文化、思想都是很高的。

汪荃珍：大家夸了很多孟祥礼的好，我今天就说两点。

孟祥礼演了40多年戏了，40多年年年演戏，年年下雨，昨天终于找出祥礼这个"老鳖精"了。昨天晚上刚放那一个短片，就又下雨了。开个玩笑啊。

今天很多重要的人物到场了，孙泉砀书记到场了，是他带领我们，使河南戏剧有了一个大的突破，对河南更是一个巨大的贡献。孟祥礼今天非常幸福，给你搭班了30多年才发现"问题"很多。比如，你很有人格魅力。上世纪80年代少女喜欢，90年代是少夫人喜欢，21世纪头十年是老夫人喜欢。

方成：真正的艺术一定要扎根到人民群众中去，从而服务于人民群众。去年，我亲眼见证了孟祥礼团长带领河南省曲剧团的演职人员，开展送戏下乡活动300

多场次,把戏曲演出送到乡野农村、田间地头,很多百姓都认识他,"这不是孟祥礼吗?我们都特别喜欢你唱的戏,这回见到真人了,跟电视上的一模一样。"百姓们光着泥泞的脚,用粗壮有力而又布满老茧的手紧握孟祥礼,喜悦之情,是那样的真挚和亲切。孟祥礼和百姓们总是非常亲热,到每个地方都应百姓们的要求,多唱好几首曲子,让百姓们满意尽兴。不管是送戏下乡还是到养老院、学校,孟团长总是用他的一副好嗓子,感动了无数的观众,把社会的正能量,在全国各地播撒传递。孟祥礼团长是真正一直在为人民群众演出,在为老百姓唱戏。我觉得只有像孟祥礼这样的艺术家,才能真正称得上是"人民艺术家"。

王洪应:我觉得,戏曲繁荣发展都有一个基本的规律,首先要有人,所以省文化厅搞这个名家推介,有战略意义,有眼光。有了人才,不管是表演艺术家,还是编剧、作曲等才有好戏,有了好戏才有市场,有了市场才能赚钱,赚了钱又可以培养人才,这绝对是一个基本规律。这个规律正常循环了,我们就能正常发展了,然后让我们的民族和社会在道德示范精神缺失的时候可以补充,所以我认为推介名家艺术家是有战略眼光的。

孟祥礼和我是好朋友,让我写的文章我也写了《带头人孟祥礼》,当带头人不简单,必须要有人缘和戏缘,还要有时代缘。孟祥礼具有很多优势,本身业务强,人格有魅力,而且他有能力。希望孟祥礼走得更高、更远。

李仲党:孟祥礼和我在三团合作了很多年,在生活中是我的好兄弟,在舞台上他是个好演员。刚才诸位老师都说了,孟祥礼第一是人品非常好,有担当,有责任心,再一个是艺德方面也很好。

我想说一点希望,祥礼兄弟过去从演员到了著名演员,从艺术家现在到了著名艺术家,这个阶段已经走过了,都是过去时了,团长是有时间的,到了年龄就退了;艺术家是没有退休的,我希望你将来能成为真正的艺术大师。

陈涌泉:我说孟祥礼,一是全才;二是好人或者也可以说叫完人,称得上是德艺双馨。他能够做到的一定会去做。热心社会公益事业,讲义气,这方面作为表演艺术家来讲很难得。

孟祥礼在新时期以来河南戏曲这一轮新的辉煌创造过程中,是做过独特贡献的,这一点,就要说到孙泉砀厅长了。当时,孙厅长主抓了《香魂女》一剧,孙厅长来文化厅提出了"繁荣艺术创作是文化工作的重中之重"的观点。另外,繁荣创作需要人才的支撑;还有一个,提到团结才能出精品。这几个观点可以说是长期以来困扰河南戏曲创造的瓶颈问题,在这样的情况下,有了排演新时期河南的金鸡报晓的大作《香魂女》的机会。另一方面作为孟祥礼来说,在没有更多代表作的情况下,已经这么受广大观众欢迎了,期待下一步孟祥礼打造真正属于自己的代表作,能够流传下去,并且为河南戏曲这一轮新的辉煌增添更加著名的力作。

董文建:刚才几位同志都谈到《香魂女》这个戏。我们几个人都是《香魂女》的受益者,得益于孙厅长的领导。这么多届的一把手厅长,可以说在抓艺术创作上,孙厅长的功劳是最大的。曾有下面地市的文化局长来请教孙厅长,问文化局长该怎么当。孙厅长说,两件事抓好就行。一个是保护好文物,一个是排一部好戏。

我和祥礼认识也是在三团,我原来对戏曲了解不多。我到三团之后,认识了孟祥礼。从艺术上来讲,我觉得他确实像刚才大家评价的那样,是全才。我觉得孟祥礼唱的方面确实非常好,刚才几位专家都提到真假声。很多男高音都是换声区解决不好,孟祥礼换声区唱得没有痕迹,而且他的高音解决得好,他的歌唱得也非常柔和!世界三大男高音,他们每一唱到核心的时候都要换气,唱上去是金属音色,但是孟祥礼唱的高音是随着戏曲的声腔连贯唱下去的,非常柔和,非常美。我觉得他确实唱得非常完美!

祝孟祥礼百尺竿头再进一步,能为我们创造更多的作品。

孙泉砀:今天,我想说的是三个高兴,一个感谢。

一是非常高兴参加今天这个会议,借孟祥礼的座谈会,能和这么多老朋友见面,这么多年还是第一次。因为我换岗了,去做别的工作了,所以就和戏曲界的朋友见面很少了。今天见了这么多的大师,我真的非常高兴!

第二高兴是,对孟祥礼取得的成绩诚挚地祝贺!

第三高兴是,现在全省戏剧战线是硕果累累、百花盛开,我非常希望多开这样的会议。我曾在南阳当了五年文联主席,那时候就是推动南阳作家群,我的一招就是开展文学评论工作,通过这些座谈会、评论会把作家推出去。当时推出了二月河等几个人,我在上海召开座谈会,巴金老先生参加了,最后巴金总结了一句话:继鲁迅之后,中国文学界又出现一个好现象。当时听了巴金老先生这一句话,把我高兴得晚上多喝几杯酒。抓文学评论、抓优秀人才,这个非常好,所以希望大家能够通过这种多层次的文学评论,把一些优秀人才推出去。今天孟祥礼的座谈会也是一个评论会,通过这些会,特别是加上媒介的宣传,把他们能够进一步推出去。

一个感谢是感谢孟祥礼,包括荃珍、老董等这一帮弟兄,想当年为《香魂女》做出的重要贡献,当时你们如果不把《香魂女》弄下来,我在河南就落下了一个吹大牛皮的名号。那时候河南没有一处文化遗产,河南作为地方戏剧大省,没有一出大戏,觉得这个是遗憾。那时候我刚到文化厅,我说我们也拿一个大奖,他们把我那一句话弄到了《河南日报》的头版头条。后来还真获奖了,省政府还给汪荃珍、董文建、孟祥礼等功臣各记大功一次。我非常感谢大家。

最后,预祝孟祥礼由中原人物成为中华人物。

● 孟祥礼在研讨会上向参会专家和领导致谢

李霞：非常感谢以上各位专家的发言。会议最后一个议程：孟祥礼致答谢辞！

孟祥礼：今天我非常激动，非常高兴，非常感谢在座的各位领导、各位专家、各位老师、各位同学，对我的鼓励和夸奖，我还需要继续努力，再攀艺术高峰。

我从 11 岁开始学艺至今已 40 余年。在这 40 多年的艺术生涯中，我经历了许多酸甜苦辣和喜怒哀乐，也曾有弃艺经商、下海赚钱的念头，但我还是经受住了诱惑，因为我为我所喜爱的戏曲艺术付出了太多太多。做一名老百姓喜欢的演员，是我终生不变的信念。我清醒地认识到，作为一名演员，不管水平有多高，名气有多大，假如你一直高高在上，艺术不接地气，脱离群众，演出不面对老百姓，那么你的艺术生命一定不会长久，逐渐地就会被大家所淡忘。基于这个原因，我把我的专场演出放在了艺术中心的广场。因为广大群众最需要、最喜欢戏曲艺术。我们戏曲工作者服务的对象，更多的还应该是最基层的老百姓。

我虽出生于一个干部家庭，却因家庭出身问题而变成了一个地道的农家子弟。多年来，在党和人民的培养下，我从一个苦孩子成长为一名小有名气的一级演员，这一切都离不开宁陵县文工团和省戏校各位老师对我的培养和教育，离不开省豫剧一、二、三团各位老前辈对我的厚爱和提携，离不开 40 余年来众多朋友、同

● 研讨会现场

事对我的支持和帮助。"回报社会感党恩",这是我发自内心的真实感受!在这里,我再一次向多年来一直给予我关心、支持、帮助的各位领导、各位老师、各位朋友表示衷心的感谢!

  这次专场演出和研讨会,对我来说既是40余年艺术生涯的一个小结,也是我向党和人民交出的一份答卷,我既不会沾沾自喜,也不会停步不前。我将一如既往好好演戏,好好做事,并在省曲剧团领导班子的配合下,做好曲剧后继人才的培养工作,配合中国戏曲学院,把今年刚刚考上中国戏曲学院本科班的18名学生培养成河南曲剧有理想、有文化、高素质、高水平的新一代接班人。我将为之付出我全部的精力和心血,沿着这条尽管困难,但意义重大的艰难之路勇往直前。谢谢大家!

  李霞:今天上午的研讨会开得非常成功,这么多的专家和老师,都做了非常精彩的发言,特别是我们的老厅长,都过来了,难得涌泉还记得孙厅长的语录。孙厅长对这一块的事业起到巨大的作用,而且自从孙厅长带领我们团队得了《香魂女》的大奖之后一发而不可收。今天大家围绕孟祥礼的人和艺,都发表了非常好的见解,同时对孟祥礼的艺品、人品和艺术造诣都给了高度的评价。从专家和老师的发言当中可以看出,大家不仅看重演员的艺,更看重他们的德。大家对孟祥礼今后的发展提出了很多期待和期望,孟祥礼也表态说会继续努力。大家对艺术的关心和支持,特别是对文化厅的工作都有很好的意见和建议,我们会去认真地梳理,在以后的工作中借鉴和采纳。

最后,希望祥礼今后的艺术道路越走越宽广,同时预祝各位老师、各位专家健康长寿,万事如意!

孟祥礼艺术年谱

郑红旗

1960 年

11 月 26 日,出生于一个干部家庭,但因家庭出身问题而变成了一个地道的农家子弟。父亲起名为孟群英。

1966 年

在石桥集小学上一年级,一位乡村老师将孟群英改为孟祥礼。

1971 年

7 月,适逢宁陵县文工团招收豫剧班学员,不足 11 岁的孟祥礼陪着两位好友去考试,在别人都考过后,毫无准备的他即兴演唱了一段当时很流行的歌曲《大海航行靠舵手》,高亢嘹亮的嗓音一下把全场的考官镇住了。各位老师喜出望外,当时在现场就决定将他录取。可他的小伙伴却因表现平平,被无情地挡在了艺术的门外。他将录取通知书视若珍宝地捂在怀里,满怀喜悦地跑回家向父母报喜,可遭到被传统观念束缚的父母当头棒喝。在随后几天哭闹、绝食的抗争后,父母只得任他而去。由此,戏曲舞台上多了一位文武不挡、生丑皆能的知名艺术家。

从8月1日去县文工团报到起,开始了充满喜怒哀乐、酸甜苦辣,长达40余年的艺术生涯。

在宁陵县文工团演出剧目:豫剧现代戏《红灯记》中饰演李玉和,豫剧现代戏《沙家浜》中饰演郭建光,豫剧现代戏《龙江颂》中饰演李志田,豫剧现代戏《智取威虎山》中饰演杨子荣,豫剧现代戏《李双双》中饰演孙喜旺,豫剧现代戏《朝阳沟》中饰演拴保,豫剧古装戏《穆桂英挂帅》中饰演宋王,豫剧古装戏《秦香莲》中饰演韩琪。

1977年

宁陵县文工团复排现代豫剧《朝阳沟》,孟祥礼饰演剧中的男一号拴保。

1978年

4月,宁陵县文工团排演古装戏《逼上梁山》,孟祥礼饰演剧中的男一号林冲。在《穆桂英挂帅》中饰演宋王,在《秦香莲》中饰演韩琪。

9月1日,孟祥礼考入河南省戏曲学校,主工须生、老生。在校期间,主演了多部大戏。在古装戏《三哭殿》中饰演唐王,现代戏《红灯记》中饰演李玉和,古装戏《穆桂英挂帅》中饰演宋王,古装戏《金銮禧》中饰演唐王,古装戏《跑汴京》中饰演杨世英。

1981年

8月,孟祥礼以优异的成绩毕业于河南省戏曲学校,留戏曲学校实验剧团工作,任演员。在实验剧团排演了新编历史剧《故剑情》,饰演丙吉丞相。

1982年

12月,在河南省文化局主办的河南省戏曲青年演员会演中荣获表演奖。

1983年

7月,调入河南省豫剧一团工作,任演员。排演了古装戏《凤冠梦》,饰演男主角李伯;古装戏《八件衣》,饰演杨世英;古装戏《真假驸马》,饰演匡正;古装戏《三哭殿》中饰演唐王;古装戏《抬花轿》中饰演男主角周定;古装戏《杀宫》中饰演刘承祐。

1985年

12月29日,孟祥礼为社会主义精神文明和物质文明建设做出了贡献,在

1985 年"省直青年人才开发活动"中被共青团河南省直机关委员会表彰。

1986 年

作为河南省青年团演员,参加了在香港举办的"第一届中国地方戏曲展",在《香囊记》中饰演周定、《七品芝麻官》中饰演林有安和府台大人。演出时,他收放自如的许多高难度表演让香港观众拍案叫绝,引起轰动。

1987 年

参加河南电视台首次春节晚会,演唱了豫剧《李双双》选段。

1988 年

1月15日,参加录制盒式录音带《万紫千红》,获得广电部和中央电视台联合主办的1986—1987年全国"通美杯"盒式录音带评选"金榜奖"。

1989 年

随常香玉老师率领的河南省豫剧一团赴陕西、甘肃、新疆等地演出两个多月。

1990 年

9月,演出古装戏《穆桂英挂帅》,饰演杨延景,同年该戏被河南电视台录制播出。

10月,在河南省豫剧一团创作排演的现代豫剧《黑娃还妻》中饰演黑娃,荣获河南省第三届戏剧大赛表演一等奖,受到专家的重视和观众的好评,从此,逐渐成为我省优秀青年演员的尖子人才。

1991 年

参加中央电视台春节戏曲晚会,和李金枝演唱豫剧《朝阳沟·上山》片段。

6月,获得中央人民广播电台、河南人民广播电台主办的"梨园杯"全国豫剧演唱广播大赛金奖。

1992 年

受深圳郑文友豫剧团特邀,排演了豫剧《战癌魔》,饰演男主角郑文友,受到深圳特区观众的一致好评。

1993 年

9月,参加演唱的盒式录音带《中华大家唱卡拉OK曲库(72)》在广电部举办的第二届优秀音像制品评比中,荣获卡拉OK类一等奖。

● 戏曲电视剧《市井人生》剧照

11月2日,获全国首届中青年豫剧演员大奖赛荧屏奖。

演唱的豫剧选段"洼洼地里好庄稼"获得广电部主办的中国豫剧演唱大赛金奖。

1994年

10月,演唱的戏歌《春色好》获中央人民广播电台、河北人民广播电台、中国广播电视学会戏曲广播研究委员会主办的"94凯华杯"全国歌戏双栖明星广播演唱大赛银奖。

1995年

领衔主演的戏曲电视剧《黑娃的婚事》荣获省委宣传部"五个一工程"奖。

1996年

在戏曲电视剧《市井人生》中饰演男主角黎明刚,河南电视台录制并播放。

11月,领衔主演的戏曲电视剧《黑娃的婚事》荣获广电部主办的第十六届(1995年度)全国电视剧"飞天奖"戏曲长篇电视剧三等奖。

1997年

随河南省豫剧一团在全省各地演出,主演《黑娃还妻》《辕门斩子》《三哭殿》等

● 2000年,《香魂女》获奖后与省文化厅孙泉砀厅长在庆功会上

剧目。

1998年

5月,演唱的曲目《春色好》在中国戏剧家协会、北京电视台主办的98戏歌电视邀请赛中荣获荧屏奖。

9月,调入河南省豫剧三团工作,在现代戏《倔公公犟媳妇》中饰演老大。

1999年

10月,河南省豫剧三团准备排演《香魂女》一剧。在河南省文化厅主持的全省范围内公开选拔优秀演员中,孟祥礼以优异的成绩被选为男主角任实忠的饰演者。

2000年

10月,参加中国第六届艺术节,在《香魂女》中饰演男主角任实忠,该剧荣获艺术节大奖,填补了河南省在此奖项上的空白。

11月,主演的《香魂女》获得河南省第八届戏剧大赛表演一等奖。

12月,被河南省艺术系列高级技术任职资格评审委员会评为一级演员。

● 2003年,"梨园春·豫剧骄子演唱会",与青年豫剧表演艺术家汪荃珍演唱《五姑娘》

2001年

3月16日,河南省人民政府对《香魂女》剧组通报嘉奖,记功一次。该剧接连获得河南省十大文艺成果奖、河南省第四届"五个一工程"奖、中宣部第十届"五个一工程"奖。

9月,时任全国人大常委会委员长的李鹏同志来河南视察工作,孟祥礼作为河南豫剧的中青年艺术家代表为中央领导演出,受到李鹏委员长的接见和赞扬。

2003年

1月,任河南省第九届政协常委。

在河南电视台梨园春栏目成功举办了"豫剧骄子演唱会",为河南省人大、政协两会成功举办了"豫剧骄子演唱会"。

随省委、省政府慰问团到新疆慰问演出,取得了良好的效果。

2005年

5月,被河南省文化厅授予"文化先锋"称号。

7月,因工作需要,调入河南省豫剧二团,任团长助理、副团长。

2006 年

3 月,被中共河南省委宣传部评为省宣传文化系统首批"四个一批"人才。

11 月,主演大型古装戏《梅林情》,饰演商父。

2007 年

"七一"前夕,成功举办了"唱支山歌给党听"个人演唱会。

7 月,因工作需要,又调回河南省豫剧三团,任副团长。

7 月 28 日,因对河南慈善事业的鼎力支持,被河南省慈善总会聘为"河南慈善爱心大使"。

8 月 25 日,参加了由省文化厅主办的"中原戏曲云南行",赴昆明慰问并为在滇工作和生活的河南老乡演出。

10 月,参加了在井冈山党员干部培训中心举办的河南省宣传文化系统"四个一批"人才培训班。

11 月,被河南省职称改革领导小组聘任为 2007 年度河南省群文系列高级技术任职资格评审委员会委员。

11 月 22 日—12 月 2 日,与河南省豫剧三团的老中青艺术家一行 48 人,赴云南盈江县、潞西市等地连续举行了四场大型综艺专场演出。经受住了长途跋涉、高原反应等诸多艰难困苦,行程万余公里,深入西南边陲少数民族聚集地,与当地群众联欢,受到了云南社会各界的热烈欢迎和一致好评。

2008 年

1 月,任河南省第十届政协常委。

5 月 16 日,和河南省豫剧三团的全体演职员赴新密市平陌村等地,为四川省汶川地震灾区募捐义演,共募集善款 21 万余元,全部捐给了郑州市红十字会。之后,又多次参加了省内各级主办的大型赈灾义演活动。

11 月,随河南省"中原文化宝岛行"参访团赴台湾考察,并于 25、26 日在台北市"国父纪念馆"演出两场,赢得了台湾同胞的赞誉。参访团团长、时任河南省政协主席的王全书和国民党副主席蒋孝严夫妇以及亲民党荣誉副主席钟荣吉夫妇观看了演出。

12 月,领衔主演了大型豫剧现代戏《女婿》,荣获河南省第十一届戏剧大赛文

● 2008年,时任河南省人大常委会副主任、党组副书记王明义观看《女婿》后接见演员

华表演一等奖。

12月,被河南省职称改革领导小组聘任为2008年度河南省艺术系列高级技术任职资格评审委员会委员。

12月16日,在中共河南省委组织部主办的"感谢党 获得新生命 颂帮扶歌唱新生活"文艺汇演中积极参加,义务奉献,被省委组织部表彰。

2009年

5月19日,参加共青团河南省委、河南省青少年发展基金会主办的"5·19希望工程助学公益日"在郑州紫荆山广场举行的大型公益募捐活动义演。

5月27日起,随河南省豫剧三团参加在海口、三亚举办的为期7天的"椰风豫韵海南行——河南豫剧现代戏精品展演周"活动,主演了《女婿》和《香魂女》两部大型剧目。

12月,随河南省豫剧三团演出小分队,赴新疆慰问执行维稳任务的河南武警128师,冒着零下20多摄氏度的严寒,深入喀什边防哨所为边远地区的基层武警官兵演出。

2010年

1月20日,被河南省女子劳动教养管理所聘为"爱心大使"。

7月,参加了由中国文联组织的艺术家赴新疆生产建设兵团的慰问演出。所到之处,无不受到新疆兵团军垦官兵、河南老乡以及当地群众的热烈欢迎。

9月,为庆祝中国和新加坡建交20周年,应新加坡戏曲学院的邀请,随河南戏曲界艺术家组成的10人代表团,参加了2010年新加坡华族文化节以及台湾豫剧团和新加坡戏曲学院共同主办的"当代豫剧多姿多彩精品晚会",新加坡、台湾、河南三地的艺术家同台展示了河南豫剧的经典唱段,并参加了"亚洲豫剧论坛"。在演出中,孟祥礼与汪荃珍演唱了久演不衰的《朝阳沟》一剧中最为经典的"上山"一段和新编现代戏《香魂女》中的著名片段。

12月,主演的豫剧《香魂女》被评为2008—2009年度国家舞台艺术精品工程十大精品剧目。

12月,因工作需要,调入河南省曲剧团,任团长。

12月26日,在"香玉大舞台"成功举办了大型公益演出,为南召县夕阳红老年公寓募集善款36万余元、善物180余万元。

2011年

1月,为省人大、政协两会祝贺演出,举办了"名家荟萃献爱心,回报社会感党恩"大型文艺演出。接着,派出4个由10余位艺术家组成的演出小分队,分赴省人大代表的驻地慰问各位代表,这种为两会代表慰问演出的形式,是省曲剧团成立50年来第一次为重大会议演出。

4月—5月,在南召、虞城、睢县、宁陵、泌阳、郏县、民权等县的六七十个乡镇演出了168场。此次活动创下了河南省曲剧团建团以来参加演出人员多、时间长、连续演出场次多的纪录,也填补了30余年未到商丘所辖县、市演出的空白。这次"舞台艺术送农民"活动观众总人数达40余万人次,特别是在南召县云阳镇几个村演出的5场中,每场观看演出的村民都在2.5万人以上。演出效果之好,超出了

● 2011年"两会"期间,慰问演出后,河南省政协主席王全书亲切接见孟祥礼

南阳市和南召县有关领导的预料。其间,省文化厅厅长杨丽萍、副厅长董文建、厅艺术处处长闫敬彩等以及南阳市、县的有关领导亲眼见证了演出的盛况,并给予了高度评价,河南电视台等省内多家媒体进行了宣传报道,《中国文化报》2011年11月9日第二版以"曲剧让俺着了迷"为题,报道了送戏下乡的演出盛况。

5月3—7日,在北京中央文化干部管理学院参加全国文化干部培训河南省文艺院团长培训班。

5月28日晚,在河南人民会堂举办了"点亮生命——贫困儿童大病救助慈善晚会",当晚共收到善款1300余万元。

河南省慈善总会授予河南省曲剧团"爱心艺术团体"荣誉称号。

6月,随时任河南省人民政府省长郭庚茂为团长的由350人组成的访问团赴宝岛台湾,开展"中原经济合作之旅——走进台湾"大型交流活动。

6月11日,全国第六个"文化遗产日",当晚由众多曲剧传承人和艺术家参加的曲剧专场庆贺演出在河南艺术中心广场举行。来自洛阳、南阳、平顶山、许昌、渑池、郑州的众多艺术家汇聚一堂,两个多小时的精彩演出让大家享受到了一道曲剧艺术的精美盛宴。

7月,以两台不同风格、不同题材的大型剧目传统戏新版《红娘》和原创现代戏《情系母亲河》参加河南省第十二届戏剧大赛,体现了锻炼、培养新人和推出优秀精品剧目的主导思想。其中,《情系母亲河》荣获"河南文华大奖",《红娘》获"河南文华剧目奖"。

10月下旬,携新编大型近代剧《阿Q与孔乙己》参加了由河南省教育厅、河南省文化厅、河南省财政厅主办的2011年"高雅艺术进校园"活动,共在河南省化工专科学院、河南工业大学演出两场,受到师生的广泛好评。

11月,被河南省职称改革领导小组聘任为2011年度河南省艺术系列高级技术任职资格评审委员会委员。

2011年全年,带领省曲剧团完成了256场演出任务,收入380余万元。

2012年

3月2日,策划了省曲剧团和英协公司等主办的"英协有戏"大型公益演唱会。由中央电视台著名主持人白燕升主持,十几位老艺术家、近百名演员和乐队参加演出,长达三个小时十分钟的"英协有戏"大型公益演唱会圆满成功。

3月25日起,率团参加"舞台艺术送农民"活动。

6月1日,携新排演的儿童戏曲——曲剧《老鼠嫁女》在省艺术中心广场首演,为孩子们献上了一份独特的节日礼物。

6月9日,全国第七个"文化遗产日",策划、组织了在河南艺术中心广场举行的众多艺术家参加的曲剧专场庆贺演出。来自洛阳、南阳、平顶山、渑池、郑州的众多艺术家汇聚一堂,用自己美妙、悠扬的曲剧唱腔为"文化遗产日"献礼。

9月,根据文化体制改革精神,河南省曲剧团划转为河南省曲剧艺术保护传承中心,孟祥礼改任中心主任。

9月25日晚,省文化厅和河南电台主办、省曲剧团承办了"2012河南中秋戏曲晚会——中国曲剧品赏会"。中国曲剧的三大地方剧种(北京曲剧、河南曲剧、四川曲剧)首次在中原大地进行史无前例的会面,来自北京、四川、湖北、河北、安徽及河南等6省市的近200人参加演出。

10月,策划了《老鼠嫁女》一剧赴土耳其参加伊斯坦布尔半岛文学艺术协会主办的"小作品大梦想"第二届国际儿童青年艺术节,土耳其戏剧歌剧与芭蕾工作者基金会主席拉凡塔玛尔从首都安卡拉专程来伊斯坦布尔观赏《老鼠嫁女》，并给予了高度评价。

10月，随文化部组织的全国院团长培训班赴美国考察、交流。

10月，荣获省文联、省剧协主办的"商丘杯"第五届黄河戏剧节组织工作先进个人奖。

11月，被河南省职称改革领导小组聘任为2012年度河南省艺术系列高级技术任职资格评审委员会委员。

2012年，率全体演职员完成了230场演出任务，收入399.3万元。

2013年

1月，任河南省第十一届政协常委。

被河南省慈善总会授予"2012年度河南十大慈善人物"称号。

4月，率团参加省委宣传部"拜祖大典优秀剧目展演"活动，演出《情系母亲河》《阿Q与孔乙己》《红娘》《五福临门》等剧目。

6月7日、8日，在全国第八个"文化遗产日"之时，策划、组织了在河南艺术中心广场的公益演出，演出两场传统剧目《风雪配》和《陈三两》。

6月29日、30日，策划了"河南曲剧深圳行"的演出。在深圳市最重要的会议场所——市民中心礼堂内，演出《屠夫状元》《婚姻大事》《安安送米》和《风雪配》等四部大戏和小品、清唱等综艺晚会。

9月20日，策划了《柜中缘》一剧赴四川南充参加第二届中国嘉陵江灯戏暨地方戏剧艺术节的交流演出活动。

9月25日，《桑林收子》一剧参加中国戏剧家协会主办的中国滨州·博兴小戏艺术节"优秀剧目展演"，被评为"观众最喜欢的节目"。

10月，经过和中国戏曲学院的多次协商和沟通，在杨丽萍厅长的直接关怀下，和中国戏曲学院签订了合作办学协议，教育部已将曲剧本科班列入2014年的招生计划，这是河南曲剧史上重要的里程碑。

11月，领衔主演了河南省工商联和省豫剧二团联合创作的现代戏《春满太行》，并在新乡、开封等地巡回演出。

曲剧小戏《桑林收子》一剧荣获中国戏剧家协会主办的第五届中国戏剧奖·小

● 2014年3月18日,"中国戏曲学院河南曲剧教学实践基地"揭牌仪式暨曲剧表演高级人才培养研讨会在河南省曲剧艺术保护传承中心举行,省领导见证了曲剧史上的重要一刻

戏小品奖暨第五届(张家港)全国小戏小品大赛优秀剧目奖。

12月,策划、拍摄的戏曲电影《李祥和的婚事》在省人民会堂举办了首映礼。

2014年

1月,被文化部授予"文化部优秀专家"称号。

3月18日,由孟祥礼策划、组织的"中国戏曲学院河南曲剧教学实践基地"揭牌仪式在单位排演厅举行。中华豫剧促进会会长、河南省政协原主席王全书与中国戏曲学院副院长周龙为基地揭牌。省文化厅厅长杨丽萍到会祝贺,副厅长李霞主持仪式。副省长张广智也于当日来此进行调研。

3月19—27日,赴中国井冈山干部学院参加了由中组部、文化部主办的2014年高层次专家国情研修班。

6月11—13日,组织、策划河南省曲剧艺术保护与传承研讨会,来自全省曲剧艺术表演团体的艺术家和院团负责人参加。14日、15日两天,在我国第九个"文化遗产日"时,承办了两场大型非遗演出活动。

6月16日至22日,组织、策划了《老鼠嫁女》一剧赴美国佛罗里达州威尼斯参加美国国际戏剧节,受到了来自世界各地的艺术家和美国观众的好评,最终荣获

"最佳集体优秀表演奖""最佳化妆造型奖"和"最佳服装设计奖"等三项大奖,是中国第一个参加美国国际戏剧节的戏曲团体。

8月26日、27日,由省文化厅主办的"泽华之夜"河南省艺术名家推介工程之孟祥礼专场演出暨表演艺术研讨会成功举办。

9月9日,中国戏曲学院曲剧本科班的第一届18名学生报到入学。

10月,荣获人社部、文化部授予的"全国文化系统先进工作者"荣誉称号。